Napoléon & les femmes

Lilly Marcou

Éditions
de La Martinière

OUVRAGES DU MÊME AUTEUR

Le Kominform, le communisme de guerre froide,
Paris, Presses de Sciences Po, 1977, traductions italienne, espagnole, serbo-croate.
L'Internationale après Staline, Paris, Grasset, 1979.
Les Staline, Paris, Gallimard, 1979.
L'URSS vue de gauche (dir.), Paris, PUF, 1982.
Une enfance stalinienne, Paris, PUF, 1982, traduction roumaine.
Les Pieds d'argile, le communisme mondial au présent, 1970-1986, Paris, Ramsay, 1986.
La Guerre froide, l'engrenage, Bruxelles, Éditions Complexe, 1987.
Les Défis de Gorbatchev, Paris, Plon, 1988.
Le Mouvement communiste international depuis 1945, 2e édition, Paris, PUF, 1990, traduction espagnole.
Ce que nous voulons faire de l'Union soviétique, entretien avec Alexandre Iakovlev,
Paris, Le Seuil, 1991, traductions italienne, allemande, roumaine, turque, portugaise, espagnole.
Ilya Ehrenbourg, un homme dans son siècle, Paris, Plon, 1992, traduction allemande.
Elsa Triolet, les yeux et la mémoire, Paris, Plon, 1994.
Staline, vie privée, Paris, Calmann-Lévy, 1996, traductions italienne, espagnole, roumaine, polonaise, lettonne, tchèque.
Le Crépuscule du communisme, Paris, Presses de Sciences Po, 1997, traduction espagnole.
Le Roi trahi, Carol II de Roumanie, Paris, Pygmalion, 2002, traduction roumaine.
Les Héritiers, Paris, Pygmalion / Flammarion, 2004.
Napoléon face aux juifs, Paris, Pygmalion / Flammarion, 2006.

Couverture
François Gérard, *L'Impératrice Marie-Louise*.
© akg-images / Erich Lessing
Anonyme, *Napoléon en Premier consul*.
© akg-images

POUR DAVID, MON PETIT-FILS,
MON ÉCLAIREUR

PROLOGUE

La masse de granit

Lorsque le 30 ventôse an XII, c'est-à-dire le 21 mars 1804, le *Code civil des Français* fut publié, ce fut aussi pour Bonaparte une façon d'exprimer, à travers les trente-six lois que celui-ci comportait, la vision qu'il avait de la société idéale issue de la Révolution et dont il s'était engagé à rétablir l'ordre et à dépoussiérer les orientations.

Afin de comprendre plus précisément la législation napoléonienne sur la place des femmes dans la nation, nous nous proposons ici de relier cette problématique à la nature des relations de Napoléon avec les femmes qui, d'une manière ou d'une autre, ont traversé ou ont marqué sa vie. Nous parviendrons peut-être mieux ainsi à comprendre des lois et des mœurs qui, si on les analyse avec les critères d'aujourd'hui, peuvent sembler rétrogrades, conservatrices, voire oppressives. Alors que, pour l'époque et pour la majorité des femmes d'alors, elles correspondaient aux normes d'une société qui voulait, à travers le Consulat et l'Empire, accéder à la modernité. Et si on ne trouve pas trace, dans la logique de ces temps, d'un rôle politique pour les femmes, elles devaient néanmoins servir le politique avec des moyens réservés à leur condition.

À l'époque de la Révolution, la famille avait perdu sa position centrale dans une société en pleine effervescence qui se cherchait en démolissant, en recomposant, en adoucissant les mœurs. Le divorce était devenu plus facile à pratiquer, la toute-puissance du mariage avait disparu et la domination paternelle était réduite à une protection. Il s'agissait d'éradiquer tout vestige de la féodalité[1].

1 Ce à quoi tendait le Code civil présenté par Cambacérès à la Convention le 10 août 1793, au moment où on célébrait la chute de la monarchie.

Mais lorsque la Révolution arriva à son terme, le climat social changea et il fallut bien adapter les mœurs à ces temps de reconstruction. Les femmes furent parmi les principales perdantes de la nouvelle mise à jour : recul des droits de la femme mariée dans le régime de la communauté, dont dorénavant le mari est le seul maître. Les lois révolutionnaires concernant les enfants naturels et le divorce n'eurent plus cours. Il fallait cette fois, selon les termes mêmes de Portalis, « un corps de lois destinées à diriger et à fixer les relations de sociabilité, de famille et d'intérêt qu'ont entre eux les hommes qui appartiennent à la même cité[2] ». À la place des Montagnards de 1793 arrivèrent, en cette fin du XVIIIe siècle, des juristes qui voulaient sortir de la tempête révolutionnaire et qui s'attachèrent sous la houlette du Premier consul[3] à limiter les droits des femmes dans le mariage, le divorce, à revenir à l'autorité paternelle et à la réduction des droits successoraux des enfants naturels.

Le *Code civil des Français*, devenu Code Napoléon en 1807, est l'illustration vivante de ce que formula Bonaparte le 22 frimaire an VIII (le 13 décembre 1799) : « Citoyens, la Révolution est fixée aux principes qui l'ont commencée. Elle est finie. » En effet, le Consulat et l'Empire ne sont pas la Restauration. L'abolition des droits féodaux était considérée comme définitive, l'égalité des citoyens devant la loi garantie, le droit d'aînesse bel et bien supprimé. Le mariage était sécularisé, le divorce reconnu et l'adoption restait possible. La société fondée sur la laïcité et la liberté citoyenne assurée. Et d'ailleurs l'œuvre consulaire et les acquis de l'Empire ont perduré : l'empire de la loi, le code et la Constitution, l'ordre légal, nous y sommes toujours. Sans oublier que ce code civil est resté le fondement de la vie sociale de centaines de millions d'hommes et de femmes dans le monde pendant deux siècles. Ce fut le cas en France, où il a très peu évolué jusqu'en 1960

---

2 Portalis, *Discours préliminaire au premier projet de Code civil*, Paris, Éditions Confluences, 1999, p. 15.

3 Sur cent sept séances, cinquante-cinq furent présidées par Bonaparte.

avant de connaître de nombreux amendements, sans que fussent abandonnés les grands principes applicables à la famille ou à la propriété[4].

Reprenons à la lettre le texte de la loi – en sélectionnant les articles les plus significatifs – afin de saisir pleinement la portée de cette régression par rapport à la Révolution et ses avancées par rapport à l'Ancien Régime.

Au titre V du code, appelé *Du mariage*, on distingue les premières inégalités. Pour la contraction du mariage, l'article 144 distingue hommes et femmes : « L'homme avant dix-huit ans révolus, la femme avant quinze ans révolus. » Le même esprit de différenciation se retrouve à l'article 148 du même titre V : « Le fils qui n'a pas atteint l'âge de vingt-cinq ans accomplis, la fille qui n'a pas atteint l'âge de vingt ans accomplis, ne peuvent contracter un mariage sans le consentement de leur père et mère. » Suivent les obligations qui naissent du mariage, ainsi que les droits et les devoirs respectifs des époux. Clé de voûte de la suprématie de l'homme, l'article 213 : « Le mari doit protection à sa femme, la femme obéissance à son mari. » Ou encore l'article 214 : « La femme est obligée d'habiter avec le mari, et de le suivre partout où il juge à propos de résider ; le mari est obligé de la recevoir, et de lui fournir tout ce qui est nécessaire pour les besoins de la vie [...] »

Quant au *Divorce*, encore une inégalité. L'article 229 stipule que « le mari pourra demander le divorce pour cause d'adultère de sa femme », alors que l'article 230 précise : « La femme pourra demander le divorce pour cause d'adultère de son mari, lorsqu'il aura tenu sa concubine dans la maison commune. » Même caractère de discrimination dans les « effets du divorce », l'article 298 : « Dans le cas de divorce admis en justice pour cause d'adultère, l'époux coupable ne pourra jamais se marier avec son complice. La femme adultère sera condamnée par le même jugement, et sur la réquisition du ministère public, à la réclusion dans une maison de correction,

4 « Il a été en vigueur en Belgique, au Luxembourg, sur la rive gauche du Rhin et en Allemagne du Nord, en Pologne et en Suisse. Après la chute de Napoléon, aucun de ces pays n'est revenu sur son application avant des décennies : la Prusse ne l'a modifié qu'en 1900 et la Suisse en 1907. Ailleurs, il a servi de modèle en Roumanie, en Espagne, au Portugal, à Haïti, en Uruguay, en Argentine. Même le Japon faillit l'adopter en 1890, avant de se contenter de s'en inspirer. Monument du Consulat, il devint aussi monument des sociétés contemporaines. » *Cf.* Thierry Lentz, *Le Grand Consulat, 1799-1804*, Paris, Fayard, 1999, p. 441.

pour un temps déterminé, qui ne pourra être moindre de trois mois, ni excéder deux années. » Notons qu'il y a aussi des articles de loi où la femme est protégée, tel l'article 276 : « Le consentement mutuel ne sera admis qu'après deux ans de mariage », et l'article 277 : « [Le divorce] ne pourra plus être après vingt ans de mariage, ni lorsque la femme aura quarante-cinq ans. »

De même *De la puissance paternelle* regroupée dans le titre IX du code civil : seul le père exerce l'autorité sur les enfants durant le mariage. Article 374 : « L'enfant ne peut quitter la maison paternelle sans la permission de son père, si ce n'est pour enrôlement volontaire, après l'âge de dix-huit ans révolus. » Ou les articles 375-377 : « Le père qui aura des sujets de mécontentement très graves sur la conduite d'un enfant aura les moyens de correction suivants. Si l'enfant est âgé de moins de seize ans commencés, le père pourra le faire détenir pendant un temps qui ne pourra excéder un mois ; et, à cet effet, le président du tribunal d'arrondissement devra, sur sa demande, délivrer l'ordre d'arrestation. Depuis l'âge de seize ans commencés jusqu'à la majorité ou l'émancipation, le père pourra seulement requérir la détention de son enfant pendant six mois au plus ; il s'adressera au président dudit tribunal, qui, après en avoir conféré avec le commissaire du Gouvernement, délivrera l'ordre d'arrestation ou le refusera, et pourra, dans le premier cas, abréger le temps de la détention requis par le père. » Et enfin, l'article 389 : « Le père est, durant le mariage, administrateur des biens personnels de ses enfants mineurs. »

Si, avec nos valeurs d'aujourd'hui, ces articles peuvent sembler rétrogrades, voire l'œuvre d'un misogyne endurci, à l'époque, ils ne soulevèrent ni protestation, ni scandale, et furent encore moins un sujet de révolte ou de rébellion. Napoléon ne renia jamais son Code. Au contraire, sur son rocher, à Sainte-Hélène, il en sera fier : « Ma vraie gloire, ce n'est pas d'avoir gagné quarante batailles [...] Ce que rien n'effacera, ce qui vivra éternellement, c'est mon code civil. » L'Histoire, à la longue, lui a donné raison. « Ce fameux code civil a rejoint, dans nos "lieux de mémoire", la Déclaration des droits de l'homme, la Marseillaise, le drapeau tricolore, les mythes sacrés de ces temps tumultueux de l'histoire de France[5]. » Bien sûr, l'autorité du mari en sort renforcée, celle du père dominante ; la femme est soumise et l'enfant obéissant. C'est l'homme – mari et père – qui administre, surveille, punit. Faut-il le considérer comme un autoritarisme pesant ou plutôt comme une protection nécessaire et sécurisante ? L'un et l'autre.

Le divorce continue d'échapper à la loi religieuse[6], comme au moment de la Révolution, mais le consentement mutuel est soumis à des clauses nombreuses. C'est que toutes les questions relevant de l'organisation de la famille et des droits de ses membres devaient tenir compte d'un compromis entre les mœurs de l'époque, les lois révolutionnaires et les souhaits de Bonaparte.

Selon l'heureuse formule de Jean Tulard, son code civil « consacrait la disparition de la féodalité et le triomphe de la laïcité ». Cela n'empêcha pas ultérieurement des critiques de tout bord, et, notamment, celles des féministes, qui l'attaquèrent avec force parce qu'il faisait de la femme un être obéissant, humilié et opprimé. Notre propos est ici de montrer qu'en fait il n'en fut guère ainsi.

Afin de comprendre les bienfaits ou les mauvaises conséquences de ces lois concernant la femme – épouse et mère –, il faut pénétrer les mœurs de cette époque, comprendre les valeurs de ces femmes, cerner leur mode de vie, leurs occupations, leurs sources d'épanouissement et les limites de leur volonté. Il faut chercher à savoir ce qu'on considérait alors comme une réussite, gage de bonheur et de jouissance. Ce qu'était le rôle de l'école, de l'éducation et de la morale à l'ombre de ces lois et sous leur contrôle. On saisira mieux peut-être qui étaient ces femmes, dont certaines brillaient dans les salons à la mode. Ainsi parviendra-t-on à briser l'image erronée d'un Napoléon misogyne et méprisant la femme.

---

5 Jean-Denis Bredin, « Présentation » dans *Code civil des Français*, Bicentenaire, 1804-2004, Paris, Dalloz, 2004.

6 Lors de la Restauration, Louis XVIII abolit le divorce par la loi du 8 mai 1816.

1

François Gérard,
Portrait de Joséphine de Beauharnais (1763-1814).

La femme dans la société napoléonienne

À cette époque où on essayait de reconstruire la famille, traumatisée par la tourmente révolutionnaire, la femme était son pilier, mère et épouse, mais aussi femme dans l'acceptation pleine de ce terme.

De nos jours, on reproche à Bonaparte et à son code civil d'avoir refusé « aux femmes le statut d'être humain à part entière », d'avoir fait de la femme « une mineure qui doit obéissance à son mari », de n'exister que dans son ombre. Elle n'a guère de pouvoir pour elle-même et encore moins sur ses enfants[7].

Pourtant malgré les assertions de certaines féministes, les salons tenus par des femmes ne déclinèrent guère sous le Consulat et l'Empire, les cercles à l'anglaise, réservés uniquement aux hommes, n'empêchèrent pas certaines dames, fussent-elles en opposition au régime, de briller à l'Opéra, dans les bals, à la cour et surtout chez elles, où elles recevaient de grands intellectuels, des écrivains, des politiques en mal de pouvoir ou au sommet de leur carrière. Les femmes de l'époque napoléonienne faisaient la mode, donnaient le ton d'un certain style de vie, influençaient la politique.

Certes, l'article de la loi était dur et, pour certaines couches sociales ou pour certaines femmes, très minoritaires, souvent injuste. Mais la réalité de l'époque nous montre un tableau beaucoup plus complexe, à l'intérieur duquel la femme ne semblait guère humiliée. Rien ne l'empêchait d'occuper une place centrale dans la société, d'avoir des amants, d'écrire et de peindre, de chanter et de danser. Bien sûr, il s'agissait des classes sociales privilégiées : les élites vivaient comme elles le voulaient, tandis que les pauvres subissaient la misère, mais hors des contraintes du code civil et, en aucun cas, à cause de lui. Néanmoins, grâce au développement de l'industrie, le chômage baissait et une classe ouvrière se formait. La pénurie de main-d'œuvre due à la conscription faisait que

---

7 *Cf.* le réquisitoire d'Yvonne Knibiehler dans « Femme » dans Jean Tulard (dir.), *Dictionnaire Napoléon*, Paris, Fayard, 1999, t. I, p. 794-796.

les ouvriers étaient recherchés, en particulier dans certaines professions spécifiques, et que les femmes avaient là un rôle à jouer. « La diversité des conditions n'en est pas moins considérable au sein du monde du travail, du petit atelier à la grande manufacture d'armes, du bâtiment, en plein essor, au textile plus dédaigné. La part des femmes reste très élevée, celle des enfants, malgré une législation protectrice, ne cesse d'augmenter. Vie rude de toute façon, même si les salaires ont beaucoup augmenté[8]. » La combativité n'était pas très développée, la conscience de classe inexistante[9].

Quant aux paysans – alors que le pays restait majoritairement rural –, ceux qui avaient su profiter de la vente des biens nationaux s'étaient enrichi, et leurs femmes surent s'inscrire dans la nouvelle donne initiée par le Consulat. « La propriété paysanne s'est accrue et le cadastre consacre cette expansion ; les droits féodaux ont disparu et l'impôt se fait plus juste, tandis qu'une conjoncture à la hausse favorise l'enrichissement des campagnes et laissera, en dépit des réquisitions et des levées d'hommes, le souvenir d'un "âge d'or" pour la paysannerie française[10]. » Les fêtes étaient entrées dans la vie campagnarde : ripailles, bals, noces, jeux. La cour et la rue vivaient au même rythme. La fête est permanente en temps de paix.

Et dans l'élite, que ce soit la nouvelle ou l'ancienne qui commençait à revenir[11], les femmes n'ont jamais autant brillé, joué, dansé et, surtout, n'ont été aussi influentes qu'à l'époque napoléonienne.

Joséphine donnait le ton, elle montrait comment la femme, ← *ill. 6*
fût-elle l'épouse ou la compagne, pouvait aider aux affaires de son époux. Les sœurs de Napoléon lui emboîtaient le pas, surtout Caroline qui avait influencé et guidé son mari, vaillant hussard avant tout, alors qu'Élisa régnait seule, ayant transformé son mari en aide de camp. Enfin, Pauline créait la mode et, par sa beauté, incitait les femmes à être coquette, à

8 Jean Tulard, *La Vie quotidienne des Français sous Napoléon*, Paris, Hachette littérature, 1978, p. 225.

9 *Ibid.*, p. 226.

10 *Ibid.*, p. 14.

11 Le Consulat a permis à l'ancienne noblesse de reconstituer sa fortune financière. Un arrêté du 28 vendémiaire an IX levait le séquestre sur les biens des émigrés radiés. Étaient exceptés les bois utiles à la défense nationale, ainsi que les immeubles affectés à un service public. De plus, seuls les émigrés dont la fortune était inférieure à 100 000 francs pouvaient réclamer la restitution de leurs biens. *Ibid.*, p. 78.

prendre soin de leur corps et à charmer leurs hommes. Quant à Madame Mère, elle restait le modèle à suivre : mère courage, veuve digne à trente-sept ans, ayant consacré sa vie entière à ses enfants.

Durant le Consulat (de 11 novembre 1799 au 18 mai 1804), l'histoire de France se lance à l'assaut de la modernité, entraînant l'Europe de l'Ouest dans son sillage. « Après les dix premières années de la Révolution, [...] une coalition de républicains modérés, d'idéologues, de "monarchistes sans roi" et d'hommes d'affaires s'empara du pouvoir en s'appuyant sur un jeune général ambitieux et populaire. Quatre ans et demi plus tard, Bonaparte restait seul aux commandes, entouré de ceux de ses alliés d'hier qui s'étaient pliés à sa puissante volonté. Entre-temps, quelle œuvre accomplie ! De la réconciliation nationale à la paix extérieure, du code civil au franc Germinal, de la réforme administrative et judiciaire au rétablissement de l'influence diplomatique de la France en Europe, du Concordat aux dizaines de lois votées au pas de charge, la Révolution avait été canalisée[12]. » Le Premier consul avait tenu son pari : « Le tort de la Révolution, avait-il dit bien avant, à savoir le 8 thermidor an V (26 juillet 1797), est d'avoir beaucoup démoli et rien construit, tout est encore à faire. » Mais jamais Bonaparte ne renia l'héritage révolutionnaire.

Et durant ces années appelées par Jean Tulard « le miracle consulaire », les femmes s'épanouirent comme jamais auparavant. Ce climat fait d'espoir et de jouissance revient souvent dans les mémoires de ceux ou celles qui saisirent ce nouvel air du temps. « Le règne de la Terreur avait cessé, constatait Madame Récamier, l'ordre s'essayait à renaître, les existences se reconstituaient, les émigrés commençaient à rentrer, et la société française, incorrigible dans sa frivolité, se jetait à corps perdu, au sortir des prisons, de l'exil, de la ruine et des échafauds, dans le tourbillon des plaisirs[13]. » En fait, ce vent de liberté, qui corres-

---

12 On doit à Thierry Lentz ce bilan parfait des années consulaires. *Cf. Le Grand Consulat*, *op. cit.*, p. 9.

13 *Souvenirs et correspondance tirés des papiers de Madame Récamier*, Paris, Michel Lévy Frères, 1860, t. I, p. 14.

pondait à la fin de la peur, avait commencé avec le Directoire, mais il souffla davantage au début du Consulat, sans toutefois empêcher l'ordre de s'imposer.

D'autres témoins évoquent le même climat de joie, d'éveil, après les âpres années de terreur et d'affolement. Comme un malade qui sort enfin guéri d'une grave affection, la société française voulait avant tout vivre. « On redevenait gai, se souvient la duchesse d'Abrantès, on était avide de plaisirs ; on allait dîner au cabaret, on allait danser dans des guinguettes, prendre des glaces dans un café. [...] Au milieu de cette vie vagabonde, de ces joies où l'on cherchait des distractions contre le souvenir de tant de douleurs passées et de tant de craintes pour l'avenir. [...] La confiance revenait. Tout le monde voyait le général Bonaparte avec les mêmes yeux ; et c'était à cette époque le regard de l'attachement qu'on portait sur lui[14]. » Décidément, le souvenir du « miracle consulaire » resta dans les mémoires. « Le Consulat vit luire l'aurore d'une ère nouvelle, du fond de cette nuit sombre, et encore une fois la France se révéla. [...] Quel est le cœur français qui ne bat pas au souvenir de ce temps de gloire ? [...] En répétant les noms de ces hommes qui allaient au combat comme à une fête ! [...]Qui achetaient une victoire par une cicatrice et faisaient proclamer la France l'aînée des nations, depuis la Vistule jusqu'au Tage[15] ! » Parmi les gens qui vécurent cette époque, ceux qui fréquentèrent la cour nous assurent qu'elle était la plus fastueuse et la plus élégante que l'Europe ait jamais vue : « La cour offrait alors un spectacle remarquable, se souvient aussi Hortense de Beauharnais. Aucune autre de l'Europe ne l'emportait par la réunion d'autant de femmes remarquables et distinguées. Les militaires qui s'étaient mariés en choisissant leurs compagnes indistinctement dans toutes les classes de la société n'avaient recherché ni illustres alliances, ni fortune mais seulement les agréments personnels,

---

14 *Mémoires de la duchesse d'Abrantès*, t. I, *Les Coulisses du Consulat*... Paris, Albin Michel Éditeur, 1932, p. 71-72, 191.

15 *Ibid.*, p. 18-19.

et alors l'Allemagne et l'Italie fournissaient à la Cour de France leur contingent de grâce, d'esprit et de beauté. Toutes les princesses placées sur les trônes étrangers avaient mis leur amour-propre à environner leur personne de ce qui pouvait le mieux en rehausser l'éclat[16]. » Cette nouvelle cour se caractérisait par son panache, par son goût de la splendeur, mais sans le maniérisme et l'arrogance de celle de Versailles.

L'Empereur ne cessait pourtant de dire à sa famille et à ses proches collaborateurs qu'il souhaitait que sa cour soit sévère plutôt qu'agréable. Et à ses sœurs il répétait : « Une princesse doit donner l'exemple et marcher avec son siècle. Nous ne sommes pas au temps des choses aimables et frivoles. Il ne faut que du grave et du sérieux[17]. » À Sainte-Hélène Napoléon s'expliqua sur le sens de ce luxe qu'il sut si bien déployer : « Toute l'Europe le reconnut, et il fut même un moment où l'on eût dit que toutes les cours du continent étaient accourues à Paris pour composer celle des Tuileries, qui devint la plus brillante et la plus nombreuse que l'on eût jamais vue. Elle eut des cercles, des ballets, des spectacles ; on y étala une magnificence et une grandeur extraordinaires. La seule personne du souverain conserva toujours une extrême simplicité, qui servait même à le faire reconnaître. C'est que ce luxe, cette pompe, qu'il encourageait autour de lui, étaient dans ses combinaisons, disait-il, non dans ses goûts. Ils étaient calculés pour exciter et payer nos manufactures et notre industrie nationale[18]. » C'est dans le même esprit que Napoléon suscita le réaménagement des anciennes résidences royales. Le style Empire devint européen : de Stockholm à Madrid, d'Amsterdam à Naples. « Si une nouvelle société enrichie par les guerres se forme dans les couches supérieures de la société et s'installe dans les hôtels de la noblesse d'Ancien Régime, les débuts de l'industrialisation permettent également aux classes les plus déshéritées de bénéficier d'une amélioration des conditions de vie[19]. »

---

16 *Mémoires de la reine Hortense*, Paris, Mercure de France, 2006, p. 214.

17 *Ibid.*, p. 243.

18 Comte de Las Cases, *Le Mémorial de Sainte-Hélène*, Paris, Gallimard (Bibliothèque de la Pléiade), 1956-1957, t. I, p. 396-397.

19 Bernard Chevallier, *L'Art de vivre au temps de Joséphine*, Paris, Flammarion, 1998, p. 7-8.

À la femme discrète ou à la courtisane de l'Ancien Régime, à celle victime ou à celle devenue furie de la Révolution, fer de lance d'une violence déchaînée, succéda alors une femme assagie qui sut profiter au maximum des possibilités d'accéder à cette société fastueuse qui marquera pour un siècle l'histoire de France.

Tenant salon, certaines jouèrent un rôle important sur le plan politique, d'autres furent espionnes pour le Premier consul ou ultérieurement pour l'Empereur, ou bien pour l'opposition, d'autres enfin utilisèrent leur pouvoir de séduction afin de faire évoluer la politique dans le sens qu'elles souhaitaient. Ainsi, parfois sans que cela soit avoué, l'ascendant des femmes, surtout dans les classes aisées, était immense. Sans oublier celles du peuple, à qui revenait de créer le nouveau patriotisme, d'éduquer les enfants pour choisir le métier des armes et de susciter le goût du savoir.

La femme libre issue de la Révolution s'épanouit aussi durant le Directoire (1795-1799). Entre la peur d'un retour au jacobinisme et celle d'une restauration de l'Ancien Régime, les thermidoriens (Barras, Tallien et surtout Fouché) passaient leur temps à naviguer d'un extrême à l'autre, sans parvenir à structurer l'héritage révolutionnaire et à aboutir à une nouvelle société moderne. En attendant la femme, belle et élégante, tenait salon ; femme volage, elle se cherchait un protecteur, incapable encore de se frayer son propre chemin et de trouver son indépendance. L'instabilité du régime se reflétait dans l'instabilité des femmes d'alors. Les mœurs de droite revenaient sous la forme d'une vie mondaine faite de plaisir, d'amusement, de séduction et d'artifice. Entre-temps, les coups d'État se succédaient tantôt contre la majorité royaliste des Conseils, le 18 fructidor an V (4 septembre 1797), tantôt contre la gauche, en avril 1798 lors des élections ; le coup de force de floréal an VI (mai 1798) stoppa la gauche, qui, en avril 1799 revint avec une majorité au Conseil des Cinq-Cents. Et enfin le 18 Brumaire an VIII (9-10 novembre 1799) sonna l'heure de Bonaparte, qui permit à la France de se développer, à Napoléon de commencer sa fabuleuse destinée et au Directoire de sombrer, incapable qu'il avait été de stabiliser le pays.

Et pour les femmes, une ère nouvelle commença : elles étaient appelées à jouer un rôle majeur dans cette société nouvelle qui se formait au gré des conquêtes et des constructions.

Le plus civil des généraux

→ *ill. 5*

Les Tuileries et la **Malmaison** devinrent vite le modèle, le centre de ce monde en pleine restructuration. Joséphine, bien que la flamme de son mari se fût déjà éteinte, donnait le ton. Son goût raffiné marqua son temps, et elle servit de modèle à ses consœurs. Mode, décoration d'intérieur, style de vie, art de recevoir, manière de converser, tout dans son sillage convergeait pour donner à la femme une place au cœur de cette nouvelle société. « Peintures anciennes choisies par elle au Salon, curiosités venant du monde entier prennent place dans sa galerie. Amateur d'art et de jardins, elle fait du parc de Malmaison une véritable annexe du Muséum d'histoire naturelle de Paris, y acclimate plantes et animaux exotiques, développe la culture des roses, charge le célèbre Redouté de les dessiner. » Le mouvement était incessant : fêtes officielles, réceptions des corps diplomatiques, dîners de famille auxquels se joignaient ministres et généraux, soupers servis sous les ombrages en compagnie d'hommes politiques, de militaires, de membres de l'Institut, savants, artistes ou écrivains. Elle s'y prêtait volontiers.

La cour consulaire établit des mœurs, des rites et des coutumes : audiences, messes dominicales, le 2 de chaque mois dîner où étaient invités les deux consuls, les huit ministres et leurs épouses, le ministre de la République italienne, dix conseillers d'État, quatre généraux, soit trente personnes. Le 15, autre dîner avec plus encore d'invités. « On reste à table une demi-heure et, dans la soirée, Madame Bonaparte joue au reversi avec une dame, un ambassadeur et un ministre, comme faisait la reine[20]. » Par ailleurs Joséphine invitait les femmes des personnalités reçues par le Premier consul. Quatre dames étaient désignées pour être constamment à ses côtés, l'accompagner dans ses voyages officiels. La citoyenne-épouse s'imposait et faisait école – ses qualités devinrent celles de nombreuses femmes de cette époque. Ces manières d'être contribuèrent à accroître la popularité du régime.

En tant qu'impératrice, Joséphine continua à jouer ce rôle majeur d'agent d'influence, d'espionne si nécessaire, et à dorer le blason de l'Empire par ses brillantes toilettes et ses luxueuses réceptions. La « maison » de l'impératrice comptait une centaine de personnes.

Remontons un peu le temps. Tout commença le 13 Vendémiaire an IV (5 octobre 1795), lorsque Bonaparte secondé par Brune et à l'instigation de Barras, l'homme fort du Directoire, mit un terme à la révolte royaliste. Le général Vendémiaire – comme on l'appela par la suite – commença alors sa prodigieuse ascension. Quelques semaines plus tard, il fut nommé commandant en chef de l'armée de l'Intérieur. Outre qu'il gravissait ainsi la première marche vers le pouvoir, le tout jeune général pénétrait enfin la société directoriale : il saisit vite ses mœurs, le climat post-révolutionnaire chancelant. Des femmes commençaient à émerger dans les salons. Chez Madame Tallien – la belle Thérésa Cabarrus –,

---

20 Frédéric Masson, *Madame Bonaparte, 1796-1804*, Paris, Librairie Paul Ollendorff, 1920, p. 303.

Bonaparte rencontra ce nouveau type de femme dont Joséphine serait l'égérie. Il comprit alors le rôle qu'elles pourraient jouer dans la société qu'il projetait de forger.

Faut-il, au passage, rappeler que Thérésa Cabarrus joua un rôle dans la chute de Robespierre ? C'est par amour pour cette belle femme, arrêtée en même temps que la non moins belle Joséphine, que Jean-Lambert Tallien s'est engagé totalement dans le complot du 9 Thermidor. Il l'a épousée aussitôt après, le 26 décembre 1794, et on l'appelait depuis lors « Notre-Dame de Thermidor ». Elle représentait ainsi le type de femmes influentes du temps du Directoire, par ses qualités de bonté, de beauté, de légèreté et de charité.

Devenu une personnalité politique influente, Tallien a parrainé le début de la carrière de Napoléon et son entrée dans le monde des salons ; il fut, avec Barras, le témoin de son mariage avec Joséphine. Retenons donc que c'est grâce à deux femmes que s'établit la position centrale du jeune général dans la société directoriale.

Trois jours après son mariage (le 9 mars 1796), Bonaparte fut nommé général en chef de l'armée d'Italie. Son génie militaire avait désormais le champ libre pour se manifester et l'entregent de son épouse lui permit de cerner les nouvelles valeurs qui émergeaient. Il imposa vite son style de commandement : précis, vif, brusque. Immédiatement, le chef de guerre fut reconnu comme tel malgré sa jeunesse – il avait alors vingt-huit ans. De victoire militaire en victoire politique, il sauva le Directoire lors du coup d'État de Fructidor (septembre 1797). Dès lors, il sut briller sur le terrain des batailles et son prestige grandit dans les salons parisiens.

Nommé après son retour d'Italie général en chef de l'armée d'Angleterre, il apparaissait déjà comme une puissance potentielle. Lucide sur la complexité de la mission qui lui était confiée, conscient que la

France était loin de pouvoir acquérir la supériorité des mers, Bonaparte proposa de s'orienter vers le Levant, afin d'attaquer les intérêts anglais en Égypte et de protéger les négociants français sur le marché d'Orient. Il quitta Paris le 30 floréal an VI (19 mai 1798).

Dans la lointaine Égypte, entre combats perdus et gagnés, lui parvint la nouvelle des difficultés du Directoire et de l'impossibilité du régime à se réformer. Il sentit la nécessité de rentrer au plus vite. Le 6 fructidor an XII (23 août 1799), il quitta l'Égypte et débarqua en France deux mois plus tard, le 17 vendémiaire an VIII (9 octobre 1799). On lui fit partout sur son chemin un accueil triomphal. Un mois plus tard, il était le maître de la France. Le 18 Brumaire an VIII appartient à l'Histoire. « À son épouse Joséphine, il demanda de participer à la neutralisation de Barras et de Gohier, l'un étant son ancien "ami", l'autre aspirant, a-t-on dit, à l'être[21]. » Cela permit à certains historiens de souligner que « le Directoire se meurt à la lueur des chandelles des dîners de Joséphine[22] ».

Ce fut pour elle alors le moment de se faire pardonner les infidélités du début de leur mariage. Consciente que son mari désormais faisait l'Histoire, elle changea sa conduite et s'appliqua à mettre à son service toutes ses qualités. Son goût pour les mondanités, ses relations furent mis à profit et rien ne fut épargné pour solidifier sa nouvelle gloire. Chez eux, rue de la Victoire (ancienne rue Chantereine), elle tenait table ouverte ou des réunions secrètes. Elle contacta les hommes politiques qu'elle avait fréquentés naguère. Elle approcha ceux qu'elle sentait à même d'adhérer au nouveau régime. « N'acceptait-il pas, par l'entreprise de Joséphine, de recevoir des lettres de royalistes qui lui proposaient de le rejoindre[23] ? » Au milieu du gué, Bonaparte voulait « transformer les journées révolutionnaires de Brumaire en nouveau départ pour le pays, une "fin de la Révolution" qui ne renierait rien de l'Histoire[24] », ni de son

---

21 Thierry Lentz, *Le Grand Consulat, op. cit.*, p. 89.

22 *Ibid.*, p. 91.

23 *Ibid.*, p. 97.

24 *Ibid.*

héritage, ni de ses valeurs. Pourvu que cela servît sa propre gloire, Joséphine y adhéra volontiers.

Donnons la parole à la marquise de La Tour du Pin qui nous éclaire sur ce rôle de Joséphine et la manière parfaite dont elle sut s'en acquitter alors : « Je trouvai à Paris, déjà revenues de l'émigration, beaucoup de personnes de ma connaissance. Tous les jeunes gens tournaient, dès ce moment, les yeux vers le soleil levant, Madame Bonaparte, installée aux Tuileries, dont les appartements avaient été remis à neuf comme par enchantement. Elle avait déjà des airs de reine, mais de la reine la plus gracieuse, la plus aimable, la plus prévenante. Quoique n'ayant pas beaucoup d'esprit, elle avait bien compris cependant les projets de son mari. Le Premier consul avait donné à sa femme la mission de ramener à lui la haute société. Joséphine l'avait persuadé, en effet, qu'elle en avait fait partie, ce qui n'était pas exact. Avait-elle été présentée à la cour, allait-elle à Versailles ? Je l'ignore, mais grâce au nom de son premier mari, Monsieur de Beauharnais, la chose eut été certainement possible. Quoi qu'il en soit, en admettant même sa présentation, elle aurait été comprise alors dans la catégorie de ces dames qui, après avoir été présentées, ne revenaient faire leur cour qu'au Jour de l'An. Nous les appelions insolemment *les traîneuses*. On les reconnaissait à la gêne que leur causaient leurs paniers et le bas de leurs robes, dans lequel elles embarrassaient leurs jambes ou celles de leurs voisines, et aussi parce qu'elles levaient les pieds en marchant dans la galerie de Versailles. Dans cette galerie, dont le parquet était uni comme une glace, nous autres, élégantes habituées, nous glissions nos petits souliers blancs comme en patinant. Ne pas se soumettre à cette dernière absurdité de la mode était la raison la plus péremptoire pour acquérir le titre de *traîneuse*[25]. » Manifestement la Révolution de 89 n'avait pas suffi à éteindre le snobisme et la morgue des gens de l'Ancien Régime

---

25 Marquise de La Tour du Pin, *Journal d'une femme de cinquante ans, 1778-1815*, Paris, Librairie Chapelot, 1913, t. II, p. 212.

rentrés en France au temps du Consulat. Revenons néanmoins sur ce précieux témoignage concernant le rôle politique de Joséphine à ce moment-là et l'ambiance créée par l'arrivée des exilés.

« Dès que Madame Bonaparte connut, par Madame de Valence et Madame de Montesson, ma présence à Paris, elle désira que je vinsse chez elle. Attirer à soi une femme, jeune encore, ancienne dame de la cour, très à la mode, voilà une conquête, si j'ose le dire, dont elle était très impatiente de se vanter au Premier consul. Aussi me fis-je un peu prier, pour donner du prix *à ma condescendance* ; puis, un matin, je me rendis chez Madame Bonaparte avec Madame de Valence. Je trouvai dans le salon un cercle de femmes et un groupe de jeunes gens, tous de ma connaissance. Madame Bonaparte vint à moi en s'écriant : "Ah ! La voilà !" Elle m'assit à côté d'elle, me dit mille choses gracieuses en répétant : "Comme elle a l'air anglais !" – ce qui cessa d'être un éloge quelque temps après. Elle m'examina de la tête aux pieds, et son attention se porta surtout sur une grosse tresse de cheveux blonds qui entouraient ma tête et dont ses yeux ne pouvaient se détacher. Comme nous nous levions pour partir, elle ne put s'empêcher de demander tout bas à Madame de Valence si cette tresse était bien faite avec mes propres cheveux. [...] Puis elle continua en disant que tous les émigrés allaient rentrer, qu'elle en était charmée, qu'on avait assez souffert, que le général Bonaparte souhaitait avant toute autre chose amener la fin des maux de la Révolution, etc., enfin toute une suite de propos rassurants. Elle demanda aussi des nouvelles de Monsieur de La Tour du Pin et témoigna le désir de le voir. Elle partait pour la Malmaison et m'invita à y venir. De toute façon elle fut fort aimable, et je vis clairement que le Premier consul lui avait donné le département des dames de la cour et confié le soin de leur conquête quand elle en rencontrerait. La tâche n'a guère été difficile, car toutes se sont précipitées vers le pouvoir naissant, et je ne connais que moi qui ai refusé d'être dame du palais de l'impératrice Joséphine. Et, en effet, à la Malmaison elle était entourée des personnalités de l'Ancien Régime : les de l'Aigle, les La Grange, Juste de Noailles, etc[26]. » Donc dès le début du Consulat, Joséphine tint un rôle politique : celui *d'intermédiaire* auprès des personnalités de l'Ancien Régime, des nobles que Bonaparte voulait gagner à son régime, de ceux qui, rentrés d'exil, voulaient se faire radier des listes dressées par les révolutionnaires. Mais aussi, elle devait dispenser les bienfaits, les faveurs, veiller à ce qu'on répare les injustices. Elle possédait toutes les qualités nécessaires : l'aisance, la politesse, l'élégance, la générosité, la grâce, le tact…

Dans le cadre de la réconciliation nationale, l'amnistie des émigrés fut décrétée dès que le pouvoir consulaire fut bien stabilisé. Nombreux furent ceux qui voulurent aussitôt rentrer. Des commissions furent créées pour surveiller ceux qui revenaient et examiner les demandes de radiation. Lors de la seule année 1800-1801, près de 3 500 personnes furent ainsi rayées, venant de Londres, de Coblence et de Hambourg. On exigeait d'elles qu'elles prêtent serment de fidélité à la Constitution et surtout qu'elles reconnaissent la vente des biens nationaux. Quant aux ennemis irréductibles, le Premier consul souhaitait qu'ils restent éloignés, ou, s'ils rentraient clandestinement, qu'ils soient – comme ce fut pour les Chouans – punis.

C'est à cette époque que Joséphine commit ses premières maladresses politiques. Comme son époux lui avait confié la tâche de s'occuper des radiations, elle fut si flattée d'approcher, d'aider et de fréquenter l'ancienne aristocratie qu'elle fit des excès de zèle. « Toutes les familles sollicitaient et tant qu'on demande on est facile, écrit Victorine de Chastenay. Madame Bonaparte accueillait avec un vif plaisir toutes ces personnes d'un rang autrefois si supérieur au sien. Personne n'a jamais plus qu'elle obligé avec grâce et avec bonheur. On pouvait avouer dans toutes les maisons de

26 *Ibid.*, p. 220.

Paris qu'on avait été chez elle. Au reste, on n'y pénétrait pas avec facilité et c'était un attrait de plus. Impossible d'ouvrir un dossier d'émigré, surtout d'émigré qualifié, sans y trouver une note ou un billet de Madame Bonaparte[27]. » Elle ne réalisait pas que, par son laxisme excessif et son ouverture aveugle, elle mettait en danger le régime et le Premier consul avec lui. On signala plusieurs dames qui avaient bénéficié des aides de Joséphine, reconduites à la frontière par des brigadiers de la gendarmerie. Il s'agissait de personnes qui entretenaient des correspondances soutenues avec les ennemis de l'État.

Alors que ces victoires politiques de tout bord permettaient de s'orienter vers le consulat à vie, Joséphine devint une alliée de Fouché, le vigilant et téméraire ministre de la Police. Consciente de ses handicaps – plus âgée que son mari, stérile –, elle craignait que Bonaparte n'aille trop loin, que son pouvoir ne grandisse encore. L'amour qu'elle lui portait passait toujours chez elle après ses propres intérêts. Illustration parfaite des femmes de son temps, elle ne se sentait en fait guère engagée, ni politiquement ni idéologiquement, dans ce que faisait celui à qui elle devait néanmoins la vie d'opulence à laquelle elle avait accédé. Mais tout pouvoir à vie pouvait soulever la question de l'hérédité. Elle le savait : donc elle manigançait en secret avec Fouché, oubliant les intérêts du consul et ceux du pays. Pis encore : « Pour borner la fortune de Bonaparte, le préserver des tentations du pouvoir suprême et des conséquences qu'il entraîne, tantôt elle s'allie aux Royalistes, tantôt elle renseigne les Jacobins[28]. »

Malgré elle, Bonaparte devint consul à vie mais sans pouvoir désigner son successeur. Le 15 août 1802, une cérémonie au niveau national fêta le consulat à vie et la Constitution de l'an X. À Paris, un *Te Deum*

---

27 Cité par Frédéric Masson, *Madame Bonaparte*, *op. cit.*, p. 256.

28 Frédéric Masson, *Joséphine répudiée, 1809-1814*, Paris, Albin Michel Éditeur, [s.d.], p. 21.

eut lieu à Notre-Dame et une réception des corps constitués aux Tuileries. Le même jour, Bonaparte fêtait ses trente-trois ans. Il avait déjà su construire sur l'héritage issu d'une décennie révolutionnaire et s'entourer des meilleurs esprits de la France de la dernière partie du XVIIIe siècle, grâce à une force de travail sans pareille et une volonté de pouvoir illimitée. Son regard d'aigle, fulgurant, accompagné d'un sourire ensorceleur, resta dans les mémoires de tous ceux qui écrivirent sur lui, et ils furent nombreux. Grand séducteur, communicateur, meneur d'hommes, il savait insuffler à tous ceux qui l'entouraient force, ambition, efficacité.

Joséphine n'eut pas besoin de fournir beaucoup d'efforts pour occuper une place centrale, unique, parce que cela fut, dès le départ, le désir de Napoléon. « Associée, depuis l'an XI, à tous les actes officiels de la vie publique, accueillie en souveraine aux portes des villes, tenant son cercle dans la galerie des Tuileries ou de Saint-Cloud, obligée par Bonaparte lui-même de prendre le pas sur toutes les femmes, même sur sa belle-mère et dans l'intimité des réceptions de famille[29] », elle faisait figure en France, et plus tard en Europe, de la plus grande dame de son temps. Et ses apparitions publiques avaient le faste que souhaitait son époux : il tenait à ce que sa position dans la société illustre son propre pouvoir. Ainsi, elle voyageait escortée par un détachement de carabiniers et par la gendarmerie nationale, et son train était de trois voitures. Sans oublier qu'on lui rendait, à son passage, des honneurs souverains. Dès le début du Consulat, Bonaparte donna à sa femme un rang dans l'État. Néanmoins, connaissant le manque d'intérêt de Joséphine pour tout ce qui relevait du politique, nous pensons que son rôle dans les affaires coloniales du Consulat était nul[30].

---

29 Frédéric Masson, *Napoléon et les femmes*, 4e éd., Paris, Paul Ollendorff Éditeur, 1894, t. I, p. 129.

30 « La légende qui veut qu'elle soit intervenue en faveur d'une reprise en main des colonies ne résiste pas à l'analyse historique. [...] Aucun document [...] ne vient corroborer le rôle qu'on lui prête parfois. "L'entourage créole" de Bonaparte ne fut qu'une mince toile de fond sur laquelle s'inscrivirent les prises de position bien plus décisives d'hommes autrement influents. » *Cf.* Pierre Branda, Thierry Lentz, *Napoléon, l'esclavage et les colonies*, Paris, Fayard, 2006, p. 54-55.

MODE DE VIE, CLIMAT SOCIAL ET VALEURS NOUVELLES

Une France rurale à 85 %, une industrie à peine naissante avec une condition ouvrière précaire, des routes non sécurisées et une capitale qui cherchait encore à retrouver sa place : tel est le décor dans lequel évoluaient une bourgeoisie en plein essor, une nouvelle aristocratie débordant de vie et une vieille noblesse qui tentait vaille que vaille de retrouver sa splendeur d'antan. Le climat pour ces privilégiés était propice à un style de vie où le plaisir représentait l'essentiel d'une existence facile.

Néanmoins, au début du Consulat, Paris était encore ravagé par la Révolution et ses habitants traumatisés par les souvenirs de la Terreur. Durant les dix années de la Révolution, il n'y eut aucune politique urbaine. Afin que Paris devienne, selon les propres paroles de Bonaparte « la plus belle ville qui puisse exister », il y avait beaucoup à faire. Et cela fut fait, Paris devint la capitale du monde où une minorité pouvait jouir d'un style de vie éblouissant, sans oublier que cette course à l'émancipation entraîna dans son sillage le rayonnement d'autres catégories sociales. « Les marchands fort occupés, les ouvriers de tout genre employés se réjouissaient d'une telle occasion de gain pour eux ; la population de la ville semblait doublée ; le commerce, les établissements publics, les théâtres y trouvaient leur profit, et tout paraissait actif et content. [...] Je crois encore rappeler un rêve, mais un rêve qui tient un peu des contes orientaux, quand je me retrace quel luxe fut étalé à cette époque, et quelle était en même temps l'agitation des préséances, des prétentions de rang, des réclamations de chacun[31]. »

Il faut s'imprégner de l'ambiance de cette société post-révolutionnaire pour saisir quelle place revenait aux femmes dans ce monde en transition où la fortune, le paraître, le jeu du pouvoir et de l'influence occupaient une place centrale.

31 *Mémoires de Madame de Rémusat, 1802-1808...*, Paris, Calmann-Lévy Éditeur, 1881, t. II, p. 56-57.

Dans les salons tenus par des femmes régnait l'art de l'intrigue, de la manipulation, de la rumeur. « Ces nominations, ces faveurs, ces promotions tenaient tout le monde en haleine. Dès ce moment, le mouvement fut donné : on s'accoutuma à désirer, à attendre, à voir incessamment quelque nouveauté, chaque jour produisit un petit incident, inattendu dans le détail, mais prévu par l'habitude que nous prîmes tous de voir toujours quelque chose. Depuis, l'Empereur a étendu à toute la nation, à toute l'Europe, ce système d'éveiller sans cesse l'ambition, la curiosité et l'espérance ; ce n'a pas été un des secrets les moins habiles de son gouvernement[32]. »

C'était également le lieu d'une riche activité intellectuelle. Le théâtre et l'opéra étaient en plein essor, la peinture a abondamment illustré cette période. On allait au théâtre et on lisait peut-être davantage qu'aujourd'hui, la vie quotidienne était agrémentée du plaisir des sorties : spectacles, bals, jeux, dîners.

Les beaux-arts – l'architecture, la peinture, la sculpture – dominaient la vie intellectuelle et les grands travaux urbanistiques. David[33] – devenu peintre officiel –, le graveur Vivant Denon, les architectes Fontaine et Percier furent les principaux créateurs de l'art napoléonien.

Le profil de la dame du Consulat devant être tout en beauté et en élégance, l'industrie et l'art se faisaient l'écho de ces valeurs. Si Bonaparte s'employait à développer l'industrie, l'artisanat et les beaux-arts, cela concernait aussi les femmes dont la mode du temps nécessitait des matières qui contribuaient à l'éclat de cette époque. La course à l'élégance avait un impact immense sur l'industrie textile en vogue et en développement. Un bon nombre de marchands de Paris avaient transporté à Fontainebleau leurs plus belles marchandises et ils trouvaient facilement leurs clients. Pour la noblesse nouvelle et la bourgeoisie enrichie, les

32 *Ibid.*, p. 85.

33 L'époque connut un nombre important de peintres qui fixèrent à jamais l'épopée napoléonienne : Gros, Ingres, Isabey, Girodet, Gérard.

signes extérieurs de la réussite restaient les toilettes, la voiture, la loge au théâtre et le nombre de domestiques.

À son entourage, l'Empereur encourageait l'achat d'un hôtel particulier, « qui entraînait les frais des plus magnifiques établissements. Les riches étoffes, les meubles précieux ornaient ces demeures, les vaisselles brillaient sur leurs tables, leurs femmes resplendissaient de pierreries ; les équipages, les toilettes se montraient à l'avenant. Ce faste plaisait à Bonaparte, satisfaisait les marchands, éblouissait tout le monde et tirait chacune de sa sphère ordinaire, augmentait la dépendance, enfin remplissait parfaitement les intentions de celui qui le fondait[34] ».

C'est ainsi que Paris devint la capitale des élégantes et la cour des Tuileries le centre de la mode européenne. Cette mode, Napoléon la considérait comme un moyen politique. Il s'attachait au luxe des costumes comme une illustration de ses triomphes. « On donnait des costumes aux différents corps, les uniformes étaient riches, et cette pompe, qui succédait à un temps où l'affectation de la saleté presque dégoûtante s'était pointée à celle d'un civisme incendiaire, semblait encore une garantie contre le retour du funeste régime dont on n'avait point perdu le souvenir[35]. »

En 1810, les industries du luxe connurent leur apogée grâce à la stimulation que leur apportaient les commandes de la noblesse d'Empire et de la bourgeoisie. Les mœurs avaient changé et façonnaient un type nouveau de femme. La légèreté du temps du Directoire s'effaçait au profit d'une morale bourgeoise. À la femme libre succédait la femme rangée. « Ce qui est positif, constatait la duchesse d'Abrantès, c'est qu'en 1800, à l'époque où la cour des Tuileries s'est formée, la société avait une apparence de moralité, de vertus exercées dans l'intérieur des familles, qu'elle n'avait jamais eue en aucun temps en France. La partie de la haute classe qui elle-même

34 *Mémoires de Madame de Rémusat*, *op. cit.* t. III, p. 275-276.
35 *Ibid.*, t. I, p. 181.

avait ses traditions pour agir autrement [...] était contrainte par la force de ce vent qui soufflait alors dans les voiles de notre navire, de faire comme le reste de la société[36]. »

La société consulaire imposait l'ordre, censé remplacer l'anarchie révolutionnaire. Même les plus brillantes personnalités féminines devaient rester discrètes, décentes, malgré le fait qu'on exigeait d'elles des qualités hors du commun. Il fallait qu'elles dansent à la perfection, qu'elles chantent comme des virtuoses, qu'elles sachent jouer avec talent d'un instrument de musique, qu'elles dessinent et qu'elles brodent, etc.

Entrons plus avant dans les mœurs de certaines des personnalités féminines qui marquèrent leur époque, en particulier celles qui vivaient à la cour. Citons les plus connues : à la tête de la maison de Joséphine se trouvait Madame de la Rochefoucauld. Bien qu'elle ne fût pas une beauté, elle avait un physique agréable, sa vivacité et son art de la conversation lui assuraient une certaine séduction. Elle était bonne, gaie et avait avant tout de l'esprit. Ni passionnée ni redoutable, elle était légère, indifférente aux autres, appliquée à ne pas créer de conflits ni de crises entre ses convives – courtisans, chambellans, ministres, etc. Comme elle pensait avoir fait honneur à Bonaparte en entrant dans sa cour, elle sut défendre ses intérêts, renflouer sa fortune, trouver un bon poste pour son mari, bien marier sa fille. C'est là, apparemment, que s'arrêtaient les besoins, les ambitions, les projets des femmes qui vivaient dans les allées du pouvoir. Madame de Rémusat était depuis toujours, et le resterait, une opposante à Bonaparte, mais elle avait accepté d'entrer à la cour et ce fut la période de sa vie qu'elle considéra comme la plus lumineuse. Active, à l'écoute des autres, curieuse, naturelle, elle passait pour une personne d'esprit, même si certains la considéraient comme une intrigante et une ambitieuse. Pourtant c'est sa vie

36 *Mémoires de la duchesse d'Abrantès*, t. IV, *Napoléon intime et familier...* Paris, Albin Michel Éditeur, [s.d.].

familiale qui avait le plus d'importance. Enfin, la maréchale Ney était pénétrée de son rang, tout en étant aussi une bonne et douce femme. On lui pardonnait tout parce qu'elle s'appuyait sur la gloire militaire de son mari. Ces dames du palais sont représentatives des mœurs, des exigences, des valeurs qui s'imposaient, au-delà de la cour, à la société entière. Elles gardèrent toujours à l'esprit cette période de leur vie où elles avaient approché Napoléon et vécu dans la cour la plus resplendissante d'Europe.

« Le nombre des dames du palais, peu à peu, devint considérable, et, en somme, il se trouve très peu à dire sur tant de femmes qui jouèrent toutes un si faible rôle », conclut dans ses *Mémoires* Madame de Rémusat[37]. En général, le choix de ces dames était en rapport avec leur beauté et leur jeunesse. Mais il y avait aussi celles qui, par leurs propres qualités, suscitaient l'intérêt de l'Empereur, fussent-elles dans l'opposition. Preuve, s'il le fallait, de son esprit tolérant. Par exemple, Juliette Récamier, épouse d'un des financiers les plus importants de France, qui, malgré le code civil, n'habitait pas avec son mari. En effet, Jacques-Rose Récamier, avait presque trente ans de plus qu'elle : leur mariage était blanc, mais il se satisfaisait d'admirer la beauté de son épouse et de jouir de sa célébrité. Épouse et mère, elle ne le fut jamais. Ses centres d'intérêt étaient les bonnes œuvres et les belles toilettes. Mais elle avait « une beauté hors de commun, la grâce de son esprit et la candeur de son âme », ainsi que la décrit l'un de ses admirateurs. Toutefois, n'oublions pas la face cachée de cette personnalité, « la fausse prude, comme la désigne Frédéric Masson, qui, durant cinquante ans, joua la cruche intacte, de même qu'elle figurait la harpiste passionnée », se vouant aux bonnes œuvres comme unique but d'une vie de sainte. Dans la discrétion la plus totale, elle collectionnait les amants et aidait son mari, le vieux Récamier, à des opérations financières occultes avec les Anglais[38]. Elle ne réunissait

37 *Mémoires de Madame de Rémusat, 1802-1808...*, *op. cit.*, t. II, p. 384.

38 Frédéric Masson, *Madame Bonaparte*, *op. cit.*, p. 179

dans son salon que des ennemis de Bonaparte : les généraux Moreau et Bernadotte et les écrivains Chateaubriand, Madame de Staël, Adrien et Mathieu de Montmorency, Pierre Simon Ballanche. Cela n'empêcha pas le Premier consul – ou peut-être à cause de tout cela – de tenter, à de multiples reprises, de la faire entrer à la cour, allant jusqu'à utiliser le rusé Fouché pour la convaincre : « Depuis le jour où il vous a rencontrée, il ne vous a jamais oubliée, et quoiqu'il se plaigne que vous vous rangiez parmi ses ennemis, il n'accuse point vos sentiments personnels, mais vos amis[39]. » Peine perdue. Fouché insista. Et Madame Récamier, sans craindre le « dictateur » ou sa condition de « femme », répondit sans ambages à ses sollicitations plutôt flatteuses : « D'abord elle s'était sentie attirée vers lui par l'attrait de sa gloire, l'éclat de son génie, et les services qu'il avait rendus à la France ; qu'en le rencontrant et le voyant de près, la grâce et la simplicité de ses manières avaient ajouté une impression aimable à une admiration préconçue ; mais que la persécution exercée par le Premier consul sur ses amis, la catastrophe du duc d'Enghien, l'exil de Madame de Staël, le bannissement de Moreau, avaient froissé toutes ses sympathies et arrêté l'élan qui la portait vers lui[40]. » Voilà qui illustre la position qu'avaient les femmes haut placées et leur marge d'indépendance : parce que malgré tout Madame Récamier refusa jusqu'au bout d'avoir une place à la cour, même pas chez la princesse Caroline[41] qui lui proposa d'être dame de palais auprès d'elle. Et malgré son refus répété, la fière princesse Murat mit à sa disposition sa loge du Théâtre-Français, en face de celle de l'Empereur. Mœurs de palais réservées à quelques privilégiés, certes, mais qui instruisent sur le climat qui existait alors au sommet de la société.

L'étrange destin de cette femme éclaire le rôle de certaines dames issues de l'élite pré- ou postrévolutionnaire qui, sans être des

---

39 *Souvenirs et correspondance tirés des papiers de Madame Récamier*, *op. cit.*, t. I, p. 113.

40 *Ibid.*, p. 114.

41 Les maisons des sœurs et de Madame Mère avaient été mises par Napoléon sur le même pied que celle de Joséphine.

génies littéraires ou artistiques, aidées par la fortune, la naissance, le mariage et, enfin et surtout, la beauté, surent se faire une place dans la société d'alors. « Madame Récamier, nous dit le rédacteur de ses *Mémoires*, fut environnée d'une douce et brillante auréole : c'est peut-être la seule femme qui, n'ayant rien écrit et n'étant jamais sortie des limites de la vie privée, ait mérité que sa ville natale proposât son éloge public. »

Madame Récamier n'est pas unique en son genre, mais elle est représentative des qualités exigées des femmes afin qu'elles puissent s'exprimer, avoir un pouvoir d'influence et jouir d'une réputation non fondée sur des valeurs de travail et de talent ou d'une quelconque activité qui relèverait du politique. La séduction était la chose la plus importante. Tant qu'elle fut jeune, Juliette exerça, grâce à son charme et à son art de la conversation, un pouvoir sans limites sur ses proches. Dès le Consulat, son salon fut largement ouvert aux émigrés qui rentraient, et il le resta. Elle était, en effet, le centre et le lieu de la Restauration à venir[42]. Plus encore, elle sut canaliser autour d'elle toutes les oppositions en puissance ou en action. Au mois de février 1804, les généraux Moreau et Pichegru, ainsi que Georges Cadoudal, furent arrêtés pour avoir comploté contre la vie de l'Empereur. Madame Récamier était dans tous ses états, elle tremblait pour Moreau et admirait Cadoudal : « Cet intrépide Georges, on le contemplait avec la pensée que cette tête si librement, si énergiquement dévouée, allait tomber sur l'échafaud, que seul peut-être il ne serait pas sauvé, car il ne faisait rien pour l'être[43]. » Elle admirait sa foi grâce à laquelle il avait combattu avec courage.

Bien qu'elle finît par être exilée de Paris et s'établir à Châlons-sur-Marne, le destin de Juliette Récamier est exemplaire de l'itinéraire qui pouvait être celui d'une femme à l'époque de Napoléon.

---

42 Le père de Juliette Récamier, Monsieur Bernard, avait été nommé administrateur des postes en 1800. Il remplit ses fonctions jusqu'en 1802, lorsqu'un événement compromettant le fit destituer. Des pamphlets et des brochures royalistes circulaient et c'est par son père que passaient ces écrits clandestins. Il fut arrêté et le général Bernadotte intervint afin de lui éviter un procès et, peut-être aussi, la peine de mort. Et le Consul se montra encore magnanime face à Madame Récamier.

43 *Souvenirs et correspondance tirés des papiers de Madame Récamier*, *op. cit*. t. I, p. 105.

MADAME DE STAËL, L'IMPOSSIBLE RELATION

Anne Louise Germaine Necker, baronne de Staël-Holstein, romancière, essayiste, historienne, femme d'esprit ambitieuse et prétentieuse, avait toutes les qualités et tous les défauts pour déplaire à Bonaparte et, ensuite, l'agacer. Lorsque celui-ci arriva au pouvoir, elle avait déjà sa place dans le monde intellectuel de son temps. Genevoise, mariée à un Suédois, elle se sentait néanmoins Française et son pays était Paris. Son aura n'était pas due seulement à sa naissance, à sa fortune et à son talent, mais aussi à ses activités politiques depuis le début de la Révolution. Comme la majorité des élites de son époque, Madame de Staël avait reçu une éducation choisie : « elle comptera parmi ceux qui transmettront au siècle suivant les Lumières, les idées des philosophes et des penseurs politiques, parmi lesquelles le parlementarisme à l'anglaise[44]. » C'était une femme du monde décidée à obtenir tout de la vie. Elle parlait beaucoup, voyageait énormément, elle écrivait sans cesse tout en intriguant, exaspérant même ceux à qui elle vouait une grande admiration comme Goethe, parmi tant d'autres. Elle fut bannie par la Convention, le Directoire, le Consulat et l'Empire.

Mieux que quiconque, Madame de Rémusat a su esquisser son portrait et sa place dans le monde d'alors. « La célébrité qu'elle acquit attira des hommages, sa vanité s'en réjouit. Elle en fut néanmoins gênée par les lois de la société de son temps qui contenait les femmes dans des exigences mineures. Elle a excité la haine et l'envie ; elle effrayait les femmes, elle blessait une foule d'hommes auxquels elle se croyait supérieure. Cependant quelques amis lui sont demeurés fidèles, et son dévouement, à elle, était toujours complet. Quand Bonaparte parvint au Consulat, on sait quelle célébrité Madame de Staël avait déjà acquise par ses opinions,

---

44 Simone Balayé, « Staël-Holstein » dans Jean Tulard (dir.), *Dictionnaire Napoléon*, *op. cit.*, t. II, p. 797.

sa conduite et ses ouvrages. Un personnage tel que Bonaparte excita la curiosité, et d'abord un peu d'enthousiasme, d'une femme si éveillée sur tout ce qui était remarquable. Elle se passionna pour lui, le chercha, le poursuivit partout. Elle crut que le concours heureux de tant de qualités distinguées, de tant de circonstances favorables, devait chez lui tourner au profit de la liberté, son idole favorite ; mais elle effaroucha promptement Bonaparte, qui ne voulait être ni observé ni deviné. Madame de Staël, après l'avoir inquiété, lui déplut. Il reçut ses avances froidement ; il la déconcerta par des paroles fermes et quelquefois sèches. Il blessa quelques-unes de ses opinions ; une sorte de défiance s'établit entre eux, et, comme ils étaient tous deux passionnés, cette défiance ne tarda point à se changer en haine. À Paris, Madame de Staël recevait beaucoup de monde, on traitait chez elle avec liberté toutes les questions politiques. Louis Bonaparte, fort jeune, la visitait quelquefois, et prenait plaisir à sa conversation ; son frère s'en inquiéta, lui défendit cette société, et le fit surveiller. On y voyait des gens de lettres, des publicistes, des hommes de la Révolution, des grands seigneurs. "Cette femme, disait le Premier consul, apprend à penser à ceux qui ne s'en aviseraient point ou qui l'avaient oublié." Et cela était assez vrai. La publication de certains ouvrages de Monsieur Necker acheva de l'irriter ; il la bannit de France, et se fit un tort réel par cet acte de persécution si arbitraire[45]. » Et en femme de son temps, Madame de Rémusat analyse l'œuvre et l'auteur en même temps. « En lisant ses écrits, on voit qu'ils sont les résultats d'une nature agitée que l'ordre et la régularité fatiguaient un peu. Sa vie ne fut point précisément celle d'une femme, et ne pouvait pas être celle d'un homme ; le repos lui a manqué ; c'est une privation sans remède pour le bonheur, et même pour le talent[46]. »

Madame de Rémusat oppose à Madame de Staël, Madame de Genlis, manière de dresser le portrait du type de femme intellectuelle

45 *Mémoires de Madame de Rémusat, op. cit.*, t. II, p. 397-399.
46 *Ibid.*, p. 400-401.

qu'appréciait l'Empereur. « Tandis que Madame de Staël pouvait se plaindre si justement des poursuites dont elle fut l'objet, il est une autre femme assurément très inférieure, et moins célèbre, qui n'eut qu'à se louer de la protection que l'Empereur lui accorda. Ce fut Madame de Genlis. À la vérité, il ne trouva chez elle ni talent ni opinions qui lui fussent contraires. Elle avait aimé et exalté la Révolution ; elle sut profiter de toutes ses libertés. Devenue vieille, un peu prude et dévote, elle s'attacha à l'ordre, et manifesta par cette raison ou sous ce prétexte, une profonde admiration pour Bonaparte. Il en fut flatté ; il lui donna une pension, et l'autorisa à une sorte de correspondance avec lui, dans laquelle elle l'avertissait de ce qu'elle lui croyait utile, et lui apprenait de l'Ancien Régime ce qu'il voulait savoir. [...] Ces deux femmes ne furent pas les seules qui publièrent des ouvrages sous le règne de Bonaparte. J'en pourrais citer quelques-unes, à la tête desquelles il faudrait mettre Madame Cottin, si distinguée par la chaleur d'une imagination passionnée qui se communiquait à son style ; Madame de Flahault, qui épousa, au commencement de ce siècle, Monsieur de Souza, alors ambassadeur du Portugal, et qui a composé de jolis romans. Il en est d'autres encore dont on trouvera les noms dans tous les journaux du temps. Les romans se sont multipliés en France depuis trente ans, et, par leur lecture seule, on peut assez bien saisir la marche qu'a suivi l'esprit français depuis la Révolution[47]. » Rappelons aussi, parmi les romancières de l'époque, Madame de La Fayette et Madame de Riccoboni.

Comme nous l'avons déjà mentionné, le salon de Madame de Staël était ouvert à des personnalités de tendances politiques différentes, bien avant que le Premier consul n'arrive à un point de non-retour et décide de l'envoyer en exil. Juliette Récamier était du nombre : elle en fit même sa meilleure amie. « Bonaparte, se souvient la marquise de La Tour du Pin au sujet de la relation entre Napoléon et Madame de Staël, ne pou-

47 *Ibid.*, p. 401-403.

vait la souffrir, quoiqu'elle eût fait mille avances pour lui plaire. Je crois même qu'elle n'allait pas chez Madame Bonaparte. Un jour, cependant, je rencontrai Joseph Bonaparte dans son salon. Elle recevait des gens de tous les régimes. Les émigrés revenus en France abondaient chez elle, mêlés aux anciens partisans du Directoire[48]. » Ainsi, dans un premier temps, malgré l'agacement du Premier consul pour Madame de Staël, celle-ci continuait de jouir d'une certaine liberté.

Elle l'avait rencontré pour la première fois le 16 frimaire an VI (6 décembre 1797), après sa victorieuse campagne d'Italie. « Lorsque le général se fit connaître pour la première fois par les campagnes d'Italie, j'éprouvai pour lui l'enthousiasme le plus vif. Les institutions républicaines perdaient toute dignité en France par les moyens employés pour les soutenir ; on avait comme des remords des opinions les plus nobles, quand on en retrouvait la désignation nominale dans les actes les plus cruels ; un trouble s'élevait dans l'esprit et dans l'âme, quand des hommes sanguinaires réclamaient la liberté et prenaient pour victimes des hommes estimables. On n'était en entier dans aucun parti, ni avec les persécuteurs, ni avec les persécutés, et la plus belle faculté des hommes, l'admiration, ne savait où se prendre. La gloire militaire inspire bien aisément l'enthousiasme ; les proclamations en Italie étaient faites pour inspirer la confiance en lui. Il y régnait un ton de noblesse et de dignité, qui faisait contraste avec l'âpreté révolutionnaire des chefs civils en France. Le guerrier parlait alors comme un magistrat, tandis que les magistrats s'exprimaient avec la violence militaire. Bonaparte n'avait point mis à exécution les lois barbares contre les émigrés. On disait qu'il aimait avec passion sa femme, dont le caractère est plein de douceur et de bonté. On assurait qu'il lisait de préférence l'*Ossian*, ce poème où l'amour de la guerre est mêlé à un sentiment de mélancolie, qui soumet le vainqueur comme le vaincu à la même tris-

48 Marquise de La Tour du Pin, *Journal d'une femme de cinquante ans*, *op. cit.*, t. II, p. 221.

tesse de cœur. Toutes ces circonstances m'inspiraient pour Bonaparte, avant de le connaître, une telle admiration que, la première fois que je le vis à son retour d'Italie, une émotion invincible m'empêcha presque de lui parler et de lui répondre. Il était alors sans puissance ; la persécution même le menaçait ; il aurait dû conserver, ce me semble, une impression agréable d'un hommage désintéressé, lui qui était appelé à en recevoir tant d'une nature si différente[49]. » En vérité, elle l'admirait plus qu'elle ne l'avoue à l'heure de ses *Mémoires*, certains de ses proches pensaient même qu'elle était tombée amoureuse de cet homme que tout le monde considérait déjà comme un génie militaire. Mais hélas ! dès leur premier contact, le vaillant général ne fut pas à l'aise avec ce type de femme, rare créature pour son époque. Poli comme toujours lorsqu'il était en face d'une personnalité féminine, il tenta de la traiter avec ménagement. Furieuse de n'avoir pas réussi sur-le-champ à le séduire, elle adopta d'emblée des positions politiques contraires à celles du Premier consul. Avec Benjamin Constant, son ami et complice, elle s'opposa de plus en plus à Napoléon.

Son salon n'intégrait pas d'émigrés rentrés ou de catholiques ultras, pas plus que d'anciens jacobins en mal de révolution. Elle pensait, en restant dans un juste milieu, pouvoir jouer un rôle politique. Cependant, à partir de 1802, Madame de Staël commença à déranger vraiment Bonaparte ; sa fréquentation assidue de ses plus dangereux rivaux, Bernadotte et Moreau, l'amena à la considérer comme une périlleuse opposante. Son roman *Delphine*, qui véhiculait des idées politiques inspirées de l'opposition et qui fut publié en 1802 en même temps que celui de Necker, son père, intitulé *Dernières vues de politique et de finances*, exaspéra définitivement le Premier consul, aboutissant à la disgrâce de toute la famille. En 1803, Madame de Staël reçut l'ordre de s'éloigner à quarante lieues de la capitale. Elle quitta Paris la mort dans l'âme et, accompagnée

49 Madame de Staël, *Dix années d'exil*, Paris, Plon-Nourrit, 1904, p. 381-383.

par Constant, partit pour l'Allemagne. Mais elle avait aussi un lieu de résidence à Coppet sur le Leman, où son salon finit par faire école.

Dans ses écrits, elle dévoila dès lors sa haine de Napoléon, ce qui ne fit qu'aggraver, pour lui et ses proches, son image de traîtresse. Dans son livre *Dix années d'exil*, elle déclare : « [l'Empereur] m'a persécutée avec un soin minutieux, avec une activité toujours croissante, avec une rudesse inflexible[50]. » Elle avait réalisé alors l'étendue du pouvoir napoléonien et avait essayé de rentrer en grâce en faisant appel à ses relations haut placées. Peine perdue. En septembre 1810, Napoléon rendit son exil définitif et interdit ses livres dans une Europe dominée par lui.

Femme agitée et revancharde, ses voyages aussi furent un instrument politique. Depuis son séjour en Russie, elle se mêlait de grande politique. Elle servit de lien entre la Russie et la Suède, et plus tard l'Angleterre où elle se rendit en juin 1813 et publia *De l'Allemagne*. « Pour elle, la guerre contre Napoléon est religieuse et morale. C'est la lutte contre le génie du mal, le fléau du monde, c'est la liberté contre la tyrannie, pour sauvegarder l'acquis des Lumières[51]. » Tous les moyens étaient bons pour se venger de Napoléon. Elle n'hésita pas à faire le jeu des Alliés, pis encore fit des excès de zèle pour les inciter à le combattre. Elle était si véhémente que sa rancœur à l'égard de l'Empereur lui fit perdre toute objectivité. Que ce soit dans *Dix années d'exil* ou dans les *Considérations sur la Révolution française*, elle refuse de reconnaître quoi que ce soit à l'œuvre de Bonaparte à l'époque du Consulat – l'administration, le code civil, l'Université, la construction des routes, des canaux et des ponts, le développement de l'urbanisme et de l'art. Pour Madame de Staël, Bonaparte avait toujours tort, même quand il était vainqueur et qu'il apportait aux peuples asservis les idées lumineuses de la Révolution française. Devenue « anglomane », elle prônait désormais pour la France le modèle politique anglais.

50 *Ibid.*, p. 1-2.

51 Simone Balayé, *art. cit.*, p. 800.

À Sainte-Hélène, Napoléon revint de nombreuses fois sur la relation complexe qu'il eut avec cette femme. « *Delphine* de Madame de Staël occupait au début du séjour à Sainte-Hélène les conversations des soirées, raconte Las Cases. L'Empereur l'analysait ; peu de choses trouvaient grâce devant lui. Le désordre d'esprit et d'imagination qui y règne animait sa critique ; c'était toujours, disait-il, les mêmes défauts qui l'avaient éloigné de son auteur en dépit des avances et des cajoleries les plus vives de celle-ci. Dès que la victoire eut consacré le jeune général de l'armée d'Italie, Madame de Staël, sans le connaître, et par la seule sympathie de la gloire, professa dès cet instant pour lui des sentiments d'enthousiasme dignes de sa *Corinne* ; elle lui écrivait, disait Napoléon, de longues et nombreuses épîtres pleines d'esprit, de feu, de métaphysique ; c'était une erreur des institutions humaines, lui mandait-elle, qui avait pu lui donner pour femme la douce et tranquille Madame Bonaparte : c'était une âme de feu, comme la sienne, que la nature avait sans doute destinée à celle d'un héros tel que lui, etc. Je renvoie aux campagnes d'Italie pour faire voir que l'ardeur de Madame de Staël ne s'était pas ralentie pour n'avoir pas été partagée. Opiniâtre à ne pas se décourager, elle était parvenue plus tard à lier connaissance, même à se faire admettre ; et elle usait de ce privilège, disait l'Empereur, jusqu'à l'importuner. Il est très vrai, ainsi qu'on l'a dit dans le monde, que le général voulant lui faire sentir, s'excusait un jour d'être à peine vêtu, et qu'elle avait répondu, avec sentiment et vivacité, que cela importait peu, que le génie n'avait point de sexe[52]. » Et avec la générosité qu'on lui connaît, Napoléon conclut sur cette relation bien compliquée : « Sa demeure à Coppet était devenue un véritable arsenal contre moi ; on venait s'y faire armer chevalier ; elle s'occupait à me susciter des ennemis, et me combattait elle-même. [...] Et puis, en somme, il est vrai de dire que personne ne saurait nier, qu'après tout,

---

52 *Le Mémorial de Sainte-Hélène*, *op. cit.*, t. I, p. 312-313.

Madame de Staël est une femme d'un très grand talent, fort distinguée, de beaucoup d'esprit ; elle restera. Plus d'une fois autour de moi, et dans l'espoir de me ramener, on a essayé de me faire entendre qu'elle était un adversaire redoutable, et pourrait devenir une alliée utile. Il est sûr que, si elle m'eût adopté, au lieu de me dénigrer, ainsi qu'elle l'a fait, j'y eusse pu gagner sans doute ; car sa position et son talent la faisaient régir les coteries ; et l'on connaît toute leur influence à Paris. Et malgré tout le mal qu'elle a dit de moi, sans compter tout celui qu'elle dira encore, je suis loin assurément de la croire, de la tenir pour une méchante femme : tout bonnement c'est que nous nous sommes fait la petite guerre, et voilà tout[53]. »

La situation de Madame de Staël est une exception. Dans de nombreux cas, lorsque Napoléon se trouvait devant une femme qui venait solliciter son aide, il faisait acte d'une gentillesse et d'une politesse hors du commun. Il n'est qu'à se rapporter à l'entretien entre la marquise de La Tour du Pin et Napoléon, lorsque celle-ci vint intercéder en faveur de son mari, destitué de son poste de préfet à Bruxelles.

« Je me trouvai en présence de Napoléon. Il s'avança à ma rencontre et dit d'un air assez gracieux :

— Madame, je crains que vous ne soyez bien mécontente de moi.

Je m'inclinai en signe d'assentiment, et la conversation commença. [...] L'Empereur chercha, en résumé, à me prouver qu'il avait dû agir comme il l'avait fait. [...] Puis, tout en parcourant de long en large ce grand salon où je le suivais en marchant à ses côtés, il prononça ces paroles – c'est la seule fois peut-être qu'il les ait proférées dans sa vie, et le privilège m'était réservé de les entendre :

— J'ai eu tort. Mais comment faire ?

Je répliquai :

53 *Ibid.*, t. II, p. 204-205.

— Votre Majesté peut le réparer.
Alors il passa la main sur son front, et dit :
— Ah ! il y a un travail sur les préfectures ; le Ministre de l'Intérieur vient ce soir.
Il nomma ensuite quatre ou cinq noms de départements, et ajouta :
— Il y a Amiens. Cela vous conviendrait-il ?
Je répondis sans hésiter :
— Parfaitement, Sire.
— Dans ce cas, c'est fait, dit-il. Vous pouvez aller l'apprendre à Montalivet.
Et avec ce charmant sourire dont on a tant parlé :
— À présent, m'avez-vous pardonné ?
Je lui répondis de mon meilleur air :
— J'ai besoin aussi que Votre Majesté me pardonne de lui avoir parlé si librement.
— Oh ! vous avez très bien fait.
Je lui fis la révérence, et il s'approcha de la porte pour me l'ouvrir lui-même[54]. »

Quelques jours plus tard, la marquise était présente dans la salle du Trône. « L'Empereur entra, il parcourut des yeux ces trois rangs de dames, parla à quelques-unes d'un air assez distrait, puis, m'ayant aperçue, il sourit de ce sourire que tous les historiens ont tâché de décrire et qui était véritablement remarquable par le contraste qu'il présentait avec l'expression toujours sérieuse et parfois même dure de la physionomie. Mais la surprise de mes voisines fut grande quand Napoléon, tout en souriant, m'adressa ces mots : "Êtes-vous contente de moi, Madame ?" [...] Je remerciai l'Empereur avec un accent très sincèrement reconnaissant.

54 Marquise de La Tour du Pin, *Journal d'une femme de cinquante ans*, *op. cit.*, t. II, p. 322-325.

Après quelques mots fort aimables, il s'éloigna. C'est la dernière fois que j'ai vu ce grand homme[55]. »

Il prêta toujours une réelle attention aux femmes qu'il avait croisées dans sa première jeunesse. Las Cases se fait l'écho de ce comportement dans *Le Mémorial de Sainte-Hélène* : « Napoléon, à Valence, fut admis de bonne heure chez Madame du Colombier ; c'était une femme de cinquante ans, du plus rare mérite ; elle gouvernait la ville et s'engoua fort, dès l'instant, du jeune officier d'artillerie : elle le faisait inviter à toutes les parties de la ville et de la campagne [...]. Napoléon devait sa faveur et la prédilection de Madame du Colombier à son extrême instruction, à la facilité, à la force, à la clarté avec laquelle il en faisait usage ; cette dame lui prédisait souvent un grand avenir. [...] Napoléon prit du goût pour **Mademoiselle du Colombier**, qui n'y fut pas insensible : c'était leur première inclination à tous les deux, et telle qu'elle pouvait être à leur âge, avec leur éducation. "On n'eût pas pu être plus innocent que nous, disait l'Empereur ; nous nous ménagions de petits rendez-vous ; je me souviens encore d'un, au milieu de l'été, au point du jour ; on le croira avec peine, tout notre bonheur se réduisit à manger des cerises ensemble." L'Empereur, en 1805, allant se faire couronner roi d'Italie, retrouva à Lyon Caroline du Colombier devenue Madame de Bressieux. Elle pénétra à lui avec cette difficulté qui entoure les souverains. Il la revit avec grand plaisir ; mais il la trouva furieusement changée. Il fit pour son mari ce qu'elle désirait, et la plaça, elle-même, dame chez une de ses sœurs[56]. » Elle fut aussi nommée baronne d'Empire. ← ill. 2

Même lorsque la personnalité d'une femme ne plaisait pas à l'Empereur, il accédait en général à sa demande, destinée le plus souvent à obtenir de lui la grâce de son mari. Il ne cessait de dire alors qu'il haïssait les femmes intrigantes et que, grâce à Joséphine, il était habitué aux femmes bonnes et douces.

55 *Ibid.*, p. 327.
56 *Le Mémorial de Sainte-Hélène...*, *op. cit.*, t. I, p. 84-85.

L'ÉCOLE

La chute de l'Ancien Régime avait entraîné une revalorisation de l'instruction et de la place de l'école dans la société. L'école pour tous, l'enseignement devant être public et laïc : tel était le programme de la Révolution, tel il resta, d'une certaine manière, celui de Bonaparte. Plus encore, « c'est bien au Consulat et à l'Empire, une fois de plus, que l'on doit sinon l'"invention" d'un système, au moins – c'est l'essentiel – des mesures concrètes et durables. [...] Avec les grands textes napoléoniens, c'est à l'État seul qu'il appartient désormais de définir les principes d'organisation, la "pédagogie" et leurs mises en vigueur réelle. [...] L'instruction publique était conçue comme un des piliers de la stabilisation à moyen et long terme de la société[57] ».

Dès le début de l'année 1805, l'Empereur songeait à la création d'un établissement scolaire lié à la gloire de son armée. Le premier acte publié en ce sens fut l'adoption des enfants des généraux, officiers et soldats français morts à la bataille d'Austerlitz. « Ils seront tous entretenus et élevés à nos frais ; les garçons dans notre palais impérial de Rambouillet, et les filles dans notre palais impérial de Saint-Germain. Les garçons seront placés, et les filles mariées par nous. Indépendamment de leurs noms de baptême et de famille, ils auront le droit d'y joindre celui de Napoléon. Notre grand juge, ministre de la Justice, fera remplir toutes les formalités voulues à cet égard par le code civil. Notre grand maréchal du palais et notre intendant général de la couronne sont chargés de l'exécution du présent décret, qui sera mis à l'ordre du jour de l'armée et inséré au *Bulletin des lois*. Napoléon[58]. » « À son retour d'Austerlitz, raconte Hortense de Beauharnais, indécis encore s'il exécuterait son décret à cause de l'opinion où il était que l'éducation des filles appartenait à leur mère, il fit venir Madame Campan, la consulta et finit par lui dire : "Je ne

57 Thierry Lentz, *Nouvelle histoire du premier Empire*. t. III, *La France et l'Europe de Napoléon, 1804-1814*, Paris, Fayard, 2007, p. 370-371.

58 Décret, camp impérial d'Austerlitz, 16 frimaire an XIV (7 décembre 1805).

me bornerai pas à faire élever un petit nombre de filles. Je n'aime pas les petites choses ; elles ne servent à rien. Saint-Cyr n'était qu'une guirlande de fleurs offertes à Madame de Maintenon par l'amour de Louis XIV. Deux cent cinquante filles nobles n'étaient rien pour huit mille familles de pauvres gentilshommes. J'élèverai quatre à cinq cents filles ou point et je réformerai les mœurs"[59]. »

En réunissant des enfants de couches sociales différentes dans un même pensionnat, Napoléon proposait un projet d'éducation démocratique. Le bilan de la Révolution, malgré plusieurs projets, avait été en définitive catastrophique en matière d'enseignement primaire. Sur ce plan, l'avènement du Consulat n'apporta pas de grande modification juridique. Chaptal présenta un plan, publié dans *Le Moniteur* du 19 au 27 brumaire an IX. Il chiffrait à 2 778 932 le nombre des enfants de sept à onze ans, dont la moitié était constituée de filles tenues à l'écart[60]. On ne fit rien pour y remédier. On laissa comme avant chaque commune s'arranger avec son instituteur. « Lors de la fondation de l'Université impériale par le décret du 17 mars 1808, on eut confirmation de ce peu d'intérêt pour les écoles, qui furent placées sous la surveillance de l'Université. [...] Quant à l'enseignement des filles, il échappa au décret de 1808[61]. »

Le Concordat aussi avait changé les mentalités. Malgré les pressions et les tensions à l'intérieur du corps professoral, ces intellectuels très divers – « catholiques ou voltairiens, royalistes ou nostalgiques de l'an II – n'en ont pas moins fait une expérience de coexistence idéologique et de tolérance[62] ».

Au fil du temps, l'idée que l'éducation publique appartient à l'État se fit cependant jour. « Aucune question n'a autant sollicité la réflexion de l'Empereur : elle lui paraissait à juste titre constituer la base de toute la société qu'il entendait façonner selon des principes qui, depuis longtemps déjà, lui étaient chers[63]. » Napoléon fit de l'enseignement –

---

59 *Mémoires de la reine Hortense*, *op. cit.*, p. 249.

60 Jean Tulard, « Écoles » dans Jean Tulard (dir.), *Dictionnaire Napoléon*, *op. cit.*, t. I, p. 699.

61 *Ibid.*

62 Georges Clause, « Lycées » dans Jean Tulard (dir.), *Dictionnaire Napoléon*, *op. cit.*, t. II, p. 231-234

63 René Boudard, « Université napoléonienne », *ibid.*, t. II, p. 902-908.

école, lycée, université – une affaire d'État, politique avant tout, une source de pouvoir pour la pérennité de son système.

Le baccalauréat, dont il fut l'inventeur, était censé couronner les études secondaires. La mention « Napoléon, Empereur des Français, roi d'Italie et Protecteur de la Confédération du Rhin » figurait sur ce diplôme en parchemin : rares furent, au début, ceux qu'ils l'obtinrent.

→ *ill. 1*

Les maisons d'éducation de la **Légion d'honneur** occupent une place spéciale dans l'œuvre napoléonienne de création d'un enseignement nouveau. Elles témoignent de l'importance que Napoléon accordait à l'éducation des jeunes filles. Il s'agissait certes, avant tout, de préparer les demoiselles à devenir des femmes-mères exemplaires. Mais pas seulement. L'Empereur voulait aussi associer aux valeurs familiales celles liées à la gloire de la patrie et de son armée. Il souhaitait, et il le souligna maintes fois, que la réforme de la société passe par la femme. L'éducation des jeunes filles devait être le moyen principal pour transformer les mœurs. Chaque discipline enseignée trouvait sa justification dans le souci de les former à tout ce qui est indispensable à une mère de famille pour conduire sa maison. Le règlement prévoyait l'étude de la lecture, de l'écriture, du calcul, de la grammaire, de l'histoire, de la géographie et de la botanique ; mais aussi des travaux d'aiguille, l'apprentissage de l'hygiène et des bases culinaires. « En réunissant des enfants de souches différentes dans un même pensionnat, Napoléon Ier propose son premier projet d'éducation démocratique[64]. »

Rappelons que Bonaparte avait créé l'ordre de la Légion d'honneur le 29 floréal an X (19 mai 1802). Mais la création des maisons d'éducation de la Légion d'honneur pour les jeunes filles s'inscrit dans la même démarche que le projet d'adoption des enfants des militaires tombés à la bataille d'Austerlitz.

---

64 Rebecca Rogers, *Les Demoiselles de la Légion d'honneur*, Paris, Perrin, 2005, p. 21.

De Finkenstein, où il séjournait en mai 1807, il prit le temps d'envoyer une « Note sur l'établissement d'Écouen », véritable programme d'éducation et de formation pédagogique : « Il faut que l'établissement d'Écouen soit beau dans tout ce qui est monument, et qu'il soit simple dans tout ce qui est éducation. Gardez-vous de suivre l'exemple de l'ancien établissement de Saint-Cyr, où l'on dépensait des sommes considérables, et où l'on élevait mal les demoiselles. L'emploi et la distribution du temps sont des objets qui exigent principalement votre attention. Qu'apprendra-t-on aux demoiselles qui seront élevées à Écouen ? Il faut commencer par la religion dans toute sa sévérité. [...] Je désire qu'il en sorte, non des femmes très agréables, mais des femmes vertueuses ; que leurs agréments soient de mœurs et de cœur, non d'esprit et d'amusement. [...] Il faut ensuite apprendre aux élèves à chiffrer, à écrire, et les principes de leur langue, afin qu'elles sachent l'orthographe. Il faut leur apprendre un peu de géographie et d'histoire, mais bien se garder de leur montrer ni le latin ni aucune langue étrangère. [...] Mais, en général, il faut les occuper toutes, pendant les trois quarts de la journée, à des ouvrages manuels ; elles doivent savoir faire des bas, des chemises, des broderies, enfin toute espèce d'ouvrages de femme[65]. »

Le profil de cette femme, vouée à devenir maîtresse de sa maison et de sa famille, exigeait selon l'Empereur qu'elle sache tout faire : garde-malade, couturière, cuisinière... bref, qu'elle se rende utile. Dans une lettre à Lacepède, datée du 22 octobre 1807, il revient, d'une manière presque obsessionnelle, sur certaines de ses idées concernant l'enseignement féminin : « Ayant autorisé la formation provisoire de la maison d'Écouen jusqu'à concurrence de soixante et quinze et cent demoiselles, mon intention est que vous nommiez le nombre de dames nécessaire pour ce nombre de demoiselles. Il ne faut point organiser ici une petite pen-

65 « Note sur l'établissement d'Écouen », Finkenstein, 15 mai 1807, dans *Correspondance de Napoléon Ier*, Paris, Claude Tchou, 2002, t. XV-XVI, 1807-1808, p. 225-229.

sion. Les parents ne doivent pas pouvoir envoyer un sou à leurs demoiselles, et la plus stricte égalité doit régner entre elles. Il faut se borner à leur apprendre à bien écrire d'abord. Il sera déterminé dans le règlement général ce qu'on doit leur montrer du dessin. Ce que je vous recommande principalement, c'est la religion. Le choix d'un directeur est donc un objet d'une grande importance. Il faut que les élèves entendent la messe tous les jours et aillent faire la prière en commun avant de se coucher. Jusqu'à ce qu'il soit décidé si l'on doit enseigner deux cultes, il faut n'accepter que le culte catholique ; on peut retarder l'admission des autres. Cette maison sera dans la dépendance du grand aumônier. Vous vous entendrez avec lui pour qu'il choisisse un homme capable de bien montrer cet important service. Il faut que la chapelle soit disposée le plus tôt possible, et qu'il y ait le dimanche grand'messe, catéchisme et un petit sermon à leur portée. Quant à la littérature, il faut aussi y aller doucement, en partant du principe (que vous devez faire entendre à la directrice) que les premières considérations sont les mœurs. Mais, provisoirement, on peut leur montrer la langue française et la partie de la rhétorique qui n'éveille point l'imagination des jeunes personnes[66]. » On trouve là, sans que cela soit formulé comme des ordres définitifs, des directives pour un enseignement réduit et religieux. On se situe, en fait, toujours dans le politique ; lui l'agnostique, pensait que les femmes devaient être élevées dans un esprit religieux, vu la condition sociale qu'elles avaient alors. « Élevez-nous des croyantes et non des raisonneuses. » C'était le type même de femme qu'il prisait lui-même. Cependant il recommande aussi l'apprentissage de la géographie et de l'histoire. Et, pour les plus mûres, de la physique et des sciences naturelles. Par rapport à l'Ancien Régime, un autre point important est que Napoléon fait entrer dans ces établissements des jeunes filles d'origine sociale modeste, dont les pères ont été décorés

66 À Monsieur Lacepède, grand chancelier de la Légion d'honneur, Fontainebleau, 22 octobre 1807, dans *Correspondance de Napoléon Ier*. Paris, Éditions Plon et J. Dumaine, 1863, t. XV-XVI, 1807-1808, p. 109-110.

de la Légion d'honneur, à qui sont aussi enseignés, en même temps que les travaux manuels, la musique, le chant et la danse.

La lourde tâche d'organisation qui en découlait, Napoléon l'avait confiée à Bernard Germain Étienne de La Ville, comte de Lacepède, naturaliste de réputation internationale qui fut, de 1803 à 1814 et durant les Cent-Jours, grand chancelier de la Légion d'honneur, et à Madame Campan[67]. À Lacepède de veiller à la création des maisons des demoiselles de la Légion d'honneur et à Madame Campan d'élaborer les programmes pédagogiques[68].

Deux écoles marquent cette page d'histoire : celle d'Écouen et celle de Saint-Denis[69]. Et c'est Hortense qui fut nommée par l'Empereur princesse protectrice des maisons des filles de la Légion d'honneur. « Ma réception à Écouen fut touchante, se souvient la reine Hortense dans ses *Mémoires*. J'étais heureuse chaque fois que j'allais dans ce lieu où tant de jeunes cœurs étaient élevés à me chérir, où je retrouvais les émotions de mon enfance et cette vivacité, cette confiance et ces sentiments que cet âge seul éprouve et que le monde vient trop vite altérer[70]. »

Toujours en conséquence de la bataille d'Austerlitz, Napoléon souhaitait également fonder des orphelinats. Et gardant le but de lier l'éducation à la religion, il confia au ministre des Cultes, le comte Bigot de Préameneu, le choix d'une congrégation. Il se fixa sur la congrégation de la Mère de Dieu et choisit pour s'en occuper Marie-Marguerite de Lézeau ; et ces maisons d'orphelines furent mises sous la protection de l'impératrice Joséphine. Elles furent créées par décret le 15 juillet 1810. Ces institutions accueilleraient des jeunes filles sans ressources et l'instruction serait conçue dans l'idée que ces enfants, dans leur vie d'adultes, devraient gagner leur vie. « En accueillant des orphelines dont "les pères

---

67 Au moment de la Convention, elle ouvrit à Saint-Germain-en-Laye un pensionnat que fréquentèrent, parmi d'autres, Hortense et Stéphanie de Beauharnais, ainsi que les sœurs de Bonaparte, Caroline et Pauline. Mais aussi les futures épouses de Savary, Ney, Davout…

68 *Cf.* Rebecca Rogers, *Les Demoiselles de la Légion d'honneur, op. cit.*, p. 29.

69 La maison d'Écouen ouvrit ses portes à la fin de 1807, celle de Saint-Denis en 1809. Une troisième, prévue, ne vit pas le jour.

70 *Mémoires de la reine Hortense, op. cit.*, p. 209.

sont morts officiers ou chevaliers de la Légion d'honneur ou à notre service, dans quelque grade que ce soit, pour la défense de l'État [...]", l'Empereur admet un mélange de classes, inédit au pensionnat[71]. » Le décret du 21 septembre 1810 décida l'installation des quatre premières maisons à Paris, à Suresnes (Seine), à Fontainebleau et aux Loges (forêt de Saint-Germain). La Restauration les supprima toutes.

Le grand succès des maisons d'éducation de la Légion d'honneur fit qu'elles perdurèrent tout au long du XIXe siècle et plus tard encore. Dès les sept premières années de leur existence, l'essentiel était posé. Napoléon visitait parfois ces établissements, prêtant une attention profonde à tout ce que s'y faisait ; il approchait avec intérêt les élèves et donnait des pensions aux meilleures d'entre elles. Hortense de Beauharnais et parfois Joséphine s'employaient, elles aussi, à ce genre de visites. La renommée de ces écoles féminines était surtout due à la qualité des professeurs et des programmes d'enseignement : cela aboutit d'ailleurs à leur prolifération dans tout l'Empire et au-delà, jusqu'en Russie. Rappelons que « dès l'origine, les maisons d'éducation se proposaient d'offrir un enseignement solide et de longue durée à une clientèle largement délaissée par les structures existantes[72]. » Comprenant que la réussite scolaire est une condition de la réussite sociale, la majorité des élèves s'appliquaient à travailler. « Les femmes y acquéraient une prudence de conduite, un esprit d'observation qui n'étaient plus de la ruse. Elles avaient la preuve que des talents réels, une instruction positive, devenaient doublement utiles, car ils donnaient du pain », notait avec justesse dans ses *Mémoires* la duchesse d'Abrantès[73]. Tout concordait sur le rôle fondamental de la femme au sein de sa famille. D'où un enseignement marqué par des études pratiques, mais aussi intellectuelles.

---

71 Rebecca Rogers, *op. cit.*, p. 44.

72 *Ibid.*, p. 111.

73 *Mémoires de la duchesse d'Abrantès. Souvenirs historiques sur la Révolution et le Directoire*, Paris, À La Cité des Livres, 1928, p. 7.

2

François Gérard,
Portrait de Désirée Clary
(1781-1860).

Le souverain au cœur tendre

Qu'il s'agisse de sa mère, de ses sœurs, de ses épouses ou de ses maîtresses, Napoléon garda toujours la même ligne de conduite dans ses rapports avec les femmes qui croisèrent sa route. Et son comportement nous semble tout à fait en adéquation avec les lois qu'il imposa à la société de son temps. Son amour filial était emprunt de générosité, de gratitude et de cordialité. Nommé général de brigade à l'âge de vingt-cinq ans, Bonaparte ne se laissa pas éblouir par sa spectaculaire ascension et continua à prêter une attention constante à sa mère et à ses sœurs. C'était un jeune homme travailleur, ambitieux et fort préoccupé par les femmes et l'idée du mariage. Lorsqu'il rencontrait une femme qui lui plaisait, il pensait avant tout à l'épouser. C'est ce qui se produisit avec Eugénie-Désirée Clary. Mais il abandonna ce projet quand il fit la connaissance de Joséphine de Beauharnais qu'il aima passionnément et qu'il épousa d'ailleurs très rapidement. Il n'oublia pourtant pas Désirée, même lorsqu'elle devint la femme de Bernadotte, l'un de ses ennemis les plus redoutables. Et si ce dernier devint maréchal de France et prince de Pontecorvo, ce qui lui permit plus tard d'être roi de Suède, c'est en grande partie à son mariage avec le premier amour de Napoléon qu'il le dut. Les femmes que l'Empereur croisa tout au long de sa vie ont bénéficié longtemps de sa générosité, même ses liaisons passagères telles que la Grassine, la cantatrice d'opéra, ou Mademoiselle George, la tragédienne dont il facilita la carrière. Il eut de grandes largesses pour Éléonore Denuelle de La Plaigne et Maria Walewska, qui toutes deux lui avaient donné un fils. Quant à Marie-Louise, qui l'avait abandonné à son triste sort et l'avait trahi sans scrupule, il lui resta fidèle jusqu'à sa mort. Cela montre, nous semble-t-il encore, le respect qu'il avait vis-à-vis des femmes, malgré une législation qui peut paraître discriminatoire et une vie amoureuse parfois paradoxale.

Désirée Clary

Premier amour, certes platonique, qui marqua Bonaparte au point qu'il fut toujours présent pour cette femme, même si elle le trahit plus d'une fois. Parmi les sentiments qu'elle lui inspira, citons la douceur, la pureté – romantique et sincère. Doutant souvent des sentiments de l'autre, il avait besoin d'un contact constant avec la personne aimée. Somme toute, un amour classique lié à cette époque où Napoléon faisait ses premiers pas vers une simple carrière militaire et où il était préoccupé par le sort de chaque membre de sa famille. **Désirée** entrait dans le cadre familial comme belle-sœur de son frère Joseph qui épousa Julie, sa sœur aînée… ← *ill. 3*

Un rendez-vous exceptionnel eut lieu entre Napoléon et l'Histoire, et, ce, dès le début de sa carrière militaire. Il se trouvait à Valence lorsque la Révolution éclata. Il adhéra immédiatement à la cause révolutionnaire. Animé depuis toujours par la passion de la gloire nationale, il fut d'emblée un patriote enflammé sous l'Assemblée constituante et s'identifia avec la Législative. Témoin perplexe, le 20 juin 1792, des rassemblements sauvages des faubourgs qui, en traversant le jardin des Tuileries, allaient forcer les portes du palais, il aperçut même à une fenêtre du château le roi coiffé du bonnet rouge. Ses idéaux révolutionnaires se heurtèrent à la violence de la « canaille », ainsi qu'il le formula alors. Il fut aussi un observateur épouvanté, le 10 août de la même année, de la prise des Tuileries et du massacre des gardes suisses. En 1793, de retour en Corse, il prit le commandement d'un régiment de gardes nationaux. Il combattit Paoli dès qu'il comprit son projet de livrer l'île aux Anglais. En représailles, ses ennemis brûlèrent la maison des Bonaparte à Ajaccio, jetant toute la famille à la rue. Celle-ci gagna la France et s'installa à

Marseille, tandis que Napoléon montait à Paris. Il y arriva au moment où les fédéralistes de Marseille venaient de livrer Toulon aux Anglais. C'était en septembre 1793, et Bonaparte était alors lieutenant-colonel d'artillerie. Il fut envoyé à Toulon pour diriger les opérations de déblocage et réussit à libérer la ville. « Là, le prendra l'Histoire, pour ne plus le quitter ; là, commence son immortalité[74]. » À partir de ce moment, sa réputation de commandant d'artillerie était acquise. Ce fut son premier succès ; mais il ne croyait pas encore à son destin, alors que le souvenir de cette action resta à jamais gravé dans sa mémoire. D'autant plus qu'il avait reçu alors, d'un Anglais, un coup de baïonnette à la cuisse gauche, blessure assez grave pour qu'il ait été menacé quelque temps d'amputation. C'est aussi durant le siège de Toulon qu'il attrapa la gale qui affecta longtemps sa santé. Elle fut cause, durant des années, de sa maigreur et de son teint verdâtre. Ce n'est que beaucoup plus tard, lorsqu'il se trouvait déjà aux Tuileries, que Corvisart le guérit de cette maladie, et il commença dès ce moment à prendre de l'embonpoint. « Quant à Napoléon, son succès de Toulon ne l'étonna pas trop », nous assure Las Cases. Et Napoléon lui-même le confirme : « Vendémiaire[75] et même Montenotte[76] ne me portèrent pas encore à me croire un homme supérieur ; ce n'est qu'après Lodi[77] qu'il me vint dans l'idée que je pourrais bien devenir, après tout, un acteur décisif sur notre scène politique. Alors naquit la première étincelle de la haute ambition[78]. » C'est à Toulon que Napoléon rencontra Duroc, qui lui resta fidèle durant toute sa vie, et Junot, qu'il protégea jusqu'au bout de la démence qui finit par l'emporter après une brillante carrière.

Lorsque Napoléon eut à peine vingt-cinq ans, il devint général d'infanterie et fut désigné pour le service de la Vendée. C'est là que le trouve le 13 Vendémiaire.

---

74 *Le Mémorial de Sainte-Hélène, op. cit.*, t. I, p. 91.

75 Il participa à l'écrasement de l'insurrection royaliste contre la Convention le 13 Vendémiaire an IV (5 octobre 1795).

76 Victoire de Montenotte, 23 germinal an IV (12 avril 1796), en tant général en chef de l'armée d'Italie.

77 Victoire de Lodi, 21 floréal an IV (10 mai 1796), en tant que général en chef de l'armée d'Italie.

78 *Le Mémorial de Sainte-Hélène, op. cit.*, t. I, p. 98.

Tous les témoignages de cette époque concordent sur la qualité du sentiment familial qui caractérisait Napoléon ; sa bonté, sa gratitude, son sens des responsabilités sont les termes utilisés quand il s'agit de décrire sa conduite. Et, par la suite, il ne montra jamais de préférence pour l'un ou l'autre de ses frères et sœurs. Ils bénéficièrent tous largement de la carrière hors du commun de leur frère ; ce qu'ils oubliaient parfois en se prenant pour des princes héréditaires maîtres de leur destin, comme s'ils ne devaient pas leur trône à la volonté de Napoléon. Néanmoins, à l'époque de leur jeune âge, ils étaient encore plein de gratitude envers lui.

Très tôt, Napoléon s'intéressa aux femmes. À une période difficile de sa vie, où la pauvreté et la solitude étaient son lot quotidien, il écrivit à Auxonne un livre intitulé *Dialogue sur l'amour*, dans lequel on trouve ce jugement déroutant : « Je crois l'amour nuisible à la société, au bonheur individuel des hommes. Enfin, je crois que l'amour fait plus de mal que de bien. » Il devait être bien déprimé, à dix-neuf ans, pour être si pessimiste concernant l'amour, alors que, plus tard, il sut si bien en profiter. En effet, à cette époque, le 29 août 1788, il écrit à son oncle Joseph Fesch : « Le triste état de la famille m'a affligé d'autant plus que je n'y vois pas de remède[79]. » Son premier amour, Désirée Clary, née en 1774, illustre son penchant pour le mariage. Comme tous les pauvres de son époque, Napoléon aspire à prendre femme car il pense qu'une paisible vie de couple permet d'accéder au bonheur.

Il rencontra Eugénie Bernardine Désirée Clary en janvier-février 1794, alors que son quartier général était établi à Marseille. Il était général de brigade. Leur correspondance témoigne de sa naïveté d'alors, sa méconnaissance de l'amour-passion et sa vision petite-bourgeoise de

---

79 Napoléon Bonaparte, *Correspondance générale*, publiée par la Fondation Napoléon, Paris, Fayard, 2004, t. I, *Les Apprentissages, 1784-1797*, p. 65-66.

la famille. Dès ses premières lettres, il lui indiqua ce qu'il appréciait le plus chez une femme : qu'elle soit heureuse et gaie. Cela deviendra un leitmotiv de toute sa correspondance amoureuse. Romantique, doutant constamment des sentiments de l'autre, c'est aussi un Bonaparte humble que l'on découvre, qui ne demande qu'à être aimé. « Il est nuit, tout promet les vents à la mer et demain nous serons encore plus éloignés de dix lieues. Je ne penserai que plus souvent à Eugénie [durant toute cette période amoureuse, Bonaparte l'appelait Eugénie ; elle ne sera Désirée que plus tard, lorsqu'il aura cessé de l'aimer] ; mais elle, dans l'âge et du sexe de l'inconstance, partagera-t-elle ma sollicitude, mes peines, mon amour !!! C'est par l'absence que les sentiments vacillent et les caractérisent. Eugénie est-elle tout entière à son amant. [...] Ayez soin de vous, Eugénie, soyez gaie, heureuse. Pensez quelques instants à votre ami et, si vous avez éprouvé du plaisir à lire cette lettre, ne me privez pas du bonheur de deux mots de vous[80]. » Dans cette relation amoureuse, le jeune Bonaparte se veut aussi paternel et didactique, il conseille et exige. « Vous trouverez ci-joint la note des livres que j'ai oubliée de vous remettre. J'ai mis ce que je crois le plus utile et le plus agréable à lire pour vous. Je n'y ai mis que fort peu de romans et surtout point de ces parallèles qui ne finissent jamais. Je n'y ai point mis de théâtre puisqu'en y allant tous les soirs, vous pouvez de vous-même apprécier ce qui vous plaît davantage. Votre raison se formera davantage par la lecture. Votre mémoire se meublera. Vous apprendrez à juger les hommes et les événements. Mais ni votre cœur ni votre sentiment n'en recevront aucun accroissement. La nature, qui elle-même l'a formé, a pris soin de lui donner cette sincérité, cette candeur et d'y mettre ce feu, l'âme de la vertu, du bonheur et de l'amitié[81]. » On saisit chez lui le syndrome de Pygmalion. « Je vous écrirai demain une note pour la musique que vous devez vous procurer afin de

80 Napoléon Bonaparte, *Correspondance générale*, *op. cit.* t. I, p. 201.

81 *Ibid.*, quartier général, Port-la-Montagne, 16 pluviôse an III (4 février 1795), t. I, p. 218.

hâter vos progrès. Je vais vous abonner à un journal de clavecin qui s'imprime à Paris de sorte que vous recevrez toutes les décades un cahier de musique avec les airs les plus nouveaux. Je ne sais si votre maître est aussi bon que je le désire[82]. »

Cette prise en charge a un but : son amour se veut alors éternel et il ne le voit qu'à travers le mariage. « Je t'ai écrit, ma bonne amie, d'Avignon. Je reçois à l'instant ta lettre du 13 qui m'a fait le plus tendre plaisir. J'ai reconnu à chacune de tes paroles mes propres sentiments, mes propres pensées. Je n'ai pas cessé de t'avoir présente à ma mémoire. Ton portrait est gravé dans mon cœur. Je n'ai jamais douté de ton amour, ma tendre Eugénie, pourquoi te vient-il à l'esprit que je puisse jamais ne plus t'aimer. Je pars à l'instant pour Tarascon, d'où je t'écrirai ce soir plus en détail. Il est quatre heures de l'après-midi. À toi pour la vie[83]. »

Pour Désirée, ce fut le coup de foudre. L'extraordinaire destinée de cette petite bourgeoise marseillaise[84], fiancée à Bonaparte, épouse du maréchal Bernadotte et qui finit reine de Suède et de Norvège, mérite qu'on s'y arrête. Les historiens se sont souvent montrés sévères pour qualifier le caractère et l'éducation de la future reine : « simple d'esprit », « frivole », « d'un aspect lourd et vulgaire », « capricieuse », etc. Bonaparte, du temps de leur amour, dressa son portrait dans son roman *Clisson et Eugénie* : « Eugénie avait 16 ans, de jolis yeux, une taille ordinaire. Sans être laide, elle n'était pas une beauté, mais la bonté, la douceur, une tendresse vive lui appartenaient essentiellement. » Elle avait surtout toutes les qualités que les hommes appréciaient alors chez les femmes : elle était gaie, paisible, affectueuse, coquette, insouciante. Certains de ses biographes l'accusent cependant de paresse, ce qui explique son manque de culture : « Ses talents musicaux demeurèrent à l'état embryonnaire, et

82 *Ibid.*, Toulon, 24 pluviôse an III (12 février 1795), t. I, p. 219.
83 *Ibid.*, Marseille, 22 germinal an III (11 avril 1795), t. I, p. 221.
84 Son père, François Clary (1725-1794), était un commerçant fortuné.

son orthographe fut toujours éminemment fantaisiste. » Néanmoins, « sous ses apparences futiles, elle avait l'esprit pratique et sut fort bien plus tard défendre ses intérêts et gérer ses capitaux[85]. »

En décembre 1794, le quartier général où se trouvait Napoléon s'établit à Marseille et c'est alors que son frère Joseph, qui courtisait la sœur aînée de Désirée, Julie, l'introduisit chez les Clary. « Son arrivée, racontait Désirée à l'époque où elle était déjà reine, amena bientôt un changement dans mes plans d'avenir. Il n'y avait pas longtemps que nous le connaissions, lorsqu'il nous dit : "Dans un bon ménage, il faut que l'un des deux cède à l'autre. Toi, Joseph, tu es d'un caractère indécis, et il en est de même de Désirée, tandis que Julie et moi, nous savons ce que nous voulons. Tu feras donc mieux d'épouser Julie. Quant à Désirée, ajouta-t-il en me prenant sur ses genoux, elle sera ma femme." C'est ainsi que je devins la fiancée de Napoléon[86]. »

Le jeune général semblait vouloir fermement ce mariage. Ses lettres à Désirée et à Joseph témoignent de cet acharnement. « Je te conjure, écrit-il à Désirée depuis Paris le 14 prairial an III (2 juin 1795), ne passe pas un jour sans m'écrire, sans m'assurer que tu m'aimes toujours, d'autant plus que cela pourra influer sur mes résolutions. Adieu, mon adorable amie. Je t'écrirai ce soir. Ton ami[87]. » En fait, Napoléon n'avait guère de raisons de douter ; l'amour de Désirée lui était largement acquis. Lorsqu'il quitta Marseille afin de rejoindre l'armée de l'Ouest où il avait été nommé général d'artillerie, elle lui écrivit : « Chaque instant me perce l'âme, il m'éloigne du plus chéri des amis. Mais tu es toujours présent à mon cœur. Mon imagination croit te voir dans tous les chemins où je passe. Ta pensée me suit partout et me suivra jusqu'au tombeau. Oh ! mon ami, puissent tes serments être aussi sincères que les miens et puisses-tu m'aimer autant que je t'aime. [...] Recevoir de tes nouvelles et l'assurance que tu m'aimes,

---

85 Gabriel Girod de l'Ain, *Désirée Clary, d'après sa correspondance inédite avec Bonaparte, Bernadotte et sa famille*, Paris, Hachette, 1959, p. 39.

86 *Ibid.*, p. 37.

87 Napoléon Bonaparte, *Correspondance générale*, *op. cit.*, t. I, p. 227.

voilà tout ce qui peut me faire supporter une si longue et pénible absence. » Le même style lyrique et plaintif marque l'ensemble de cette correspondance naïve qui se veut romantique : « Je t'écris sans savoir où et comment te parviendra ma lettre. Je ne sais pourquoi tu as oublié de m'envoyer ton adresse. Tu aurais même pu, si tu avais voulu, écrire deux mots d'Aix à ta bonne Eugénie qui, depuis ton départ, est dans la plus grande tristesse, dans la douleur la plus profonde, qui n'a pas de repos, à qui tout déplaît, que tout inquiète loin de son ami qu'elle aime bien. Tu le sais combien je t'aime, mais je ne saurai jamais aussi bien te le dire comme je le sens. L'absence ni l'éloignement ne peuvent rien au sentiment que tu m'as inspiré. Toutes mes pensées, mes idées, en un mot, mon existence est à toi. Il est arrivé un représentant ami de Joseph. Il nous a dit qu'à Paris l'on s'amuse beaucoup. J'espère que les plaisirs bruyants de ce pays ne te feront pas oublier ceux paisibles et champêtres de Marseille et que les promenades au bois de Boulogne avec Madame Tallien n'effaceront pas de ta mémoire celles du bord de la rivière avec ta bonne petite Eugénie qui ne veut pas te recommander la fidélité. » Elle craint, Désirée, et cette fois à juste titre, la rivalité des Parisiennes et la vie mondaine de la capitale. « Oh ! mon ami, prends soin de tes jours pour conserver ceux de ton Eugénie, qui ne pourrait vivre sans toi. Tiens-moi aussi bien le serment que tu m'as fait de m'aimer comme je tiendrai celui que je t'ai fait de ne pas m'en aller. » Plus le temps passe, plus cet amour qui s'éloigne fait peur à Désirée, ainsi que, dans une certaine mesure, à Bonaparte. Les lettres deviennent suppliques et les mots pour le dire, obsessionnels. « Tu dois avoir reçu une de mes lettres du 22 floréal. J'ai reçu la tienne du 20. Elle m'a rassurée sur ta santé dont j'étais très en peine. Je ne doute pas que tu partages celle que j'ai d'être loin de toi. Cette idée adoucit ma douleur. Chaque jour elle augmente parce que chaque jour je te regrette davantage. [...] Mais je te le répète, je ne pourrais vivre sans t'aimer, donc te le dire et sans t'en voir persuadé. Comment ne partages-tu pas un amour aussi tendre ? Oui, mon ami, oui, je crois que tu m'aimes. Je chéris cet espoir. Il est nécessaire à mon existence : sans toi, sans ton amour, la vie ne me serait plus rien[88]. »

Napoléon répondait, et ses lettres s'ensuivaient régulièrement, sur le même ton, avec les mêmes doutes, avec les mêmes exigences et les mêmes effusions lyriques. « Plus de lettres de toi, mon adorable amie. Comment as-tu pu rester onze jours sans m'écrire ? Aurais-tu resté tout ce temps-là sans penser à moi ? Je t'envoie des romances qui sont jolies et tristes. Tu les chanteras volontiers si toutefois les dispositions de ton âme sont analogues aux miennes. Je resterai encore ici quelque temps. Hâte-toi de m'écrire et de soulager mon cœur des incertitudes où ton silence le laisse[89]. » Souffrant de solitude, il est encore en quête d'amour. « Je ne puis m'arrêter sur ces idées qui détruisent le souvenir toujours présent de cette soirée enchanteresse et de ces promenades où l'amour nous unissait sans nous contenter et nous enivrait d'espoir. Paris serait bien gai avec mon Eugénie, il est triste sans elle[90]. » Malgré ses sorties et sa fréquentation des salons parisiens, manifestement à ce moment, Désirée lui manque ; sans doute en était-il vraiment amoureux. Dans une autre lettre datée de la même époque, on trouve une sorte de profession de foi de ce que représentait l'amour pour Napoléon à cette période où il ne connaissait pas encore la passion. Toujours pédagogue, il conseille, tout en soupçonnant l'être aimé : « Si tu dois aimer une seconde fois, le premier à qui tu diras "je t'aime" doit joindre à l'énergie qui convient à l'homme une ivresse entière et absolue. Rejette loin de toi celui qui calculerait le mouvement moral que tu lui inspirerais, qui ne croirait pas son bonheur éternel comme la pensée infinie. Celui qui ne serait pas unique-

---

88 Les citations des lettres de Désirée sont tirées du livre de Gabriel Girod de l'Ain, *Désirée Clary...*, *op. cit.*, p. 50-51, 54-55.

89 Napoléon Bonaparte, *Correspondance générale*, *op. cit.*, 16 prairial an III, le 4 juin 1795, t. I, p. 227-228.

90 *Ibid.*, 19 prairial an III, le 7 juin 1795, t. I, p. 228.

ment abandonné à l'émotion du sentiment délicieux d'aimer ne doit pas être ton amant. [...] Je n'accepte donc pas, mon unique amie, le serment que tu me réitères dans ta dernière lettre d'un amour éternel mais j'y substitue celui d'une franchise inviolable[91]. » Ce badinage, ce jeu de l'amour entre désir et méfiance, entre espoir et résignation, cache mal le mode de vie de Bonaparte, à un moment où le jeune général au regard d'aigle et « aux traits décharnés, anguleux et pointus », selon le portrait dressé par Stendhal, commençait à s'intéresser aux belles Parisiennes, bien différentes de Désirée à qui il continuait de penser et qu'il aimait encore. Dans ses *Mémoires*, Barras se vante d'avoir introduit Napoléon dans les salons parisiens tenus par des femmes célèbres : « Les personnes qui le voyaient toujours sur mes pas, ne croyaient pas pouvoir se refuser à l'inviter quand elles me recevaient. Je l'avais introduit chez Madame Tallien, Château-Renault, de Staël et dans plusieurs autres maisons où il trouvait accueil et dîner[92]. » Cela ne l'empêchait pas encore de penser mariage avec Désirée. Il aimait à jouer auprès d'elle le rôle du précepteur, du conseiller qui initie sa bien-aimée à la littérature, à la musique, nous dessinant ainsi indirectement le portrait de ce que serait pour lui le profil de la femme du Consulat, aimable et cultivée, sachant jouer du piano, chanter et danser, à l'image de celles qu'il rencontrait dans les salons parisiens. « Le luxe, les plaisirs et les arts reprennent ici [à Paris] d'une manière étonnante, écrit-il à son frère Joseph le 24 messidor an III (12 juillet 1795). Tout est installé dans ce pays pour distraire et rendre bien agréable. [...] Les femmes sont partout : aux spectacles, aux promenades, aux bibliothèques. Dans les cabinets des savants, vous voyez de très jolies personnes. Ici seulement, de tous les Rois de la terre, elles méritent de tenir le gouvernail. Aussi, les hommes en sont-ils fous, ne pensent-ils qu'à elles et ne vivent que par et pour elles. Bp[93]. »

91 *Ibid.*, le 19 prairial an III, le 14 juin 1795, t. I, p. 228-229.

92 Barras, *Mémoires*, Paris, Hachette, 1895-1896, t. I, p. 285.

93 Napoléon Bonaparte, *Correspondance générale*, *op. cit.*, t. I, p. 236.

Mais, pour l'heure, Napoléon s'accroche encore à Désirée. « Je t'enverrai par la prochaine occasion mon portrait ; le tien ne me quitte jamais. Il me retrace les moments heureux que nous avons passés ensemble. Adieu, ma bonne et tendre amie. Du bonheur, un peu de souvenir à celui qui, pour la vie, est à Eugénie[94]. » Et Désirée continue de lui répondre avec le même ton amoureux. « Je suis étonnée, mon bon ami, que tu n'aies pas encore reçu la lettre que je t'ai écrite depuis mon arrivée à Gênes et que j'ai remise au capitaine qui l'a portée à Marseille. Mais ce qui m'étonne davantage, c'est que tu doutes encore de mon attachement pour toi. Comment peux-tu penser un moment que tu n'es plus l'ami d'Eugénie et qu'elle ne pense plus à toi ? Oh ! que tu apprécies mal le cœur de ton amie ! Mais tu dois avoir reçu ma lettre et ne dois plus douter que ce cœur soit à toi et qu'il y sera toujours[95]. »

Néanmoins, la relation s'effilochait ; la distance, le temps et la carrière de Bonaparte faisaient que, malgré l'intérêt qu'il lui portait, il était parfois ailleurs, tout en voulant lui rester fidèle : « J'ai reçu ta charmante lettre, ma bonne amie, elle me fait le plaisir que m'inspire toujours ton souvenir. Souvent au milieu des bruyants plaisirs de cette immense commune, je pense à mon aimable Eugénie. Mon idée franchit les mers, brave les tourments attachés à la distance et court se reposer auprès de toi. » Il ne lui cachait pas sa vie tumultueuse dans un Paris qui tentait d'oublier les épreuves de la Révolution. « L'abondance est revenue, la gaieté brille, et les plaisirs planent sur cet indéfinissable peuple. Quant à moi, je t'assure, si je pouvais être heureux loin de toi, je le serais. J'ai des amis, beaucoup de considération, des fêtes, des parties. Mais, loin de ma tendre Eugénie, il peut exister pour moi quelques plaisirs, quelques jouissances, mais pas de bonheur. Jouissons donc bien vite, ma bonne amie, hâtons-nous d'être heureux, le temps vole, les saisons se renou-

---

94 *Ibid.*, 6 messidor an III (24 juin 1795), t. I, p. 231-232.

95 Gabriel Girod de l'Ain, *Désirée Clary*..., *op. cit.*, p. 76.

vellent et la vieillesse arrive. Ton cher ami pour la vie[96]. » Ironie de l'histoire, dans cette même lettre, Bonaparte évoque les soirées chez Madame Tallien et fait état d'une « coterie d'une vingtaine de femmes » toutes laides et plus âgées. Était-ce pour rassurer Désirée ou parce que, parmi ces femmes, il n'avait pas encore rencontré Joséphine ? Était-ce une manière élégante de freiner l'emballement de l'autre tout en le sollicitant, de fixer le temps tout en voulant le faire bouger ? Il se trouve, certes, à la croisée des chemins, ce qui explique son ambiguïté. Ses lettres à Désirée, dans cette seconde partie de l'année 1795, marquent un tournant : toujours apparemment amoureux et obsédé par l'idée du mariage – il formule encore ce désir dans de nombreuses lettres envoyées à Joseph –, il semble prendre une distance, comme s'il attendait autre chose. Ce fut sa dernière lettre (à notre connaissance) adressée à Désirée. À quelle date la rencontre avec Joséphine devint-elle pour lui déterminante ? La première lettre que nous possédons de Joséphine, déjà « amoureuse » semble-t-il du jeune général, est datée du 28 septembre 1795, alors que certains historiens pensent qu'ils se connurent le 15 octobre de la même année ; et la première lettre de Bonaparte à Joséphine date du mois de décembre. Tout porte à croire qu'après la rencontre avec celle qui resterait la femme de sa vie et avant la décision, qui fut assez rapide, de l'épouser (entre septembre 1795 et mars 1796), Napoléon hésita encore entre « l'innocence et la grâce ». Désirée fut outrée en apprenant le mariage de son fiancé, d'autant plus que celui-ci ne lui donna pas la moindre explication. Sa dernière lettre, adressée à celui qu'elle considérait encore comme l'amour de sa vie, reste une profession de foi digne d'une jeune fille bien élevée, même si l'avenir démentira tous les vœux et les serments qu'elle fait à cette période de sa vie : « Vous serez sans doute étonné de recevoir cette lettre après mon long silence, mais je ne puis résister plus

96 *Ibid.*, Paris, le 14 fructidor (31 août 1795), p. 78-80, et Napoléon Bonaparte, *Correspondance générale*, *op. cit.*, t. I, p. 257.

longtemps au désir que j'ai de me justifier à vos yeux. Si je n'ai plus votre amour, votre amitié, que j'aie au moins votre estime, c'est la seule consolation qui me reste. Vous êtes fâché contre moi de ce que je n'ai pas répondu à votre dernière lettre ; il est vrai, j'ai eu tort, mais cette légère faute méritait-elle un si grand courroux ? Et d'ailleurs un peu de pique et de jalousie étaient la cause de la suspension de ma correspondance. On m'avait dit que vous faisiez la cour à une belle et riche dame, et il paraît que c'était votre femme à qui apparemment vous faisiez la cour dans ce temps-là. Cette nouvelle me fâcha contre vous et fut la cause de tous mes malheurs ; mais dites-moi, méritais-je d'être traitée avec tant de cruauté ? Ne vous souveniez-vous plus de nos engagements ? Ne vous avais-je pas promis, si je changeais, de vous en avertir et de vous redemander les gages de mon amour que vous avez encore ? L'ai-je fait ? C'est donc vous qui avez tort. Si vous êtes juste, vous l'avouerez. Vous m'avez rendue malheureuse pour le reste de ma vie et j'ai encore la faiblesse de tout vous pardonner. Vous êtes donc marié. Il n'est plus permis à la pauvre Eugénie de vous aimer, de penser à vous, et vous disiez que vous m'aimiez, et un retard de lettre vous brouille sans retour avec celle que vous nommiez votre chère Eugénie, vous engagez à vous marier avec une autre. Vous, marié ! Je ne puis m'accoutumer avec cette idée, elle me tue. Je ne puis le supporter. Je vous ferai voir que je suis plus fidèle à mes engagements et, malgré que vous ayez rompu les liens qui nous unissaient, jamais je ne m'engagerai avec un autre, jamais je ne me marierai. Mes malheurs m'apprennent à connaître les hommes et à me méfier de mon cœur. Je vous fis demander par votre frère mon portrait, je vous renouvelle ma demande ; il doit vous être bien indifférent, surtout à présent que vous possédez celui d'une femme, sans doute chérie. La comparaison que vous devez faire ne peut qu'être à mon désavantage, votre femme étant supérieure en tout à la pauvre Eugénie, qui peut-être ne la surpassait que par son extrême attachement pour vous. Après un an d'absence, moi qui croyais toucher au bonheur, qui espérais vous revoir bientôt et devenir la plus heureuse des femmes en vous épousant. Mais point du tout : votre mariage a fait évanouir toute ma félicité. Il est vrai que j'avais des torts envers vous. Mais vous m'auriez retrouvée si tendre, si constante que j'osais me flatter que vous me pardonneriez tout. Le jour de votre départ de Marseille fut bien douloureux pour moi, mais du moins j'avais l'espoir d'être un jour unie à vous. Mais à présent la seule consolation qui me reste est de vous savoir persuadé de ma constance. Après quoi je ne désire que la mort. La vie est un supplice affreux pour moi depuis que je ne peux plus vous la consacrer. Je vous souhaite toutes sortes de bonheur et de prospérité dans votre mariage. Je désire que la femme que vous avez choisie vous rende aussi heureux que je me le sois proposé et que vous le méritez. Mais, au milieu de votre bonheur, n'oubliez pas tout à fait Eugénie et plaignez son sort[97]. » La lecture de cette lettre accabla Napoléon ; il ne pensait pas avoir fait tant de mal : « Il semble que, toute sa vie, il ait pensé à se racheter, à se faire pardonner cet abandon. Dès 1797, à Milan, il songe à bien marier Désirée[98]. »

Et, à Sainte-Hélène, il confiait encore au général Bertrand, le 10 janvier 1821 : « Désirée avait été ma première inclination. Elle fut fort étonnée et fâchée en apprenant mon mariage et m'en fit alors beaucoup de reproches[99]. » Contrairement à ses affirmations et à ses promesses, elle lui en voulut toujours : elle refusa de fréquenter la cour impériale et détesta toute sa vie Joséphine. Et, comme nous allons le voir plus loin, elle finit par renier, et même par trahir, ce grand amour de jeunesse, alors que Napoléon lui garda toujours une affection indéfectible, une tolérance infinie et un soutien à toute épreuve.

97 Gabriel Girod de l'Ain, *Désirée Clary...*, *op. cit.*, p. 96-97.
98 Frédéric Masson, *Napoléon et les femmes*, *op. cit.*, t. I, p. 19.
99 *Cahiers de Sainte-Hélène, Journal du général Bertrand*, Paris, Sulliver, 1949, p. 98.

JOSÉPHINE DE BEAUHARNAIS

Rencontrer Joséphine a permis à Napoléon de découvrir la passion liée à une relation sexuelle accomplie. Cela mit un terme à la longue période où il était convaincu de vouloir épouser la belle-sœur de son frère Joseph. L'amour qu'il éprouva pour la veuve Beauharnais, de six ans son aînée, femme du monde qui avait déjà plusieurs liaisons connues, gomma facilement son affection pour la jeune provinciale, romantique mais désuète. Cet amour, qui connut son point d'orgue lors de la campagne d'Italie, resta comme un moment unique dans la vie amoureuse du futur empereur.

Marie-Joseph-Rose Tascher de la Pagerie naquit le 23 juin 1763 aux Trois-Ilets à la Martinique, dans une famille aisée appartenant à la haute société de l'île. Élevée par des religieuses, elle reçut une éducation conforme aux valeurs de son milieu familial. Celle qu'on appelait Rose, fut, dès son jeune âge, gagnée par le goût d'une vie de farniente, entourée de ses servantes noires. À seize ans, elle vint en France, afin d'épouser le vicomte Alexandre de Beauharnais, fils de l'ancien gouverneur de la Martinique. Le mariage eut lieu le 13 décembre 1779. Un fils, Eugène, naquit en 1781, et une fille, Hortense, en 1783. Mais, ce fut un mariage raté – le mari, libertin et mondain, était ailleurs – et ils se séparèrent aux torts du mari. Rose se retira chez les bernardines de l'abbaye de Penthémont, rue de Grenelle, où elle put parfaire son éducation qui lui permettrait d'être reçue dans les salons à la mode. Dès lors, commença pour elle une vie oisive, faite de plaisirs et de dépenses exorbitantes. En 1788, elle finit par fuir vers la Martinique, afin d'échapper à ses créanciers. La Révolution la rattrapa, et elle fut obligée de revenir en France pour éviter la révolte des Noirs. Son arrivée à Toulouse, le 29 octobre 1790, marqua le début de ses épreuves. Alexandre de Beauharnais était président du club des Jacobins et de l'Assemblée constituante. La citoyenne Beauharnais se trouva propulsée, sans le vouloir vraiment, sur l'avant-scène de l'Histoire. Grâce à son mari, elle s'immisça dans les milieux politiques et évolua dans les sphères du pouvoir[100]. En 1792, Alexandre fut nommé général et se vit confier l'armée du Rhin. S'étant mis en marche beaucoup trop tard, il ne parvint pas à rompre le siège de Mayence établi par les Autrichiens, et il ne lui resta plus qu'à battre en retraite. Le 3 août, il demanda sa démission. Déconsidéré, il dut quitter précipitamment Strasbourg, en butte à de violentes critiques[101].

Le 17 septembre 1793, la Convention adopta la loi des suspects, qui aboutit à l'arrestation de tous les gens considérés comme « ennemis du peuple » et à leur condamnation à mort ; chaque journée ayant son lot d'exécutions. Le 2 mars 1794, le Comité de sûreté générale ordonna l'arrestation de Beauharnais. Le 19 avril de la même année, Rose fut à son tour arrêtée et le rejoignit à la prison des Carmes à Paris. Le climat dans cette prison était étonnamment convivial : comme Alexandre, fidèle à lui-même, papillonnait ailleurs, Madame de Beauharnais noua une liaison avec le général Lazare Hoche. Mais la Terreur se propageait. Le 5 thermidor (23 juillet 1794), Alexandre fut guillotiné, place du Trône-Renversé à Paris. Quatre jours plus tard, Robespierre chutait et Rose retrouvait sa liberté.

Veuve, âgée de trente-deux ans avec deux enfants à élever, elle fut d'abord aidée par Hoche ; suivit le marquis de Caulaincourt. Sa vieille amie Thérésa Tallien l'aida à entrer dans la bonne société post-révolutionnaire. Néanmoins, son existence resta précaire ; désargentée, endettée, elle dut se battre pour récupérer la fortune de Beauharnais. Le 27 mars 1796, le séquestre sur les biens de ce dernier fut levé ; toutefois, Rose, ne parvenant pas immédiatement à en percevoir les revenus, resta encore un temps dans une situation matérielle désastreuse[102]. Elle n'en commença pas moins à renouer avec

---

100 Bernard Chevallier, Christophe Pincemaille, *L'Impératrice Joséphine*, Paris, Presses de la Renaissance, 1988, p. 64.

101 *Ibid.*, p. 72-73.

102 *Ibid.*, p. 104.

une vie de fête et, par l'intermédiaire de Tallien, se trouva introduite auprès des hommes puissants du moment. Barras, futur homme fort du Directoire, devint son protecteur attitré. Installé à Chaillot, il recevait une coterie de femmes tenant à l'ancienne noblesse : Madame Récamier, Madame de Mailly-Château-Renaud, et tant d'autres. C'est Joséphine qui faisait les honneurs de sa maison. Mais elle recevait aussi chez elle, rue Chantereine, au n° 6, dans un hôtel particulier qu'elle louait à l'ex-femme de Talma. On y rencontrait Ségur, Montesquiou, Caulaincourt... Barras lui fit connaître un jeune général déjà célèbre, surnommé le général Vendémiaire. Il fut vite séduit par le charme langoureux de la Créole, par son attrait mystérieux, bien que sa beauté fût déjà un peu fanée. Nous sommes là, probablement, à l'automne 1795. De fait, plusieurs versions existent concernant la date précise du début de cette relation amoureuse et des circonstances de leur rencontre. Quoi qu'il en soit, le destin de Rose était en train de changer.

Le 2 mars 1796, un arrêté du Directoire nommait Bonaparte général en chef de l'armée d'Italie. « Elle avait alors atteint, après des expériences, la perfection de se donner et, de la part du jeune sauvage qu'elle éduque, elle n'a point à redouter la satiété. [...] Elle est la première et la seule à régner sur ce cœur et sur ces sens. Elle le sait. Par une sorte de divination, où entre peut-être quelque peu d'amour [...] elle a momentanément uni sa fortune à celle de ce petit Corse aux yeux desquels brûle du génie[103]. »

Rose devint alors Joséphine, comme Désirée était Eugénie du temps de leur amour. Frivole, insouciante, oisive, dépensière, sans esprit : les témoins et les historiens n'ont pas été tous séduits par la grâce, l'élégance et les bonnes manières de la « consule », devenue plus tard impératrice. Ce qui fut un mariage de raison pour Madame fut un mariage de passion pour le jeune général. À Sainte-Hélène, Napoléon reconnaîtra avoir été fortement attiré, dans les premiers temps de leur union, par le

103 Frédéric Masson, *Madame Bonaparte*, *op. cit.*, p. 3.

charme sensuel de Joséphine. Et il reviendra, à de nombreuses reprises, sur cette femme qui, quoi qu'il en fût, marqua sa vie plus que les autres. Il est difficile d'en dire autant de son épouse qui entra dans ce mariage sans le moindre sentiment d'amour. Ainsi, elle écrit à l'une de ses amies :

« Vous avez vu chez moi le général Bonaparte, Eh bien ! c'est lui qui veut servir de père aux orphelins d'Alexandre de Beauharnais, d'époux à sa veuve ! L'aimez-vous ? allez-vous me demander. Mais… non.

— Vous avez donc pour lui de l'éloignement ?

— Non, mais je me trouve dans un état de tiédeur qui me déplaît, et que les dévots trouvent plus fâcheux que tout, en fait de religion[104]. »

Comme nous l'avons déjà signalé, les versions divergent sur les circonstances de leur rencontre. Las Cases cite celle donnée par Napoléon lui-même à Sainte-Hélène, qui est controversée par de nombreux historiens. Ce serait pendant le commandement de Paris que le jeune général aurait fait la connaissance de Madame de Beauharnais : « On avait ordonné le désarmement général des sections. Il se présenta à l'état-major un jeune homme de 10 à 12 ans qui vint supplier le général en chef de lui faire rendre l'épée de son père, qui avait été général de la République. Ce jeune homme était **Eugène de Beauharnais**. […] Napoléon, touché de la nature de sa demande et des grâces de son âge, lui accorda ce qu'il demandait. Eugène se mit à pleurer en voyant l'épée de son père. Le général en fut ému et lui témoigna tant de bienveillance que Madame de Beauharnais se crut obligée de venir, le lendemain, lui en faire des remerciements : Napoléon s'empressa à lui rendre sa visite. Chacun connaît la grâce extrême de l'impératrice Joséphine, ses manières douces et attrayantes. La connaissance devint bientôt intime et tendre, et ils ne tardèrent pas à se marier[105]. » Eugène de Beauharnais raconte une autre histoire : « À la suite du 13 Vendémiaire, un ordre du jour défendit, sous peine de mort, aux habitants de Paris de

← *ill. 4*

---

104 Cité de Ioug, *Bonaparte et son temps*, t. III, p. 117, par Arthur Lévy, *Napoléon intime*, 9e éd., Paris, Plon, 1894, p. 100.

105 *Le Mémorial de Sainte-Hélène*, *op. cit.*, t. I, p. 343.

conserver des armes. Je ne pus me faire à l'idée de me séparer du sabre que mon père avait porté et qu'il avait illustré par d'honorables et éclatants services. Je conçus l'espoir d'obtenir la permission de pouvoir garder ce sabre et je fis des démarches en conséquence auprès du général Bonaparte. L'entrevue qu'il m'accorda fut d'autant plus touchante qu'elle réveilla en moi le souvenir de la perte récente que j'avais faite. Ma sensibilité et quelques réponses heureuses que je fis au général lui firent naître le désir de connaître ma famille, et il vint lui-même, le lendemain, me porter l'autorisation que j'avais si vivement désirée. Ma mère l'en remercia avec grâce et sensibilité. Il demanda la permission de revenir nous voir et parut se plaire de plus en plus dans la société de ma mère[106]. »

Leur attirance réciproque ne fut néanmoins pas si rapide que certains historiens le pensent. La veuve Beauharnais dut déployer tous ses charmes de courtisane afin de séduire le jeune général. Le 28 septembre 1795, à 6 heures du soir, elle lui écrivit : « Vous ne venez plus voir une amie qui vous aime ; vous l'avez tout à fait délaissée, vous avez bien tort, car elle vous est tendrement attachée. Venez demain septidi déjeuner avec moi, j'ai besoin de vous voir et de causer avec vous sur vos intérêts. Bonsoir, mon ami ; je vous embrasse, Veuve Beauharnais[107]. » Le coup de foudre ne fut donc pas instantané. Néanmoins, Bonaparte, par politesse, accepta le déjeuner ; et, charmé par de discrètes avances, il finit quelques mois plus tard par se trouver conquis. Il commença par accompagner Joséphine chez leurs amis communs, en particulier Tallien et Barras. En décembre 1795, à 7 heures du matin, il lui écrivait : « Je me réveille plein de toi. Ton portrait et le souvenir de l'enivrante soirée d'hier n'ont point laissé de repos à mes sens. Douce et incomparable Joséphine, quel effet bizarre faites-vous sur mon cœur ! Vous fâchez-vous ? Vous vois-je triste ? Êtes-vous inquiète ? Mon âme est brisée de douleur, et il n'est point de

---

106 *Mémoires et correspondance politique et militaire du prince Eugène, 1856-1860*, t. I, p. 31.

107 Impératrice Joséphine, *Correspondance, 1782-1814*, Paris, Payot, 1996, p. 31.

repos pour votre ami… Mais en est-il donc davantage pour moi, lorsque, vous livrant au sentiment profond qui me maîtrise, je puise sur vos lèvres, sur votre cœur, une flamme qui me brûle. Ah ! c'est cette nuit que je me suis bien aperçu que votre portrait n'est pas vous. Tu pars à midi, je te verrai dans trois heures. En attendant, *mio dolce amor*, reçois un millier de baisers ; mais ne m'en donne pas, car ils brûlent mon sang[108]. » Le 21 janvier 1796, pour l'anniversaire de la mort de Louis XVI, Barras donna un grand dîner au Luxembourg. Rose de Beauharnais figurait parmi les invités. Elle arriva avec sa fille Hortense et y retrouva Napoléon qui la couvrit de ses attentions fébriles. « Il parlait avec feu et paraissait uniquement occupé de ma mère », se souviendra Hortense. C'est là, selon Gabriel Girod de l'Ain, qu'il prit la décision cruciale : il romprait avec Désirée et il épouserait Joséphine[109].

Quel fut l'atout principal de Rose devenue Joséphine, qui lui permit d'attirer ainsi le jeune général ? « Elle représente pour lui, explique Frédéric Masson, l'ancienne Cour, le grand monde, Paris, la Parisienne. Il voit en elle l'élégance, la grâce, le mystère du ton, des manières, des gestes, de quelque chose d'inaccessible à qui n'a point été éduqué d'enfance à ces façons et qui ne les acquerra jamais[110]. » Indépendamment des motivations réciproques, indépendamment des sentiments réels de l'un ou de l'autre, ce mariage s'inscrit dans le processus lié à la carrière de Napoléon. Tout porte à croire que le général d'artillerie, commandant en chef de l'armée d'Italie, est vraiment amoureux de son épouse et qu'aucune considération d'ordre matériel ou social ne joua dans sa décision rapide de l'épouser. Les lettres qu'il envoyait alors à Joséphine sont la meilleure preuve de l'amour presque obsessionnel qu'elle lui inspirait. Tout s'enchaîna très vite en une sorte d'osmose qui noua vie privée et carrière politique. Toutefois, il faut souligner que Napoléon ne devait en rien sa nomination à l'influence de Joséphine[111].

---

108 Napoléon Bonaparte, *Correspondance générale*, *op. cit.*, t. I, p. 285.

109 Gabriel Girod de l'Ain, *Désirée Clary…*, *op. cit.*, p. 91.

110 Frédéric Masson, *Napoléon et les femmes*, *op. cit.*, p. 5.

111 C'est Carnot qui avait proposé Bonaparte pour le commandement de l'armée d'Italie et non pas l'intervention de Joséphine auprès de Barras. *Cf.* Arthur Lévy, *op. cit.*, p. 107.

Marié le 9 mars, le 11 du même mois Bonaparte partit à la guerre. Aussitôt, il supplia Joséphine de le rejoindre : « Il est impossible d'être plus faible et plus dégradé. Quel est donc ton étrange pouvoir, incomparable Joséphine ? » À son *mio dolce amor* Bonaparte pardonne beaucoup, exige tout, s'humilie, radote : on peine, dans la correspondance de la première campagne d'Italie adressée à Joséphine, à reconnaître le général conquérant et le futur Premier consul bâtisseur de la France moderne.

« Chaque instant m'éloigne de toi, adorable amie, et chaque instant je trouve moins de force pour supporter d'être éloigné de toi. Tu es l'objet perpétuel de ma pensée[112]. »

« Je n'ai pas passé un jour sans t'écrire ; je n'ai pas passé une nuit sans te serrer entre mes bras ; je n'ai pas pris une tasse de thé sans maudire la gloire et l'ambition qui me tiennent éloigné de l'âme de ma vie[113]. »

« Mon unique Joséphine, loin de toi, il n'est point de gaieté ; loin de toi, le monde est un désert où je reste isolé et sans éprouver la douceur de m'épancher. Tu m'as ôté plus que mon âme ; tu es l'unique pensée de ma vie[114]. »

« J'ai reçu ta lettre du 16 et du 21. Tu as été bien des jours sans m'écrire. Que fais-tu donc ? Oui, ma bonne, bonne amie, je suis, non pas jaloux, mais quelquefois inquiet. Viens vite ; je te préviens, si tu tardes, tu me trouveras malade. [...] Mais tu vas revenir, n'est-ce pas ? Tu vas être ici à côté de moi, sur mon cœur, dans mes bras, sur ta bouche. Prends des ailes, viens, viens[115] ! »

« Viens, cette idée me transporte de joie. [...] Jamais femme ne fut aimée avec plus de dévouement, de feu et de tendresse. Jamais il n'est possible d'être plus entièrement maître d'un cœur et d'en dicter tous les goûts, les penchants, d'en former tous les désirs[116]. »

---

112 Napoléon Bonaparte, *Correspondance générale*, *op. cit.*, Chanceaux, 24 ventôse (14 mars 1796), 6 heures du soir, t. I, p. 298.

113 *Ibid.*, Nice, 10 germinal an IV (30 mars 1796), t. I, p. 310.

114 *Ibid.*, Port-Maurice 14 germinal an IV (3 avril 1796), t. I, p. 318.

115 *Ibid.*, Quartier général, Carrù, 5 floréal an IV (24 avril 1796), t. I, p. 359.

116 *Ibid.*, Cherasco, 10 floréal an IV (29 avril 1796), t. I, p. 372.

« L'on m'a donné ici une grande fête ; cinq à six cents jolies et élégantes figures cherchaient à me plaire, mais aucune ne te ressemblait ; aucune n'avait cette physionomie douce et mélodieuse qui est si bien gravée dans mon cœur. Je ne voyais que toi, je ne pensais qu'à toi, cela me rendit tout insupportable[117]. »

« [...] la vertu était tout ce que tu faisais ; l'honneur, ce qui te plaisait ; la gloire n'avait d'attrait dans mon cœur que parce qu'elle t'était agréable et flattait ton amour-propre. Ton portrait était toujours sur mon cœur ; jamais une pensée sans le voir, une heure sans le voir et le couvrir de baisers[118]. »

« Joséphine, où te remettra-t-on cette lettre ? Si c'est à Paris, mon malheur est donc certain ; tu ne m'aimes plus. Je n'ai plus qu'à mourir... [...] Je respecte la volonté et la loi immuable du sort ; il m'accable de gloire pour me faire sentir mon malheur avec plus d'amertume. [...] mais je ne puis pas m'accoutumer à ne plus l'estimer ; mais non, ce n'est pas possible, ma Joséphine est en route ; elle m'aime, au moins un peu ; tant d'amour promis ne peut pas s'être évanoui en deux mois[119]. »

« Je ne suis rien sans toi. Je conçois à peine comment j'ai existé sans te connaître. Ah ! Joséphine, si tu eusses eu mon cœur, serais-tu restée depuis le 29 au 16 pour partir ? [...] Je te calculais partie de Paris le 5 et le 15 arrivée à Milan[120]. »

« Dis-moi, toi qui sais si bien faire aimer les autres sans aimer, saurais-tu comment on guérit de l'amour ??? Je paierais ce remède bien cher. [...] Tu aimes tout plus que ton mari[121]... »

« Les charmes de l'incomparable Joséphine rallument sans cesse une flamme vive et brûlante dans mon cœur et dans mes sens. [...] Crois bien qu'il ne soit plus en mon pouvoir d'avoir une pensée qui ne soit pas à toi et une idée qui ne te soit soumise[122]. »

---

117 *Ibid.*, Quartier général, Milan, 4 prairial an IV (23 mai 1796), t. I, p. 414.

118 *Ibid.*, Quartier général, Milan, 20 prairial an IV (8 juin 1796), t. I, p. 435-436.

119 *Ibid.*, Quartier général, Milan, 23 prairial an IV (11 juin 1796), t. I, p. 443.

120 *Ibid.*, Quartier général, Tortone 27 prairial an IV (15 juin 1796), Midi, t. I, p. 451.

121 *Ibid.*, Quartier général, 8 messidor an IV (26 juin 1796), Pistoia, t. I, p. 472.

122 *Ibid.*, Marmirolo, 29 messidor an IV (17 juillet 1796) à 2 heures de l'après-midi, t. I, p. 505.

Les lettres écrites par Napoléon Bonaparte à Joséphine durant la première campagne d'Italie ont marqué les romantiques. À ces lettres enflammées, elle répondait poliment, deux ou trois lignes indifférentes, inventant une grossesse ou toutes sortes de maladies afin de retarder à l'extrême son départ pour l'Italie. Paris l'amusait plus que son mari, bien que sa gloire jaillît aussi sur elle au point qu'on l'appelait alors « Notre-Dame des Victoires ». Le 26 juin 1796, sur ordre du Directoire, elle quitta enfin la capitale, à regret, emmenant avec elle – sans aucune prudence – son amant Hippolyte Charles[123], avec qui elle avait une relation depuis le départ de Napoléon pour l'Italie.

Le 10 juillet, elle arriva à Milan. Elle resta alors près d'un an et demi en Italie, principalement à Milan, Florence, Gênes, Bologne, Mantoue et Venise – ne rentrant à Paris que le 2 janvier 1798, bien après son mari. En fait, elle séjournait en Italie sans être vraiment auprès de lui, qui continuait dans ses lettres à quêter des signes d'affection, tout en sachant profiter de la gloire de Bonaparte. Accueillie partout en reine, elle allait de fête en fête. Charles n'était jamais trop loin, et elle le recevait dès que son mari s'éloignait. Et comme elle avait toujours besoin de beaucoup d'argent, elle spéculait sur les fournitures militaires.

De Milan, le 23 juillet 1796, elle écrivit à Madame Tallien, qui était encore sa meilleure amie : « Mon mari ne m'aime pas : il m'adore. Je crois qu'il deviendra fou. Il est impossible d'être plus heureuse que je ne suis de ce côté. » Et, dans la même lettre, elle mentionnait sa fierté d'avoir l'amitié de Barras : « Ah ! je l'aime bien, mon cœur lui est dévoué. J'ai reçu de lui une lettre, j'y répondrai par le premier courrier. J'ai été bien touchée par cette preuve de son amitié[124]. » Elle révélait alors plusieurs facettes de son caractère, en gardant au moins deux fers au feu. À vrai dire, elle s'ennuyait hors de Paris. « Palais, triomphes, fêtes, adula-

---

123 Louis-Hippolyte Quentin, dit Charles (1772-1837), capitaine, fut l'amant de Joséphine jusqu'au retour de Napoléon de l'expédition d'Égypte en 1799. Il faisait aussi des affaires avec la compagnie Bodin qui fournissait en armement l'armée française. Après sa rupture avec Joséphine, il fut chassé de l'armée.

124 Impératrice Joséphine, *Correspondance, 1782-1814*, *op. cit.*, p. 42.

tions, gloire, les soldats héroïques et les diplomates réputés courbés devant elle et mendiant un regard et un sourire, cela ne compte pas hors du mur d'enceinte[125]. » En même temps, dans une lettre à Joseph, elle exprimait son souci concernant un silence prolongé de son mari : « De grâce, mon cher frère, donnez-moi des nouvelles de Bonaparte : on m'a terriblement éloignée de lui, j'en mourrai de douleur. Écrivez, tâchez de lui faire savoir où je suis, et qu'il vous dise la marche que j'ai à tenir[126]. »

À peine de retour d'Italie, Bonaparte, nommé général en chef de l'armée d'Angleterre, puis de l'armée d'Orient, repartit le 19 mai 1798 pour l'expédition d'Égypte. Les signes de l'infidélité de son épouse étaient de plus en plus évidents, sauf pour lui. Joséphine, attendue à Paris pour le 4 frimaire (24 novembre 1797), n'était arrivée que le 13 nivôse (2 janvier 1798). Elle n'était donc pas à Paris lorsque Napoléon, le 21 frimaire an VI (12 décembre 1797), remit au Directoire le traité de Campoformio et fixa par quelques mots la portée historique de la Révolution : « La religion, la féodalité et le royalisme ont successivement, depuis vingt siècles, gouverné l'Europe ; mais de la paix que vous venez de conclure date l'ère des gouvernements représentatifs [...]. Lorsque le bonheur du peuple français sera assis sur les meilleures lois organiques, l'Europe entière deviendra libre[127]. » Bonaparte parlait déjà en européen. Elle n'assista pas à ce discours historique : avait-elle déjà conscience de ce qu'était en train de devenir son mari ? C'est aussi en son absence que Bonaparte reçut tous les honneurs du Directoire, des tribunaux, des conseils et de l'Institut, dont il devint membre.

Lorsqu'il prépara son départ pour l'Égypte, Napoléon décida que Joséphine serait du voyage, du moins devait-elle le rejoindre deux mois plus tard. Voulait-elle vraiment suivre son mari dans ce lointain et

125 Frédéric Masson, *Madame Bonaparte*, *op. cit.*, p. 111.
126 Impératrice Joséphine, *Correspondance, 1782-1814*, *op. cit.*, p. 44.
127 Cité par Frédéric Masson, *Madame Bonaparte*, *op. cit.*, p. 112-113.

inconnu Orient ? Pour l'heure elle était empêtrée dans ses affaires liées aux fournitures militaires : les frères Bodin, avec qui elle était en relations douteuses, commençaient à être accusés de malversation. Barras et Hippolyte Charles étaient aussi impliqués. Une lettre de Joséphine à Barras témoigne de cet imbroglio. « J'apprends, mon cher Barras, que le général Brune fait ce qu'il peut pour faire casser le marché de la compagnie Bodin. Écrivez, je vous en prie, au général Brune en leur faveur. Nous leur devons bien l'un et l'autre tout notre intérêt et j'espère, mon cher Barras, que vous vous opposerez à ce que l'on ne fasse pas une infamie à la compagnie Bodin. [...] Vous savez que je prends à ces personnes beaucoup d'intérêt[128]. » Imperturbable, attachée avant tout à son confort personnel, Joséphine partit aux eaux de Plombières. Là elle eut un accident pénible, mais avec des conséquences mineures, dont elle sut profiter : un balcon de sa villa, où elle se trouvait entourée par un trop grand nombre de personnes, s'écroula. Elle fut contusionnée, prétexte pour rester encore trois mois à Plombières et, surtout, pour ne pas rejoindre son mari qui avait pourtant envoyé la frégate La Pomone pour la chercher.

Étant donné que l'idylle avec Charles continuait, Bonaparte finit par l'apprendre, tout d'abord par Joseph, puis par ses proches, Junot et Berthier. Sa colère sembla alors atteindre un point de non-retour : son amour-passion prit aussitôt fin à l'ombre des pyramides. « La figure du général, toujours très pâle, était devenue plus pâle encore, se souviendra Bourrienne. Il y avait quelque chose de convulsif dans sa figure, d'égaré dans son regard, et plusieurs fois il se frappe la tête : "Joséphine ! m'avoir ainsi trompé !... elle !... malheur à eux ! [...] Le divorce ! oui, le divorce ! un divorce public, éclatant ! il faut que j'écrive !... Je sais tout... C'est votre faute ! vous deviez me le dire. [...] Si Joséphine est coupable, il faut que le divorce m'en sépare à jamais"[129] ! »

---

128 *Ibid.*, p. 128.

129 *Mémoires de Bourrienne*, t. II, p. 211, cité par Gabriel Girod de l'Ain, *Désirée Clary...*, *op. cit.*, p. 116, et par Arthur Lévy, *Napoléon intime*, *op. cit.*, t. II, p. 211-214.

Eugène, qui assistait son beau-père au Caire, était présent lors de la révélation de cette trahison conjugale. Solidaire avec sa mère, parce qu'il ne croyait pas un instant qu'elle aurait pu commettre une telle infidélité, il la prévint sur-le-champ : « Tu penses bien, maman, que je ne crois pas cela, mais ce qu'il y a de sûr, c'est que le général est très affecté. » La famille Bonaparte, qui ne l'avait jamais accueillie, est, elle aussi, en colère ; elle assistait perplexe à l'existence dissolue de Joséphine. Le mot divorce circula sur toutes les bouches. Il semble, selon Frédéric Masson, qu'« à ce moment, Joséphine paraît toute résolue au divorce, elle est prête à le demander : elle en parle à Barras, à Rewbell, à Gohier, à Real ; les raisons ? D'abord ce Charles à qui elle tient à la façon des femmes mûres pour ces petits râblés, bien en chair. Elle prétend l'épouser : c'est une face de la question. L'autre, moins désintéressée, c'est le ferme propos de garder ce qu'elle a reçu du général. Il court de mauvais bruits sur cette armée d'Égypte. On dit Bonaparte prisonnier, on le dit mort. Voilà bien les soldats ! Et elle porte ses bijoux chez des amis, elle s'assure contre les risques et prend ses précautions. Telle est sa vie depuis quatre ans qu'elle est mariée ; quatre ans, dont elle a passé douze mois au plus avec Bonaparte et deux années au moins avec Charles. [...] À peine a-t-elle cru voir l'horizon s'assombrir, qu'elle a prétendu rejeter ce nom – le seul lien virtuel qui l'attachât encore à Bonaparte. Elle a résolu le divorce et, si elle ne l'a pas accompli, si elle n'a point engagé, pour le préparer, des démarches irrémédiables, ce n'est point sa faute, c'est le hasard des circonstances[130] ».

Ce fut également Joseph qui révéla à Bonaparte l'implication de Joséphine dans l'affaire des fournitures pour l'armée d'Italie et sa complicité avec les frères Bodin et Hippolyte Charles. En témoigne la lettre adressée par Joséphine à ce dernier, le même 17 mars : « Joseph a eu hier une grande conversation avec son frère ; à la suite de cela, on m'a demandé

130 Frédéric Masson, *Joséphine répudiée*, *op. cit.*, p. 12-13.

si je connaissais le citoyen Bodin, si c'était moi qui venais de lui procurer la fourniture de l'armée d'Italie, qu'on venait de lui dire que Charles logeait chez le citoyen Bodin, n° 100, faubourg Saint-Honoré, et que j'y allais tous les jours. J'ai répondu que je n'avais aucune connaissance de tout ce qu'il me disait, que s'il voulait divorcer il n'avait qu'à parler, qu'il n'avait pas besoin de se servir de tous ces moyens, que j'étais la plus infortunée des femmes et la plus malheureuse. Oui, mon Hippolyte, ils ont toute ma haine ; toi seul as ma tendresse, mon amour. Ils doivent voir combien je les abhorre par l'état affreux dans lequel je suis depuis plusieurs jours. Ils voient les regrets, le désespoir que j'éprouve de la privation de te voir aussi souvent que je le désire. Hippolyte, je me donnerai la mort. Oui, je veux finir une vie qui me sera désormais à charge si elle ne peut t'être consacrée. Hélas, qu'ai-je donc fait à ces monstres ? Mais ils auront beau faire, je ne serai jamais la victime de leurs atrocités. Dis, je t'en prie, à Bodin qu'il dise qu'il ne me connaît pas, que ce n'est pas par moi qu'il a eu le marché de l'armée d'Italie ; qu'il dise au portier du numéro 100 que, lorsqu'on lui demandera si Bodin y demeure, il dise qu'il ne le connaît pas, qu'il ne se serve des lettres que je lui ai données pour l'Italie que quelque temps après son arrivée dans ce pays-là et quand il en aura besoin. Saches, entre nous soit dit, si Jubié[131] n'est pas lié à Joseph. Ah ! ils ont beau me tourmenter, ils ne me détacheront jamais de mon Hippolyte : mon dernier soupir sera pour lui. Je ferai tout au monde pour te voir dans la journée. [...] Adieu, mon Hippolyte, mille baisers brûlants, comme mon cœur, et aussi amoureux[132]. » D'autres lettres suivirent dans la même veine amoureuse, larmoyantes, jurant fidélité éternelle et espérant le bonheur à vie.

Pis encore, bien que désargentée, le 2 floréal an VIII (21 avril 1799), elle acheta pour elle-même la Malmaison que fréquenta assidûment Charles. « Tous les paysans, autour de Malmaison, étaient au

131 Pierre-Joseph-Fleury Jubié était, entre autres, le banquier et le fondé de pouvoir de Louis Bodin ; il était aussi un proche de Joseph Bonaparte.

132 Impératrice Joséphine, *Correspondance, 1782-1814*, *op. cit.*, p. 60-61.

courant des tendres promenades de la dame et des disparitions du jeune homme[133] », après que Joséphine l'eut reçu. Quant à divorcer, si elle hésitait encore, c'est qu'elle ne voulait pas manquer les trésors que Bonaparte pouvait apporter d'Orient. Mais elle ne connaissait pas la lettre que son mari avait écrite à son frère le 17 thermidor (25 juillet 1798) : « Je pense être en France dans deux mois. Je te recommande mes intérêts [...] J'ai beaucoup de chagrin domestique car le voile est entièrement déchiré. Toi seul me reste sur la terre. Ton amitié m'est bien chère ; il ne me reste plus, pour devenir misanthrope, qu'à la perdre et te voir me trahir... C'est ma triste situation que d'avoir à la fois tous les sentiments pour une même personne dans un seul cœur. Tu m'entends ! [...] Je suis ennuyé de la nature humaine ! J'ai besoin de solitude et d'isolement, la grandeur m'a nuit ; le sentiment est desséché. La gloire est fade à vingt-neuf ans ; j'ai tout épuisé[134]. » Ignorant ce que pensait et voulait son mari, Joséphine continuait son double jeu. C'est dans cet esprit qu'elle alla à sa rencontre lorsqu'elle apprit qu'il avait débarqué le 17 vendémiaire an VIII (9 octobre 1799). Consciente de sa situation précaire, pour ne pas dire désespérée, elle décida de « jouer la carte » Bonaparte et quitta Paris le 10 octobre. Mais, comble de malchance, elle se trompa de route. Elle rentra le 18 octobre bredouille, rue de la Victoire. Napoléon était déjà là, enfermé dans sa chambre, et fit la sourde oreille à ses suppliques derrière la porte verrouillée. Des heures entières elle frappa, pleura, pria. Bonaparte tint bon ! Son tact, ses pratiques de courtisane l'aidèrent encore : elle alla chercher ses enfants que son mari aimait tant. Grâce à l'appui d'Eugène et d'Hortense, qui pleurèrent aussi, qui prièrent comme leur mère, alors qu'ils avaient perdu tout espoir, la porte s'ouvrit enfin. Encore une fois, Napoléon céda. Il jura de tout pardonner, de tout oublier et de payer les dettes de sa femme, qui étaient immenses.

---

133 Frédéric Masson, *Madame Bonaparte*, *op. cit.*, p. 162.

134 À Joseph, Quartier général, Le Caire dans Napoléon Bonaparte, *Correspondance générale*, *op. cit.*, t. II, p. 199.

À partir de ce moment, installée aux Tuileries dès le 19 février 1800, « Joséphine va s'employer pour son mari avec toute la grâce, toute l'aisance, tout l'agrément dont elle se sentait capable[135] ». De manière définitive, elle arrêta alors les « affaires » – quels que soient les besoins et quelles que soient ses dettes. Et, de ce jour, elle n'eut plus d'amants. Mais elle le fit payer à son mari par une jalousie hystérique, rageuse, désespérée, « une jalousie qui ne me laissait pas de repos », dira Napoléon à Sainte-Hélène, et cette jalousie se rattachait bien plus aux intérêts qu'aux sentiments.

Bonaparte continua de lui écrire régulièrement lors de ses déplacements, et ce jusqu'à leur divorce. Mais ses lettres ne contenaient plus ni amour, ni passion, ni complicité. Elles ne lui manifestaient que son amitié. Il lui racontait ses victoires et lui souhaitait imperturbablement d'être gaie et en bonne santé. Typiques d'un mari attentif, elles étaient bien loin de celles que lui avait envoyées le vainqueur de Montenotte, de Lodi, de Castiglione, d'Arcole ou de Rivoli, bref le conquérant de l'Italie qui alors ne pensait qu'à elle, davantage même qu'à ses victoires.

Elle jouit de tous les honneurs de première dame, elle eut sa cour, elle brilla parée de ses richesses, mais elle entama cette partie glorieuse de la vie de Napoléon, qui est aussi celle de la France, en ayant perdu à jamais l'amour de son mari, tout prévenant et attentionné qu'il restât, souhaitant avant tout qu'elle fût heureuse.

À Sainte-Hélène, Napoléon rendit hommage aux débuts de leur mariage avec finesse et dans un esprit de modestie qui lui fait honneur. Apparemment nostalgique, il évoqua leur mode de vie bourgeois – c'est-à-dire tendre et très uni. Il décrivit leur chambre et leur lit commun. « Circonstance très morale, qui influe singulièrement sur un ménage, assure le crédit de la femme, la dépendance du mari, maintient l'intimité et les bonnes mœurs. On ne se perd point de vue, en quelque sorte, quand

135 Frédéric Masson, *Madame Bonaparte*, *op. cit.*, p. 177.

on passe la nuit ensemble ; autrement on devient bientôt étranger. Aussi, tant que dura cette habitude, aucune de mes pensées, aucune action n'échappait à Joséphine ; elle suivait, saisissait, devinait tout ; ce qui parfois n'était pas sans quelque gêne pour moi et pour les affaires[136]. » En fait, ce fut la jalousie de plus en plus exacerbée de Joséphine qui mit un terme à cette habitude de la chambre et du lit commun. Et pour conclure, Napoléon soulignait ce que signifiait pour lui une bonne épouse : « Joséphine avait donné le bonheur à son mari, et s'était constamment montrée son amie la plus tendre. Professant à tout moment et en toute occasion la soumission, le dévouement, la complaisance la plus absolue. Aussi lui ai-je toujours conservé les plus tendres souvenirs et la plus vive reconnaissance[137]. »

Qui était cette femme qui, au seuil d'une vie illustre, brillante, laissa son empreinte dans l'histoire de France ?

Selon l'un de ses biographes les plus célèbres, Frédéric Masson, qui lui consacra quatre épais tomes, elle était avant tout égoïste, intéressée, menteuse, manipulatrice et dépensière. Mais elle avait aussi le tact, l'entregent, le souci poussé à l'extrême de ne pas commettre de faux-pas, une fois hissée au plus haut de la hiérarchie sociale. Pour l'époque, c'était une immense qualité. Elle jouait toujours avec brio son rôle, gardait la même grâce nécessaire à ses représentations et la même vigilance afin de sauvegarder son mariage. « Elle a, au suprême degré, cette sorte de tact qu'on dirait mondain ou social ; elle dit ce qu'il faut dire, elle adresse à chacun la parole qui convient, elle prend la place où on la mettrait, elle s'habille de la robe qui sied. Durant les dix-huit années, constamment observée, elle ne fera point une faute de politesse ou d'éducation, pas un manque d'à-propos qu'on relève, et les critiques les plus attentifs sont unanimes à le reconnaître[138]. »

136 *Le Mémorial de Sainte-Hélène*, *op. cit.*, t. I, p. 627.

137 *Ibid.*, p. 632.

138 Frédéric Masson, *Joséphine de Beauharnais, 1763-1796*, Paris, Albin Michel, 1925, p. 278.

Si elle sut tirer profit du génie et de la gloire de son mari, nous doutons qu'elle ait vraiment compris qui il était, et comment il allait rester dans l'Histoire. En revanche, elle aima les avantages qu'elle pouvait tirer de sa position et elle se montra, à l'heure de la séparation, plus intéressée à conserver son rang qu'à garder l'homme à qui elle devait tout. « Aux idées de patrie, de gloire, de grandeur nationale, elle est fermée ; elle voit elle-même, elle voit ses amusements, ses fantaisies, sa toilette, ses bijoux, ses bibelots ; c'est là le principal, l'unique but, et un financier paraît plus sûr, plus inépuisable qu'un général[139]. »

Malgré cela, « la citoyenne épouse du Premier consul » sut toujours être disponible pour son mari : elle fit siens ses emplois du temps, l'accompagna autant que possible en voyage, reçut les visites officielles comme naguère les reines de France.

« Elle n'eût pas manqué un voyage, quelque pénible qu'il fût, pour tout au monde, se souvenait encore Napoléon. Ni fatigue, ni privations, ne pouvaient la rebuter ; elle employait l'importunité, la ruse même pour me suivre. Montais-je en voiture au milieu de la nuit pour la course la plus lointaine, à ma grande surprise j'y trouvais Joséphine tout établie, bien qu'elle n'eût pas dû être du voyage.

— Mais il vous est impossible de venir ; je vais trop loin ; vous auriez trop à souffrir.

— Pas le moindrement, répondait Joséphine.

— Et puis il faut que je parte à l'instant.

— Aussi, me voilà toute prête.

— Mais il vous faut un grand attirail.

— Aucun, disait-elle, tout est préparé.

— Et, la plupart du temps, il fallait bien que je cédasse[140]. »

En fait, Napoléon finit par apprécier chez sa femme « cette sou-

139 *Ibid.*, p. 279.

140 *Le Mémorial de Sainte-Hélène*, *op. cit.* t. I, p. 631-632. Joséphine accompagne le Premier consul à Lyon, puis en Normandie en 1802, et dans le Nord de la France et les Flandres pendant l'été 1803. Devenue impératrice : les bords du Rhin en 1804, l'Italie en 1805 à l'occasion du couronnement de Napoléon comme roi d'Italie à Milan, l'Allemagne en 1806 lorsqu'elle se rend à Munich pour le mariage d'Eugène ; le Sud-Ouest de la France pendant l'été 1808 sera son dernier grand déplacement officiel. *Cf.* Bernard Chevallier, Christophe Pincemaille, *L'Impératrice Joséphine*, *op. cit.*, p. 302.

mission, ce dévouement, cette complaisance », considérant ces qualités comme des vertus. Il restait sur ce point un homme du XVIIIe siècle qui ne concevait pas encore la femme comme une interlocutrice sur le plan intellectuel, encore moins sur le plan politique. Les qualités qu'il appréciait tant chez elle, il les payera bien cher, subissant des scènes de jalousie violentes qui restèrent dans les mémoires des membres de la cour. Comme Joséphine vivait dans la terreur du divorce et qu'elle avait de nombreuses craintes, elle l'épiait, payait des surveillants, l'espionnait, lui faisait des scènes, des crises nerveuses. L'enjeu de cette jalousie n'était guère l'amour, mais la peur du divorce, assortie de l'angoisse de manquer de ressources matérielles.

Si Napoléon avait pensé au divorce avant le sacre, il décida néanmoins, peut-être agacé par les intrigues de sa sœur Caroline et de ses frères, que Joséphine serait couronnée et sacrée. L'ambition de ses frères et leur hâte à s'établir dans la succession impériale l'exaspéraient. À la veille de la cérémonie, il se brouilla avec Lucien et Jérôme, et il était en froid avec Louis, et même avec Joseph. « Comment renvoyer cette bonne femme à cause que je deviens plus grand ? » confiait-il à Joseph qui lui conseillait constamment le divorce et l'alliance avec une princesse étrangère qui pourrait lui donner un héritier direct. « Non, cela passe ma force. J'ai un cœur d'homme ; je n'ai pas été enfanté par une tigresse. Quand elle mourra, je me remarierai et je pourrai avoir des enfants. Mais je ne veux pas la rendre malheureuse[141]. » C'est la raison pour laquelle il adopta le petit Napoléon, fils d'Hortense et de Louis. Il fut considéré comme héritier de l'Empire mais, par malheur, mourut du croup à La Haye le 5 mai 1807, à peine âgé de cinq ans. Comme pour se convaincre lui-même d'avoir raison de vouloir couronner Joséphine, il s'en expliqua à Roederer : « Si je la fais impératrice, c'est par justice. Je suis surtout un

141 Cité par Bernard Chevallier, Christophe Pincemaille, *L'Impératrice Joséphine*, *op. cit.*, p. 328.

homme juste. Si j'avais été jeté dans une prison au lieu de monter au trône, elle aurait partagé mes malheurs. Il est juste qu'elle participe à ma grandeur. Elle est toujours en butte à leurs persécutions. Dernièrement, elle s'est humiliée jusqu'à s'excuser avec Joseph. Oui, elle sera couronnée ! Elle sera couronnée, dût-il m'en coûter 200 000 hommes[142]. »

Le tournant de leur relation se situe fin 1806 : à cette date, Napoléon devint père. Il eut un fils, Léon, le 13 décembre, d'une relation passagère avec une lectrice de Caroline, Louise-Catherine-Éléonore Dénuelle de la Plaigne. Puis, le 4 mai 1810, naquit au château de Walevice, en Pologne, son fils Alexandre, de ses amours avec Marie Walewska. Ces deux naissances furent pour lui une révélation fondamentale : il pouvait avoir des enfants, donc des héritiers et, par conséquent, une nouvelle épouse. Pour Joséphine, ce divorce manqué en 1804 lui accorda un répit et, de surcroît, la couronne et le sacre ; elle parvint aussi, par ses manigances avec le pape Pie VII, à bénéficier d'un mariage religieux.

Napoléon finit par ne plus supporter la jalousie permanente de Joséphine et à se lasser de sa surveillance qui devint un réel joug – elle le guettait dans ses appartements et ne cessait de se plaindre auprès de ses dames de palais[143]. Pourtant, avec le temps, le climat semblait s'être apaisé. Madame de Rémusat nous apporte des bribes de témoignages précieux, mais il est difficile de saisir ce qui se passait réellement dans la vie de ce couple, qui, malgré les nombreux ouvrages qui lui ont été consacrés, garde encore des zones d'ombre.

Après Austerlitz (2 décembre 1805), « à mesure que les affaires grandissaient, [Joséphine] y devenait plus étrangère ; la politique européenne, le destin du monde lui souciaient peu ; le cercle de ses idées ne s'élevait point à des hautes spéculations qui ne devaient point avoir d'in-

142 *Ibid.*
143 *Mémoires de Madame de Rémusat, op. cit.*, t. I, p. 47.

fluence sur ce qui la concernait. Tranquillisée dans ce temps pour elle-même, satisfaite du sort de son fils, elle vivait paisible et indifférente ; témoignant une affabilité égale à tous, avec peu ou point d'amitié pour personne, mais une grande bienveillance pour chacun [...], toujours douce, gracieuse, sereine, et, dans le fond, insouciante à presque tout, son attachement pour son époux s'était fort refroidi, et elle n'éprouvait plus ces jalouses inquiétudes qui avaient tant troublé sa vie, les années précédentes[144]. »

Son mode de vie et ses valeurs, ses goûts et ses désirs restaient les mêmes. « Elle n'ouvrait pas un livre, raconte encore Madame de Rémusat, ne tenait jamais une plume, ne travaillait guère, et ne paraissait jamais s'ennuyer. Elle n'aimait point le spectacle. [...] Elle ne se promenait que lorsqu'elle était à la Malmaison, demeure qu'elle a embellie sans cesse, et où elle a dépensé des sommes immenses[145]. » Et, au fil des souvenirs, des témoignages et des correspondances, reviennent comme un leitmotiv les mêmes vocables afin de brosser le portrait de Joséphine : rangée, oisive, légère, coquette, craignant son mari, l'observant, le jalousant.

Mais toutes ces qualités n'auraient servi à rien sans Bonaparte. Était-elle consciente qu'elle ne serait rien sans la volonté de son mari de l'entraîner dans son sillage ? Elle suscitait de l'intérêt et sa compagnie était recherchée uniquement parce qu'elle était la femme du Premier consul, puis de l'Empereur. Néanmoins, rusée et manipulatrice, elle parvint à convaincre Napoléon, alors même qu'il était au sommet de sa gloire, qu'elle lui rendait d'inappréciables services. En témoignent ses propos à Sainte-Hélène lorsqu'il lui rendit grâce de l'avoir aidé à introduire dans son système les émigrés qui rentraient.

« La circonstance de mon mariage avec Madame de Beauharnais m'a mis en point de contact avec tout un parti qui m'était nécessaire pour concourir à mon système de fusion, un des principes les plus grands de mon

---

144 *Ibid.*, t. II, p. 347.
145 *Ibid.*, t. II, p. 347.

administration, et qui la caractérisa spécialement. Sans ma femme, je n'avais jamais pu avoir avec ce parti aucun rapport naturel[146]. »

Avec le recul, nous pouvons conclure qu'il se trompe ou, peut-être, l'état de détresse d'alors le rendait-il plein de gratitude, fût-elle imaginaire, vis-à-vis des femmes qui ont marqué sa vie. En général, il arrivait à oublier les trahisons, les mensonges, les fautes. « Jamais, il ne priva aucune de la vie ni de la liberté. Il ne fit rien pour empêcher leur fortune, au contraire, il œuvrait à la leur assurer[147]. »

Les conspirations de tous bords qui entouraient Napoléon l'amenèrent à penser qu'il fallait à tout prix divorcer. « Ainsi, seulement, mettra-t-il fin aux incertitudes d'avenir ; ainsi, assurera-t-il l'hérédité par la présence réelle d'un héritier ; ainsi, terminera-t-il les intrigues ; ainsi, par la vertu du principe monarchique auquel il croit fermement depuis qu'il le pratique pour lui-même, se rendra-t-il tranquille sur les destinées de l'Empire en laissant à Paris, au cas qu'il soit contraint de s'en éloigner pour de nouvelles guerres, une vivante représentation de lui-même[148]. »

Alors que le divorce était évoqué – comme nous l'avons vu – bien avant le sacre, il ne commença à se concrétiser, encore que vaguement, qu'au retour de Tilsit, le 7 juillet 1807. C'est-à-dire que l'Empereur en accepta le principe. Mais, comme à chaque fois que cette question était débattue par ses proches collaborateurs, surtout par Fouché, il recula encore l'échéance pour des raisons sentimentales et morales. Durant deux années, de juillet 1807 à octobre 1809, il hésita, se reprit, changea, discuta, chercha une autre issue. Il était sûr de la nécessité impérieuse de ce divorce, mais il avait du mal à passer à l'acte. Des sentiments de fidélité et d'habitude, la nostalgie de ce qu'avait été une grande passion, tout s'imbrique pour expliquer la souffrance, le doute, l'incertitude qui dominaient

146 *Le Mémorial de Sainte-Hélène, op. cit.*, t I, p. 582.
147 Frédéric Masson, *Napoléon et les femmes, op. cit.*, p. 234.
148 Frédéric Masson, *Joséphine répudiée, op. cit.*, p. 60.

l'Empereur à l'heure de la décision. Néanmoins, le temps passait, avec les conséquences malheureuses de son intervention en Espagne, les alliances qui se formaient contre lui en Europe et les complots fomentés partout en France ; dès qu'il avait un moment de répit pour y réfléchir, Napoléon était de plus en plus convaincu de la nécessité incontournable du divorce. Dans ce contexte fait de troubles et de menaces, il devait assurer sa succession et, par-là, la pérennité de son empire.

Lorsqu'il osait évoquer avec Joséphine cette perspective de séparation, il le faisait encore avec une attention soutenue et une grande retenue : « Si pareille chose arrivait, Joséphine, alors ce serait à toi de m'aider à un tel sacrifice. Je compterais sur ton amitié pour me sauver de tout l'odieux de cette rupture forcée. Tu prendrais l'initiative, n'est-ce pas ? Et, entrant dans ma position, tu aurais le courage de décider toi-même de ta retraite[149]. »

Encore une fois, Joséphine se montra adroite et subtile : « Sire, lui dit-elle (car il est à remarquer que depuis qu'il régnait, elle s'était accoutumée à lui parler avec des formes presque toujours cérémonieuses, même en tête-à-tête), vous êtes le maître, et vous déciderez de mon sort. Quand vous m'ordonnerez de quitter les Tuileries, j'obéirai à l'instant ; mais c'est bien le moins que vous l'ordonniez d'une manière positive. Je suis votre femme, j'ai été couronnée par vous en présence du pape ; de tels honneurs valent bien qu'on ne les quitte pas volontairement. Si vous divorcez, la France entière saura que c'est vous qui me chassez, et elle n'ignorera ni mon obéissance, ni ma profonde douleur[150]. »

Napoléon n'était pas sûr de ne pas l'aimer encore, peut-être plus qu'avant. En fait, « son amour est fait de souvenirs, de pitié, de reconnaissance, de tendresse ; le désir n'y est qu'une réminiscence[151]. » Quant à Joséphine, elle passait du désespoir à la colère, de la compréhension au refus. « Quelquefois, elle pleurait amèrement, se souvient Madame de

---

149 Cité par Madame de Rémusat, *Mémoires de Madame de Rémusat... op. cit*, t. III, p. 281.

150 *Ibid.*, p. 282.

151 Frédéric Masson, *Napoléon et les femmes*, *op. cit.*, p. 236.

Rémusat ; dans d'autres moments elle se récriait sur l'ingratitude d'un pareil abandon. Elle rappelait que, lorsqu'elle avait épousé Bonaparte, il s'était cru fort honoré de son alliance, et qu'il était odieux de la repousser de son élévation, quand elle avait consenti à partager sa mauvaise fortune. Il lui arrivait même de s'exalter l'imagination au point de laisser échapper des inquiétudes sur son existence personnelle. "Je ne lui céderai jamais, disait-elle ; je me conduirai certainement comme sa victime ; mais, si j'arrive à trop gêner, qui sait ce dont il est capable, et s'il résiste au besoin de se défaire de moi[152] ?" » Ingrate Joséphine ! Elle exagérait la position sociale de ses années de jeunesse et oubliait sa misérable situation financière à l'époque de son mariage avec Bonaparte. Elle feignait d'ignorer tout ce qu'elle devait à celui qui était encore son mari et proférait des insinuations quant à son comportement à son égard, sans tenir compte de toutes les attentions dont elle bénéficiait encore afin de rendre son existence toujours meilleure.

Certes, il y avait des signes de prise de distance qui ne pouvaient que la rendre malheureuse et l'humilier, à tel point qu'elle ne parvenait pas à assumer l'idée du divorce comme une réalité inéluctable. Le climat autour d'elle devint oppressant et les nuages semblaient s'amonceler. « À ces portes fermées, condamnées, qui de son appartement menaient à celui de l'Empereur ; au silence glacial que Napoléon garde avec elle, aux tiers qu'il introduit dans son intérieur, de façon que lui et elle ne se trouvent jamais en tête-à-tête ; aux réticences des courtisans, à l'abandon surtout où ils la laissent, elle devine l'arrêt[153]. » Elle était dans un état de fébrilité incessant et elle ne savait plus à qui se fier, ni quoi faire afin d'ajourner l'échéance et sauver autant que possible sa position dans le monde. Elle écrivit lettre sur lettre à Eugène – son fils, son unique soutien alors ; elle se confiait à qui venait encore la voir et exigeait de tout le monde des nouvelles, des renseignements : le divorce était devenu son unique obsession.

---

152 *Mémoires de Madame de Rémusat*, *op. cit.*, t. III, p. 283.

153 Frédéric Masson, *Joséphine répudiée*, *op. cit.*, p. 62.

Conscient du drame qu'il allait provoquer, l'Empereur reculait lui-même la date où il devrait lui dire de vive voix sa décision. Enfin, le 30 novembre 1809, après un dîner rapide avec Joséphine, il ordonna qu'on le laisse seul avec elle. Les mots furent prononcés dans toute leur inévitable cruauté. La réaction fut fulgurante : elle cria, se roula par terre, en jetant des plaintes déchirantes. **Elle fit semblant de s'évanouir** et se laissa porter dans sa chambre par Napoléon lui-même, aidé par le préfet du palais. « Les larmes n'ont rien obtenu, ni l'attaque de nerfs, ni l'évanouissement qui, si souvent, l'ont sauvée. Il n'y a plus à douter : c'est le divorce[154]. » Bien qu'elle eût vécu depuis tant d'années avec cette hantise, elle ne semblait guère y être préparée. Pourtant, depuis le retour d'Égypte, elle savait que ce jour arriverait ; le consulat à vie qu'elle n'a jamais souhaité – comme nous l'avons déjà signalé – la menaçait plus, et la proclamation de l'Empire amplifia le péril. Elle vivait en pleine escalade du spectre du divorce. ← *ill. 7*

Napoléon eut beau évoquer les quatorze années qu'il avait passées avec elle, souligner les traces profondes qu'elles avaient laissées et qu'il ne voulait guère effacer, lui promettre que, si elle cessait d'être une épouse, elle resterait une amie, la première et la seule et, même, que, si elle cessait de régner, elle resterait impératrice[155], rien n'y fit !

Dès qu'elle comprit que l'heure de la séparation avait sonné, qu'elle la sentit irréversible, Joséphine songea à formuler ses exigences et à réclamer des assurances. « Pour elle-même, elle entend d'abord et surtout ne point s'éloigner de Paris, puis que ses dettes soient payées, puis qu'on lui conserve le rang et les prérogatives d'impératrice, puis qu'elle ait de l'argent, bien de l'argent. Et elle en a, elle a tout ce qu'elle veut ; l'Élysée pour palais de ville, Malmaison pour résidence de campagne, Navarre pour château de chasse, trois millions par année, une maison d'honneur égale à

---

154 *Ibid.*, p. 66.
155 *Ibid.*, p. 73.

sa maison d'autrefois, le titre, les armoiries, les gardes, l'escorte, tout le train extérieur d'une impératrice régnante, une place à part dans l'État[156]. » Il accepta tout et, malgré cela, il se sentit coupable. Il ne supportait pas, quoi qu'il fît, de la savoir malheureuse à cause de lui. Et Joséphine, qui connaissait parfaitement cette culpabilité, avait tendance à « en rajouter ». Les lettres qu'elle lui écrivait exagéraient à l'extrême son état d'esprit et son malheur quotidien.

Certes, une fois mise en face de la réalité, « elle versa une telle abondance de larmes, qu'elle fut plus de six mois sans voir clair, ses yeux étant dans un état affreux ; elle ne pouvait supporter la moindre clarté, elle ne distinguait aucun objet. Cependant, son parti fut pris immédiatement, et c'est elle qui rendit du courage à ses enfants atterrés par cette nouvelle[157] ».

En fait, Hortense et Eugène étaient au courant de tout et depuis bien longtemps. Ils connaissaient les remords de l'Empereur et les malheurs de leur mère. « J'entrai chez ma mère que je trouvai tout en pleurs. Elle m'apprit que l'Empereur lui avait enfin signifié qu'il ne pouvait plus vivre ainsi, qu'il était décidé au divorce.

— Eh bien ! tant mieux ! repris-je aussitôt. Nous partirons tous et tu seras plus tranquille.

— Mais vous, mes enfants, que deviendrez-vous ?

— Nous irons avec toi ; mon frère pensera comme moi, et, pour la première fois de notre vie, loin du monde et en famille, nous connaîtrons le bonheur.

Cet air de résolution et tous les plans que je faisais sur l'avenir pour occuper son imagination semblèrent lui donner du calme. Lorsque je la quittai, elle était résignée. Le soir, à dîner, un page vint encore me chercher de la part de l'Empereur. J'y allai, déterminée comme le matin

---

156 *Ibid.*, p. 247. « En trois ans et demi, du 1er janvier 1810 au 1er juin 1814, Joséphine dépense près de 14 millions de francs, ce qui signifie qu'elle dépasse de près de 4 millions les sommes qui lui sont affectées. *Cf.* Bernard Chevallier, Christophe Pincemaille, *L'Impératrice Joséphine*, *op. cit.*, p. 348.

157 Georgette Ducrest, *Mémoires sur l'Impératrice Joséphine : ses contemporains, la cour de Navarre et de la Malmaison*, édition présentée et annotée par Christophe Pincemaille, Paris, Mercure de France, 2004, p. 165.

à tout faire plutôt que de montrer la moindre faiblesse. Une sorte de fierté semblait me soutenir. L'Empereur sortit de son cabinet et, d'un air sec et ensuite animé, il me dit :

— Vous avez vu votre mère. Elle vous a parlé. Mon parti est pris. Il est irrévocable. La France entière veut le divorce ; elle le demande hautement. Je ne puis résister à ses vœux. Aussi rien ne me fera revenir, ni larmes, ni prières.

— Vous êtes le maître de faire ce qu'il vous plaira, Sire, lui répondis-je d'un ton froid et calme, vous ne serez contrarié par personne. Puisque votre bonheur l'exige, c'est assez ; nous saurons nous y sacrifier. Ne soyez pas surpris des pleurs de ma mère. Vous devriez l'être plutôt si, après une union de quinze années, elle n'en versait pas. Mais elle se soumettra, j'en ai la conviction, et nous nous en irons tous, emportant le souvenir de vos bontés.

Pendant que je parlais, sa figure et sa contenance avaient changé. J'achevais à peine que je vis des larmes abondantes couler de ses yeux et, d'une voix entrecoupée de sanglots, il s'écria :

— Quoi ! Vous me quitterez tous, vous m'abandonnerez ! Vous ne m'aimerez donc plus ? Si ce n'était que mon bonheur, je vous le sacrifierais, mais c'est celui de la France. Plaignez-moi plutôt d'être forcé de le faire en renonçant à mes plus chères affections.

À la vue de cette vive émotion qui n'était pas feinte, je fus touchée moi-même ; je ne le vis plus que malheureux. Ma fierté m'abandonna. Je pleurai aussi et je ne pensai plus qu'à le consoler :

— Prenez du courage, Sire, lui dis-je, il nous en faudra pour n'être plus vos enfants. Nous l'aurons, je vous le jure. Nous penserons, en nous éloignant, que nous ne sommes plus un obstacle à vos desseins et à vos espérances.

Il combattit longuement cette idée de la quitter, protesta de nouveau que la politique seule le faisait agir, que notre mère serait toujours sa meilleure amie, qu'il ne cesserait pas de regarder mon frère comme son fils, mais que, n'étant pas de son sang, il ne pouvait en faire son successeur, que le seul moyen d'assurer la tranquillité à venir de la France était de laisser un fils de lui, qu'il le sentait depuis longtemps et que sa tendresse seule pour sa femme l'avait arrêté jusqu'ici[158]. »

« Le 15 décembre 1809, dans le salon du palais des Tuileries, éclairé comme pour une fête, les rois, les reines, les princesses, en grand costume, s'assemble avant neuf heures du soir. [...] La salle du Trône s'emplit des princes de l'Empire, des grands officiers appelés pour le Conseil privé, des dames de l'Impératrice, des dames d'honneur des Princesses. Une partie de la famille entre ensuite : Madame Mère, Louis, Jérôme, Murat, Eugène, Julie, Hortense, Catherine, Pauline, Caroline [...] Suivent l'archichancelier Cambacérès et Regnaud de Saint-Jean d'Angély, en tant que secrétaire d'État de la Maison impériale. L'Empereur parle :

— Dieu sait, dit-il, combien une pareille résolution a coûté à mon cœur ! Mais il n'est aucun sacrifice qui soit au-dessus de mon courage lorsqu'il m'est démontré qu'il est utile au bien de la France. J'ai besoin d'ajouter que, loin d'avoir jamais eu à me plaindre, je n'ai au contraire qu'à me louer de l'attachement et de la tendresse de ma bien-aimée épouse : elle a embelli quinze ans de ma vie ; le souvenir en restera toujours gravé dans mon cœur. Elle a été couronnée de ma main ; je veux qu'elle conserve les rangs et le titre d'impératrice couronnée, mais surtout qu'elle ne doute jamais de mes sentiments et qu'elle me tienne toujours pour son meilleur et son plus cher ami.

158 *Mémoires de la reine Hortense*, *op. cit.*, p. 201.

Ce fut ensuite à Joséphine de s'exprimer. Mais à peine avait-elle commencé que les larmes la suffoquèrent. Il fallut que Regnaud de Saint-Jean d'Angély continue la lecture :

— Avec la permission de notre auguste et cher époux, je dois déclarer que, ne conservant aucun espoir d'avoir des enfants qui puissent satisfaire les besoins de sa politique et l'intérêt de la France, je me plais à lui donner la plus grande preuve d'attachement et de dévouement qui ait jamais été donnée sur la terre. Je tiens tout de ses bontés ; c'est sa main qui m'a couronnée et, du haut de ce trône, je n'ai reçu que des témoignages d'affection et d'amour du peuple français. Je crois reconnaître tous ces sentiments en consentant à la dissolution d'un mariage qui désormais est un obstacle au bien de la France, qui la prive du bonheur d'être un jour gouvernée par les descendants du grand homme si évidemment suscité par la Providence pour effacer les maux d'une terrible révolution, et rétablir l'autel, le trône et l'ordre social. Mais la dissolution de mon mariage ne changera rien aux sentiments de mon cœur : l'Empereur aura toujours en moi sa meilleure amie. Je sais combien cet acte, commandé par la politique, a froissé son cœur, mais l'un et l'autre, nous sommes glorieux du sacrifice que nous faisons au bien de la patrie[159]. »

Le baron de Méneval décrit d'une manière poignante l'état déchirant dans lequel se trouvait Napoléon après la séparation de fait : « À l'issue de la triste cérémonie qui délia des nœuds que la fécondité de Joséphine aurait rendus aussi durables que leur vie, l'ex-impératrice descendit dans son appartement, et l'Empereur rentra dans son cabinet, triste et silencieux ; il se laissa tomber sur la causeuse où il s'asseyait habituellement, dans un état d'abattement complet. Il y resta quelques moments, la tête appuyée sur sa main, et, quand il se leva, sa figure était bouleversée[160]. »

---

159 Frédéric Masson, *Joséphine répudiée*, *op. cit.*, p. 83-86.

160 Baron de Méneval, *Napoléon et Marie-Louise, souvenirs historiques*. 2e éd., Paris, Librairie d'Amyot, Éditeur, 1844, t. II, p. 341-342.

Le lendemain, un sénatus-consulte entérina la dissolution du mariage civil.

Au-delà des sentiments et des culpabilités, l'Empereur, par son divorce, avait contourné son code civil. Selon le texte de la loi, on ne pouvait pas divorcer d'une femme qui avait dépassé l'âge de quarante-cinq ans – ce qui était le cas de Joséphine. Aucun membre de la famille impériale n'avait, en outre, le droit de divorcer (art. 7 du statut du 31 mars 1806). Seule était possible la séparation de corps, avec l'autorisation de l'Empereur. Encore fallait-il qu'il n'y ait pas eu de mariage religieux, eût-il été fait dans le plus grand secret. Toutes ces complications furent balayées au nom de la raison d'État, grâce aux compétences de l'archichancelier Cambacérès et du fait du prince ; bref, « un compromis entre les nécessités de la politique, la situation matrimoniale et le statut du chef de l'État[161] ». La nullité du mariage religieux fut prononcée par l'officialité diocésaine le 9 janvier 1810 et confirmée par l'officialité métropolitaine le 17 février[162].

Le 16 décembre, à 2 heures de l'après-midi, par une pluie battante, Napoléon partit pour le Trianon et Joséphine pour la Malmaison. Mais avant qu'elle sorte du palais des Tuileries, afin d'éviter chez elle un sentiment d'humiliation, comme si elle était chassée, l'Empereur souhaita lui faire un ultime adieu : dès qu'elle l'aperçut au seuil de la porte, elle se jeta en sanglotant dans ses bras. Et quand il l'embrassa tendrement, elle feignit de s'évanouir. Pris de panique, las de ces scènes qu'il avait si souvent subies, il déposa Joséphine dans les bras de Méneval et se retira rapidement. « Elle s'aperçoit aussitôt qu'il a disparu, redouble ses plaintes et ses sanglots. Elle prend les mains de Méneval, lui recommande de dire à l'Empereur de ne pas l'oublier. [...] Elle ne peut se décider à laisser partir Méneval, sentant qu'il lui enlève le dernier prétexte qu'elle ait de tarder encore de monter dans la charrette[163]. » Arrivé au Trianon, où il est

161 Thierry Lentz, *Nouvelle Histoire du premier Empire*, t. I, *Napoléon et la conquête de l'Europe, 1804-1810*, Paris, Fayard, 2002, p. 497.

162 Jean Tulard, *Napoléon. Les Grands Moments d'un destin*, Paris, Fayard, 2006, p. 420.

163 Frédéric Masson, *Joséphine répudiée*, *op. cit.*, p. 118.

ill. 1
Pierre-Joseph Bazin,
Fondation des maisons d'éducation de la Légion d'honneur.

ill. 2
Anonyme, *Bonaparte lieutenant et Mademoiselle du Colombier à Valence.*

ill. 3
François Gérard, *Portrait de Désirée Clary* (1781-1860).

ill. 4
Charles de Steuben,
Le Général Bonaparte remettant au jeune Eugène de Beauharnais l'épée de son père.

ill. 5
Jean-Louis Viger
du Vigneau,
La Rose de Malmaison – Joséphine et ses dames d'honneur.

ill. 6
François Gérard,
Portrait de Joséphine de Beauharnais (1763-1814).

ill. 7
Anonyme, *Napoléon Ier et l'impératrice Joséphine effondrée à l'annonce de leur divorce*.

ill. 8
Anonyme, *Napoléon Ier et l'impératrice Marie-Louise à Compiègne*.

ill. 9
Joseph Franque,
L'Impératrice Marie-Louise veillant sur le sommeil du roi de Rome, 1811.

entouré par sa famille, Napoléon, malheureux, ravagé de doute et de culpabilité, ne tarda pas à lui écrire : « J'ai bien envie de te voir, mais il faut que je sois sûr que tu es forte et non faible. Je le suis aussi un peu et cela me fait un mal affreux[164]. »

Malgré ces réserves, il alla la voir dès le lendemain et lui écrira tendrement dès son retour au Trianon. Le 24 mai, il revint à la Malmaison et l'invita à dîner au Trianon avec Hortense et Eugène. Toujours à son écoute, il ne cessa de lui écrire des mots d'encouragement : « J'ai besoin de te savoir satisfaite et d'apprendre que tu prends de l'aplomb. » Il exigea comme d'habitude qu'elle soit gaie, sage et bien portante. Et l'assura qu'il reviendrait bientôt la voir.

Cette culpabilité le suivit jusqu'à sa mort, malgré le comportement de Joséphine lors de la première Restauration.

Marie-Louise d'Autriche

Marie-Louise, archiduchesse d'Autriche, naquit à Vienne, dans le vieux palais de la Hofburg, le 12 décembre 1791. Devenue impératrice des Français, elle était l'arrière-petite-fille de l'impératrice Marie-Thérèse et, par conséquent, la petite-nièce de la reine Marie-Antoinette ; elle était surtout la fille aînée de François Ier, empereur d'Autriche et de Marie-Thérèse de Bourbon-Sicile. « Avec Marie-Louise, c'est, pour Napoléon, l'entrée dans la famille des rois, c'est l'apparentage avec ce qui domine le monde par l'ancienneté de la race et par l'illustration historique[165]. »

L'enfance et l'adolescence de Marie-Louise, Léopoldine, Caroline, Françoise, Thérèse, Josèphe, Lucie auront comme toile de fond les guerres entre la France et l'Autriche, interrompues par de brèves périodes de paix. Son éducation fut imprégnée par la haine de la France,

164 *Ibid.*, p. 119.
165 Frédéric Masson, *Napoléon et les femmes*, *op. cit.*, t. I, p. 250.

par la haine de sa Révolution qui envoya sur l'échafaud sa grand-tante et, enfin, par la haine de son héritier de ces temps troubles, Napoléon Bonaparte. Les défaites autrichiennes furent vécues par la fillette comme des blessures personnelles. La création de la Confédération du Rhin le 12 juillet 1806 par Napoléon, devenu de ce fait son protecteur, entraîna la dissolution du Saint Empire romain germanique, et François II devint François Ier d'Autriche. La jeune archiduchesse vivra ces pertes comme une catastrophe familiale. Élevée pour détester l'« Ogre », il sera pour elle aussi l'« Antéchrist », bref, celui par qui le malheur arrive.

À partir de la victoire de la bataille de Wagram (1809), toutes les cours européennes savaient que Napoléon voulait répudier Joséphine et qu'il était à la recherche d'une princesse ou d'une archiduchesse pour en faire son épouse et avoir des enfants, héritiers du trône. Tout le monde savait également que sur les dix-huit noms avancés, deux correspondaient à des jeunes femmes pouvant devenir impératrice de France : la grande-duchesse Anne de Russie, alors âgée de quatorze ans, et l'archiduchesse Marie-Louise, âgée de dix-huit ans. Il préféra d'abord la Russe. Napoléon attendra trois mois la réponse du tsar. Les négociations concernant Anna Pavlovna avaient commencé en novembre 1809. Ce fut Caulaincourt, représentant de la France en Russie, qui engagea les pourparlers. Officiellement, l'impératrice mère s'opposa en raison de la différence de religion et elle invoqua aussi l'écart d'âge. Aussi, lassé d'attendre et connaissant la mauvaise opinion que la tsarine douairière avait à son égard, Napoléon, avec son instinct sûr, sa rapidité d'action et, aussi, pour éviter un refus humiliant, renonça de lui-même au projet russe. Il se tourna vers l'Autriche dont il était certain d'être agréé étant donné sa puissance militaire, sa position dominante en Europe et le nombre de victoires face à l'empereur François. En effet, dès l'envoi de son beau-fils Eugène auprès de Schwarzenberg, ambassadeur à Paris, afin de connaître ses intentions, Napoléon comprit que sa demande serait bien reçue. Marie-Louise vit venir le danger, se rebiffa, mais, éduquée dans l'esprit de sacrifice pour son pays, elle sembla s'habituer à cette idée d'épouser l'« Ogre ». Quelques lettres qu'elle écrivit à ce moment éclairent parfaitement son état d'esprit à la veille de ce choix décisif. Le 10 janvier 1809, elle se confie à une amie : « Je vois Kozeluch [son professeur de piano] parler sur la séparation de Napoléon avec son épouse ; je crois même qu'il me nomme pour celle qui la remplacera, mais dans cela il se trompe, car Napoléon a trop peur d'un refus et trop envie de nous faire encore du mal pour faire une pareille demande, et papa est trop bon pour me contraindre sur un point d'une telle importance[166]. » Le même jour, elle écrit à une autre confidente : « On ne parle que du divorce de Napoléon. Je laisse parler tout le monde et ne m'en inquiète pas du tout. Je plains seulement la pauvre princesse qu'il choisira, car je suis sûre que ce ne sera pas moi qui deviendrai la victime de la politique[167]. »

Néanmoins, le projet fit son chemin dans l'esprit de l'archiduchesse qui ne fut jamais une forte personnalité. Elle fut surtout formée pour obéir à son père, et maintenant son père lui expliquait les intérêts suprêmes de la monarchie, afin qu'elle devienne l'épouse de l'empereur des Français. Le 22 janvier, elle écrit encore à son amie : « Depuis le divorce de Napoléon, j'ouvre chaque jour la Gazette de Francfort dans l'idée d'y trouver la nomination de la nouvelle épouse et j'avoue que ce retard me cause des inquiétudes involontaires. Je remets mon sort entre les mains de la divine Providence. Elle seule sait ce qui peut nous rendre heureux. Mais si le malheur voulait, je suis prête à sacrifier mon bonheur particulier au bien de l'État, persuadée que l'on ne trouve la vraie félicité que dans l'accomplissement de ses devoirs, même au préjudice de ses

166 Cité par Frédéric Masson, *L'Impératrice Marie-Louise, 1809-1815*, Paris, Albin Michel, [1926], p. 37-38.

167 *Ibid.*, p. 38.

inclinations. Je ne veux plus y penser, mais ma résolution est prise, quoique ce soit un double et bien pénible sacrifice. Priez pour que cela ne soit pas[168]. » Tout compte fait, on lui fit miroiter un avenir brillant à la cour la plus étincelante d'Europe, en compagnie de l'homme qu'on savait très attentif avec les femmes de son entourage et, surtout, avec son épouse.

L'Histoire entra dans sa vie par la grande porte, et la petite Autrichienne fut littéralement éblouie. Le 15 février 1810, lorsque Metternich – devenu chancelier – lui annonce la grande nouvelle (la proposition de Napoléon de l'épouser), elle est probablement résignée, peut-être honorée, en tout cas flattée, et répond aussitôt : « Je ne veux que ce que mon devoir me commande de vouloir. Quand il s'agit de l'intérêt de l'Empire, c'est lui qu'il faut consulter et non pas ma volonté. Priez mon père de n'obéir qu'à son devoir de souverain et de ne pas le subordonner à mon intérêt personnel[169]. » Le 23 février 1810, Napoléon écrit à François Ier pour lui annoncer que le maréchal Berthier viendra bientôt afin de formuler sa demande en mariage. C'est l'une des très rares lettres écrites de la main de l'Empereur : « Monsieur mon Frère, je fais partir demain mon cousin le vice-connétable, prince de Neuchâtel, pour demander à votre Majesté Impériale, l'archiduchesse Marie-Louise, sa fille, en mariage. Les hautes qualités qui distinguent si éminemment cette princesse, l'avantage précieux qu'elle a de lui appartenir me font désirer vivement cette union. On me fait espérer que Votre Majesté voudra y consentir. Je ne tarde donc pas un moment, et j'expédie le comte Lauriston, mon aide de camp, déjà connu de Votre Majesté, pour lui porter cette lettre. Je le charge de lui faire connaître le prix que je mets à cette alliance ; j'en attends pour moi et pour mes peuples beaucoup de bonheur[170]. » Au même moment, il écrit aussi à Marie-Louise : « Ma Cousine, les brillantes qualités qui distinguent votre personne nous ont inspiré le désir de la servir

168 *Ibid.*

169 Cité par Paul Ganière « Marie-Louise d'Autriche » dans Jean Tulard (dir.), *Dictionnaire Napoléon*, *op. cit.*, t. II, p. 274.

170 Cité par Jean Tulard, *Napoléon. Les Grands Moments d'un destin*, *op. cit.*, p. 425-426.

et honorer. En nous adressant à l'Empereur votre père pour le prier de nous confier le bonheur de votre Altesse Impériale, pouvons-nous espérer qu'elle agréera les sentiments qui nous portent à cette démarche ? Pouvons-nous nous flatter qu'elle ne sera pas déterminée uniquement par le devoir de l'obéissance à ses parents[171] ? »

Le 8 mars, le maréchal Berthier, en tant qu'ambassadeur extraordinaire, sollicite, au nom de Napoléon, la main de Marie-Louise auprès de François Ier. Puis, l'intéressée elle-même donne son accord et renonce à tous ses droits à la succession du trône d'Autriche. Le 11 mars, dans la chapelle des Augustins, Marie-Louise est unie à l'empereur des Français, roi d'Italie, protecteur de la Confédération du Rhin, absent, mais représenté par l'archiduc Charles, frère de François Ier. Avant qu'elle ne quitte son pays, son père lui donna le conseil fondamental « d'être à son mari tout à fait et de lui obéir en toute chose[172] ». En même temps, Napoléon lui écrivit une lettre pleine d'attention et de sollicitude : « Madame, cette lettre vous sera remise après la célébration de notre mariage. Toutes les lettres qui arrivent de Vienne ne parlent de vos belles qualités qu'avec admiration. Mon impatience est extrême de me trouver près de Votre Majesté. Si je m'écoutois, je partirois à franc étrier et je serois à vos pieds avant que l'on ne sût que j'aie [sic]quitté Paris. Mais cela ne doit pas être. Le prince de Neufchâtel prendra vos ordres pendant votre voyage. Ma sœur Caroline veut vous tenir compagnie ; recevez-la avec amitié, elle est fort bonne pour moi. Je n'ai qu'une pensée, c'est de connaître ce qui vous peut être agréable. Le soin de vous plaire, Madame, sera la plus constante et la plus douce affaire de ma vie. Napoléon[173]. »

Deux jours plus tard, c'est le départ vers l'inconnu, mais aussi vers la gloire. Elle se met en route à la tête d'un cortège de trois cents personnes vers la France et son nouveau destin. Le 16, ils parviennent à

171 *Ibid.*, p. 426.

172 Frédéric Masson, *Napoléon et les femmes*, *op. cit.*, t. I, p. 274.

173 *Lettres inédites de Napoléon Ier à Marie-Louise, écrites de 1810 à 1814*, avec Introduction et notes par Louis Madelin, Paris, Éditions des Bibliothèques nationales de France, 1935, p. 6 (Nous avons conservé l'orthographe et le français utilisés par Napoléon dans ces lettres qui furent publiées ainsi. De même pour les autres citations. Note de l'auteur.)

la frontière de l'Autriche et de la Bavière à Braunau-sur-Inn. C'est là que se déroule la cérémonie de la « remise ». Marie-Louise quitte son cortège et le maréchal Berthier lui présente sa toute nouvelle belle-sœur Caroline, reine de Naples, la maréchale Lannes, duchesse de Montebello, sa dame d'atours et d'autres membres de sa nouvelle cour. Dès lors, elle s'habillera à la mode française et se débarrassera de tout ce qui pouvait lui rappeler son passé autrichien. Inquiet de ce sacrifice, Napoléon lui écrit afin de lui témoigner son affliction : « Madame, j'apprends que vous vous êtes privée de votre gouvernante, afin de paroître parmi mes peuples environnée seulement de Françoises. J'approuve et je suis bien reconnaissant de ce que vous avez fait là, et cependant j'en suis tout triste. Ce nouveau sacrifice, ajouté à celui de votre père et de votre famille, aura de nouveau fait saigner votre cœur. Mais, Madame, ne vous en prenez pas à votre époux, il n'a pas été de son pouvoir de vous épargner ces moments pénibles qui tiennent à la nature des choses. Je serois inconsolable si vous pouviez penser que jamais je puisse manquer de tendresse et ne pas vous épargner un chagrin, lorsqu'il seroit en mon pouvoir de le faire. Vous seriez toute bonne de m'écrire un mot là-dessus. Je suis fort triste de la crainte de vous avoir déplu. Croyez que mon cœur apprécie tous vos sacrifices ; si toute sa tendresse et sa constante et tendre amitié peuvent vous dédommager, vous n'avez rien à souhaiter. Laborde, qui arrive de Vienne, me dit que vous avez bien pleuré depuis St. Polten ; vous avez encore eu de la peine à Munik. Cela me contrarie, car je veux que Louise n'ait jamais que des journées douces, belles et agréables comme elle. Caroline me mande que vous désirez fort savoir ce qui me peut rendre heureux. Je veux vous dire moi-même ce secret-là, Madame, il vous paroîtra simple et cependant il est bien vrai : Soyez vraiment heureuse de notre union. Quand vous vous sentirez inclinée à vous laisser aller à de la peine, que vous aurez du chagrin, dites-vous : l'empereur en sera bien triste, car il ne peut être content et heureux que du bonheur de sa Louise. Votre Napoléon, Compiègne, le 23 mars 1810[174]. » Ainsi qu'il l'avait fait naguère pour Désirée lors de leurs fiançailles, lorsqu'il avait choisi Eugénie, son second prénom, comme nom d'amoureux, de même que, lors de ses premières rencontres passionnelles avec Rose, il avait choisi Joséphine pour la désigner et l'aduler, Marie-Louise sera pour lui, jusqu'à la fin de sa vie, sa « bonne Louise », abrégeant ainsi la pompe de ses nombreux prénoms et la rendant, du même coup, française et populaire à la fois.

Marie-Louise monte donc dans un carrosse en compagnie de Caroline et de la duchesse de Montebello. Napoléon, impatient, curieux de connaître son épouse, se dirige **vers Compiègne**, point de rencontre fixé pour retrouver l'archiduchesse, où se trouvaient déjà la famille impériale et la cour. Il ne tient pas en place. Sous une pluie battante, il va à la rencontre du cortège en compagnie de Murat dans le village de Courcelle-sur-Vesle, sur la route de Soissons à Reims. Dès qu'arrive la voiture qui lui amène la nouvelle épouse, il se précipite, ouvre la portière et embrasse avec fougue la jeune femme. Il est sur-le-champ séduit par la fraîcheur de cette beauté germanique, tout en chair, et n'a qu'une idée en tête : honorer sa femme. Ne voulait-il pas surtout un ventre ? À Compiègne, où la cour les attendait, on verra peu le nouveau couple, et Napoléon aura hâte d'entrer dans la chambre de l'impératrice. Ce n'est qu'ensuite qu'on célébrera à Saint-Cloud, le 1er avril, le mariage civil, suivi le lendemain du mariage religieux dans le salon Carré du palais du Louvre.

← *ill. 8*

Au moment de son arrivée en France, Marie-Louise a dix-huit ans et demi. C'est une jeune fille instruite et sa culture, sans être profonde, est étendue. Elle possède un port de reine, une démarche majestueuse,

174 *Ibid.*, p. 10-11.

son visage a beaucoup d'éclat et son regard est illuminé par de beaux yeux bleus. Bien qu'elle ne soit pas d'une grande beauté, elle plaît à son époux ; elle est douce et charmante et, sur le plan intime, elle le comble. Une nouvelle vie commence alors pour lui. La jeunesse de son épouse suscite en lui des sentiments forts, et l'attente d'un enfant lui donne l'espoir dont il rêvait depuis si longtemps. Marie-Louise est assez vite enceinte et, le 20 mars 1811, naît l'héritier de Napoléon. Ce fut un accouchement à haut risque. Lorsqu'il comprit l'ampleur de la souffrance et du danger qui planait sur elle, l'Empereur décréta : « Avec la mère, j'aurai un autre enfant. Conduisez-vous ici comme si vous attendiez le fils d'un savetier. » Mais l'enfant était en bonne santé et la mère se rétablit assez vite. On le nomma → *ill. 9* Napoléon-François-Charles-Joseph et il fut proclamé **roi de Rome**. Son arrivée fut signalée par cent un coups de canon. « La France fut dans l'ivresse de la joie la plus délirante, à la naissance du roi de Rome », se souviendra la duchesse d'Abrantès.

Bien que ce fût un mariage arrangé et hautement politique, l'épouse s'attacha réellement à son mari qui était tout à son écoute et redoublait d'attention. Une vie de châtelaine entourée de sa cour et de sa dame d'honneur. Madame de Montebello devint vraiment pour elle – étrangère dans son pays d'adoption – une confidente. Le 24 avril 1810, de Compiègne, elle écrit à son amie Victoire de Poutet, future comtesse de Crenneville : « Je vous suis bien sincèrement reconnaissante pour les vœux que vous me faites dans votre lettre du 20 mars à l'occasion de mon mariage. Le Ciel les a exaucés ; puissiez-vous bientôt jouir d'un bonheur pareil à celui que j'éprouve, et que vous méritez tant. Vous pouvez être persuadée que personne ne le souhaite plus que votre attachée amie. M.-L.[175] » Le 11 mai, elle se confie sur le même mode : « Peut-être que dans ce moment vous êtes déjà mariée et goûtez un bonheur aussi inalté-

175 Baron de Méneval, *Marie-Louise et la cour d'Autriche. Entre les deux abdications (1814-1815)*, Paris, Émile-Paul Éditeur, 1909, p. 4. Claude-François de Méneval fut nommé par Napoléon, après la campagne de Russie, secrétaire de Marie-Louise. Par conséquent il l'avait suivi à Blois et jusqu'à Vienne.

rable que le mien. » Après la naissance de son fils, elle est encore plus comblée. Le 6 mai, elle écrit à la même amie : « J'ai été bien touchée des vœux que vous formez à cette occasion pour mon fils ; j'espère qu'ils se réaliseront et qu'il fera un jour, comme son père, le bonheur de tous ceux qui l'approcheront et le connaîtront[176]. » La lettre qu'elle écrivit de Prague, le 25 juin 1812, à Madame Mère confirme cet état de bonheur conjugal : « L'Empereur m'écrit bien souvent ; chaque jour où je reçois une lettre est un jour de bonheur pour moi. Rien ne peut me consoler de son absence, pas même la présence de toute ma famille[177]. » En effet, avec Marie-Louise, Napoléon est un mari fidèle, un mari galant, un mari heureux. « Toutes les élégances, toutes les raretés, toutes les richesses de ce Paris qui, par le monde, régit le goût et donne la mode, Napoléon les étale devant Marie-Louise[178]. » La duchesse d'Abrantès nous donne le même témoignage : « Quoi qu'il en soit, il a été amoureux, très amoureux de Marie-Louise. C'est un fait certain[179]. » « Pour elle, il donne, dans les petits appartements du rez-de-chaussée, des petits bals où il danse ; pour elle, il organise dans la Salle de concert, sur un théâtre portatif, des représentations, et ce ne sont plus ces tragédies où il aimait retrouver ses sentiments exprimés en beaux vers, habillés à l'antique et déclamés par ses acteurs favoris, ce sont des piécettes de Feydeau ou de l'Odéon, pastorales à sentiments ou farces niaises ; mais la musique en plaît à sa femme[180]. » Il fait tout pour lui être agréable, d'où ces propos qu'elle fit un jour à Metternich : « Je suis sûre qu'à Vienne l'opinion générale est que je suis livrée à des angoisses journalières. C'est ainsi que la vérité n'est souvent pas vraisemblable. Je n'ai pas peur de Napoléon, mais je commence à croire qu'il a peur de moi[181]. » Elle aimait se savoir nécessaire, elle appréciait leurs déjeuners en tête-à-tête, cela lui donnait la sensation d'être proche de lui, de sentir sa tendresse et de protéger leur intimité.

176 *Ibid.*, p. 5.
177 *Ibid.*, p. 6.
178 Frédéric Masson, *Napoléon et les femmes*, *op. cit.*, t. I, p. 274.
179 *Mémoires de la duchesse d'Abrantès*, *op. cit.*, t. IV, p. 265.
180 Frédéric Masson, *L'Impératrice Marie-Louise*, *op. cit.*, p. 214.
181 *Ibid.*, p. 214-215.

Sans avoir la grâce et le savoir-faire de Joséphine, Marie-Louise, par son éducation, sut tenir son rang avec dignité. Elle s'acquittait de ses tâches protocolaires avec élégance, bien que d'une manière trop distante et rigide, sans doute à cause de sa formation à la cour de Vienne. Elle était à côté de son mari dans ses voyages officiels, chaque fois qu'il le lui demandait ; elle lui témoignait quotidiennement son affection et sa fidélité. « Les moments que je passe le plus agréablement sont ceux où je suis avec l'Empereur », écrit-elle à Madame de Crenneville ; et avec son père, en avril 1811, elle est encore plus rassurante : « Mon tendre amour pour mon époux a encore grandi depuis le moment de la naissance de mon fils ; les preuves d'attachement qu'il m'a données durant tout ce temps me resteront inoubliables et, encore maintenant, me remuent jusqu'aux larmes quand j'y pense ; elles m'auraient à tout jamais attachée à lui, si ses bonnes qualités ne l'avaient déjà fait[182]. » Ils vécurent ce bonheur deux ans et trois mois. Ils ne furent, durant ce temps, jamais séparés. Un aspect agaçait pourtant Napoléon : il devait passer de la dépensière mais généreuse Joséphine à une Marie-Louise économe et mesurée, qui ne savait pas donner.

Cette idylle s'arrête là : l'entente de ce nouveau ménage ne résistera pas aux brisures de l'Empire. L'Histoire imposera sa marche. En 1812, lors de la campagne de Russie, Napoléon écrit presque tous les jours à sa « bonne Louise » pour l'assurer de ne jamais douter des tendres sentiments de son fidèle époux. Ainsi de Posen jusqu'à Moscou, en passant par Wicowiski, Kovno, Wilna, Gloubokoé, Vitepsk, Borodino, Mosaisk, Tarchi, c'est un vrai journal de campagne que dresse l'Empereur à travers ses lettres ou billets à sa femme devenue *mio ben*. Le 29 mai, de Reintenbach, il lui écrit pour lui transmettre sa certitude que cette campagne de Russie se terminera vite et, évidemment, par une victoire : « Ma bonne Louise, Je m'arrête un moment pour déjeuner ; je profite pour t'écrire et te recomen-

182 *Ibid.*

der d'être gaie et de ne pas t'afecter. Toutes les promesses que je t'ai faites te seront tenues ; ainsi notre séparation ne sera que de peu de temps. Tu sais combien je t'aime, il est nécessaire que je sache que tu es bien portante et tranquille. Adieu, douce amie, mille baisés. Nap[183]. » Le lendemain, de Glaugau, une autre missive : « Ma bonne Louise, Je t'ai écris hiers. Je suis arrivé bien portant à 2 heures du matin. J'ai été très vit, seulement un peu de poussière. Je part pour être ce soir à Posen, où je resterai la journée de demain 31. J'espère que tu m'auras écrit que tu te portes bien, que tu es gaie et raisonnable. [...] Adio, mio douce amore, mille tendres baisés. Nap[184]. » Le matin du lendemain, il enchaîne les mêmes questions et exigences : « Mon amie, J'arrive à Posen un peu fatigué de la poussière ; je vais me coucher, mais je ne veux pas le faire sans t'écrire un peu. Je n'ai pas encore reçu de tes lettres ; ce sera, j'espère, demain. J'espère donc que tu te portes bien et que tu es raisonnable. Adieu, ma douce Louise, je voudrais être avec toi. Ce sera bientôt, je l'espère. Tout à toi. Nap[185]. » Et tout s'enchaîne dans une banalité apparente : on apprend ainsi à quel point Napoléon était sûr d'une victoire rapide et combien il se souciait du moral de son épouse abandonnée à Paris.

En effet, Napoléon part le 29 mai 1812, se dirige vers la Posnanie et arrive ensuite dans le nord du Niémen. La campagne de Russie commence et, au début, l'Empereur ne se plaint que de la poussière qui le fatigue un peu. Alors qu'il pensait à une conquête rapide, les Russes se dérobent, se retirent et évitent le combat. C'était exaspérant : un ennemi qui lui échappe, disparaît, s'enfuit. « Les Russes auraient surtout reculé pour ne pas affronter un ennemi supérieur en nombre et commandé par un génie militaire. C'est ce recul qui entraîna Napoléon vers Moscou et lui fut fatal[186]. » Enfin, à Borodino, le 7 septembre, il y eut une vraie et grande bataille, plutôt un carnage : une partie importante de l'armée dirigée par

183 *Lettres inédites de Napoléon Ier à Marie-Louise, op. cit.*, p. 28.
184 *Ibid.*, p. 28-29.
185 *Ibid.*, p. 29.
186 Jean Tulard, *Napoléon. Les Grands Moments d'un destin, op. cit.*, p. 461.

le général Koutouzov fut anéantie, ce qui permit à Napoléon d'entrer à Moscou en vainqueur le 14 septembre. La lettre qu'il envoie à Marie-Louise de Borodino illustre la manière dont il voulait la tenir au courant de ses victoires. « Ma bonne amie, Je t'écris sur-le-champ de la bataille de Borodino. J'ai battu hier les Russes, toute leur armée forte de 120 000 hommes y étoit. La bataille a été chaude ; à 2 heures [de l'] après-midi la victoire étoit à nous. [...] Ma santé est bonne, le temps un peu frai. [...] Adieu, ma bonne amie. Tout à toi. Ton Nap[187]. » Ce fut une bataille gagnée en trompe-l'œil. Mais, une fois à Moscou, cette ville fut pour lui une découverte ; il la vécut comme un émerveillement et sa présence au Kremlin comme un triomphe. Les impressions qu'il livre à sa femme sur cette ville, pour lui mythique, méritent de figurer dans une anthologie. « Mon amie. J'ai reçu ta lettre du 31, où je vois que tu avois reçu les lettres de Smolensk. Je t'ai écris déjà de Moscou, où je suis arrivé le 14 7bre. La ville est aussi grande que Paris. Il y a 1 600 clochers et plus de mille beaux palais, la ville est garnie de tout. La noblesse en est partie, on a obligé aussi les marchands à partir ; le peuple est resté. Ma senté est bonne, mon rhume est fini. L'ennemi se retire, à ce qu'il paroît, sur Kasan. La belle conquête est le résultat de la bataille de la Moskova. Tout à toi. Nap[188]. » Une autre suit dans la même veine : « Mon amie, Je t'ai déjà écrit de Moscou. [...] C'est le gouverneur et les Russes qui, de rage d'être vaincus, ont mis le feu à cette belle ville. 200 000 bons habitants sont au désespoir, et dans la rue et misère. [...] Mon rhume est fini, ma santé bonne. Adieu, mon amie. Tout à toi. Nap[189]. » Après les trente-cinq jours passés à Moscou durant lesquels l'Empereur n'oublie jamais, presque chaque jour, ou un jour sur deux, de donner des nouvelles à sa « bonne Louise », il la quitte le 19 octobre et continue sa route, envoyant des missives à sa femme de Desna, Fominkoié, Borovsk, Smolensk, Molodetschno, etc. Il s'est trop

187 *Lettres inédites de Napoléon Ier à Marie-Louise, op. cit.*, p. 70.

188 *Ibid.*, p. 78. On voit, à travers cette lettre, à quel point Napoléon se trompe sur l'évolution de cette campagne de Russie. Néanmoins, la bataille de la Moskova fut bien gagnée par lui, alors que les Russes, qui l'appellent la bataille de Borodino, la considèrent comme leur victoire.

189 *Lettres inédites de Napoléon Ier à Marie-Louise, op. cit.*, p. 78-79.

attardé afin d'attendre les propositions de paix d'Alexandre, tout en ignorant les conseils de Caulaincourt, qui essayait de lui faire comprendre ce qu'était l'hiver russe. Les lettres se veulent anodines et elles s'enchaînent comme une litanie. Le 22 octobre : « Ma bonne amie, [...] Ma santé est bonne, mes affaires vont bien. » Le 2 novembre : « Ma bonne amie, J'ai reçu ta lettre du 9. Tous les détailles que tu me fois du petit roi m'ont fait bien plaisir, et tout ce que tu me dis de tes sentiments que tu exprimes si bien, parce qu'ils sont sincères et purs comme toi, me font éprouver bien de la satisfaction. [...] Je me rapproche de toi [...] Adio, mio ben. Nap. » Le 14 novembre : « Ma bonne amie, Le froid ici est assez fort à 8 degrés, cela est un peu de bonheur. Ma santé est fort bonne. Embrasse mon fils, dis-moi qu'il a fait ses dents ? Adio, mio ben. Nap. »

Alors que le « général Hiver » était déjà au rendez-vous, à la traversée de la Bérézina, le 27 novembre, la campagne de Russie se transforme en catastrophe nationale. Ce qui se passa alors au bord de ce fleuve est resté à jamais comme le symbole de toute effroyable défaite. Évidemment, il n'y a pas de lettre pour Marie-Louise concernant cette bataille et ce qui s'est produit en traversant la rivière : les noyades par milliers de soldats de la Grande Armée, engloutis par les glaces qui faisaient sauter les ponts que le général Eblé avait construits à la hâte pour la traversée. La Grande Armée est affaiblie, décimée, dispersée. Le froid, qui arriva prématurément, était rigoureux, de plus en plus intenable, accompagné d'une neige épaisse qui rendait la retraite périlleuse, épuisante. La débandade s'accentuait. Le drame vécu depuis le départ de Moscou, cette retraite désastreuse, ne trouve aucun écho dans les lettres écrites à Marie-Louise. Il ne faut vraiment pas qu'elle soit affligée et, surtout, qu'elle écrive cela à son cher « papa François ». Le 5 décembre, Napoléon quitte en traîneau avec Caulaincourt ce qui reste de la Grande

Armée, et arrive à Paris, le 18 décembre 1812, afin de reconstituer ses troupes et d'éclaircir les ramifications de ce que fut l'affaire Malet[190]. La Prusse, trahissant son alliance, déclare la guerre à la France le 17 mars 1813. Napoléon pense que l'Autriche, grâce à Marie-Louise, n'osera pas se soulever à son tour. Il compte sur « papa François » pour ne pas ébranler le trône de sa fille et l'héritage de son petit-fils. Et, afin de montrer à quel point Marie-Louise est intégrée en France, il la nomme régente en son absence. Ce n'est certes pas un geste d'amour, encore moins un signe de reconnaissance de quelconques compétences politiques de sa femme, mais il espère, au moins, lancer un signal à son beau-père, une preuve de respect pour l'Autriche et une manière d'empêcher François Ier de trahir sa fille. Plus encore, les conscrits de cette année funeste s'appelleront les Marie-Louise. Le 14 avril 1813, un ordre de service annonce que, le 30 mars précédent, Napoléon a confié la régence à Marie-Louise et cela durant l'absence de l'Empereur du territoire de l'Empire. Elle sera secondée par Cambacérès comme premier conseiller, par Champagny comme secrétaire d'État et par Méneval, secrétaire des Commandements. Elle écrit immédiatement à son père.

La campagne d'Allemagne commence par des victoires fulgurantes. Napoléon reste glorieux sur le front, son génie militaire ne l'a pas encore trahi : Weissen et Lützen (les 1er et 2 mai) ; Bautzen et Wurschen (les 19 et 22 mai) sont des succès. Toutefois, comprenant que son combat est désespéré, il ne cesse de demander à sa femme d'intervenir auprès de son père. Le 18 avril 1813 : « Ma bonne et douce amie, [...] Je désire bien que tu aie du courage et que tu te porte bien ; tu sais combien tu es nécessaire à mon bonheur. Ambrasse mon fils sur les 2 yeux. Écris à papa François tous les huit jours ; donne-lui des détailles militaires et parle-lui de mon attachement pour sa personne. [...] Adieu, ma chère Louise, [...]

190 Le général Malet, profitant de la campagne de Russie et de l'éloignement de l'Empereur, projette d'annoncer sa mort et la formation d'un gouvernement provisoire. Il passe à l'acte dans la nuit du 22 au 23 octobre 1812. Malet contacte Soulier, un des commandants de la garde nationale, à qui il annonce la mort de Napoléon. Il profite de l'effet de surprise pour libérer les généraux Lahorie et Guidal, compromis dans une première conspiration. Ensemble, ils arrêtent le préfet Pasquier et le ministre de la Police Savary. À 9 heures du matin, Malet devient le maître de la capitale. Il lui reste à changer les chefs de l'état-major de la 1re division. Mais le général Hutin s'étonne de cette agression et immobilise Malet. Cambacérès, ministre de la Guerre, ainsi que le gouverneur des Invalides

Tout à toi. Ton époux Nap[191]. » Et de plus en plus, dans cette correspondance quasi quotidienne, Napoléon exige de sa femme qu'elle garde le contact avec son père. De Mayence, le 24 avril 1813, il lui écrit encore dans ce sens : « Ma chère Louise, J'ai reçu ta lettre du 21. Je suis surpris que papa François dise que la paix dépend de moi, lorsque depuis 4 mois il n'a pu encore obtenir une réponse et qu'enfin la Russie consentit à ouvrir les négociations. Écris-lui dans ce sens-là, dis-lui que c'est mal de vouloir que ce soit moi qui ne veux pas la paix, lorsque l'on n'a pas encore consenti à ouvrir les négociations, mais que si l'on veut m'imposer des conditions sans négocier comme une capitulation, l'on est loin de compte. [...] Adieu, mon amie. Tout à toi. Nap[192]. » Bien qu'il soit porté par les premières batailles victorieuses, l'Empereur sait qu'il risque tout : d'où cet incessant appel à sa femme, afin qu'elle intercède auprès de son père. Le 2 mai, il écrit encore dans ce sens à Marie-Louise : « Ma bonne amie, Je reçois ta lettre. [...] Écris à papa François qu'il ne se laisse pas entraîner par la haine que nous porte sa femme, que cela lui seroit funeste et fairoit bien des malheurs. [...] Ma santé est fort bonne. [...] Adieu, mon amie. Tout à toi. Nap[193]. » De plus en plus, Napoléon commence à douter de son beau-père ; d'où les pressions constantes qu'il fait à son épouse. Le 5 mai, il est encore plus pesant : « Ma bonne amie. [...] Je continue à poursuivre l'ennemi qui se sauve de partout et en toute hâte. Papa François ne se conduit pas trop bien et m'a auté son contingent. On veut l'entraîner contre moi. [...] Adio, mio dolce amore, Ton Nap[194]. » Bien qu'il soit convaincu de la défection prochaine de l'Autriche, il ne renonce pas à s'appuyer sur sa femme, dernier rempart afin de sauvegarder l'Empire. Le 7 juillet, de Dresde, il lui envoie encore une missive quasi désespérée : « Ma bonne Louise, [...] La paix se feroit si l'Autriche ne vouloit pêcher en eau trouble. [...] Nous voirons ce qu'il se faira. S'ils veulent me prescrire des condi-

---

sont avertis de l'existence d'un complot. À midi, tout est terminé. Les conjurés sont jugés le 28 octobre. Le lendemain, Malet et Lahorie sont fusillés. Mis au courant de cette affaire le 6 novembre, l'Empereur rentre sur le champ en France. Ce qui le frappe, ce n'est pas que certains crurent à sa mort, mais bien le fait qu'ils aient ignoré le roi de Rome. La quatrième dynastie était-elle si dérisoire ?

191 *Lettres inédites de Napoléon Ier à Marie-Louise*, *op. cit.*, p. 112-113.

192 *Ibid.*, p. 116-117.

193 *Ibid.*, p. 120.

194 *Ibid.*, p. 122.

tions honteuses, je leur ferait la guerre. L'Autriche payera le tout. J'en serois fâché par la peine que cela te ferois, mais il faut bien repousser l'injustice. [...] Adio, mio bene. Tout à toi. Nap[195]. »

Le 24 juillet, la rencontre avec Marie-Louise à Mayence s'inscrit, elle aussi, dans ce jeu désespéré de s'assurer la neutralité de l'Autriche, s'il ne peut plus avoir son alliance. « Mon amie, Je désire te voir. », écrit-il de Dresde, le 16 juillet. Marie-Louise est heureuse de retrouver son mari et de passer un moment avec lui. Connaissant la décision de son père de faire la guerre à la France, elle lui écrit encore pour lui faire comprendre à quel point il a tort : « Je vous plains intérieurement, mon cher papa. Je suis persuadée que cette guerre amènera avec elle beaucoup de malheurs[196]. »

Spectacle affligeant que cette visite de l'impératrice à Mayence, vu le contexte politique : l'Empire agit comme s'il était encore une puissance en plein essor et le couple impérial veut avant tout s'amuser : promenade, spectacles, dîners. Le 10 août, Napoléon part, passant le Rhin pour la dernière fois. Le 12 août, l'Autriche déclare la guerre à la France, et la bataille de Leipzig (16-19 octobre) marque l'effondrement de l'Allemagne napoléonienne.

La trahison de « papa François » a tout fait échouer, mais jamais Napoléon n'a reproché à Marie-Louise le comportement de son père. Il continuait de lui écrire au même rythme, exprimait les mêmes sentiments forts et lui assurait la stabilité de leur couple. Au milieu du désastre, il lui témoignait le même amour : « Ma santé est fort bonne. J'ai pensé bien souvent à toi et je désire bien te voir et ne plus te quitter » (5 novembre 1813).

Le 14 novembre 1813, Napoléon est de retour aux Tuileries. Pour la deuxième fois, il revient en vaincu. Durant ces vingt-cinq premiers jours de janvier qu'il passe à Paris, il est particulièrement actif. Il doit faire front

---

195 *Ibid.*, p. 149.

196 Cité par Frédéric Masson, *L'Impératrice Marie-Louise*, *op. cit.*, p. 479.

à l'invasion des Alliés et à une opinion publique démoralisée. Le climat est lourd : le pays est las, mais les couches populaires lui restent fidèles, alors que les politiques et les militaires sont en proie à un dangereux découragement. Pis encore, un groupe de conspirateurs, Talleyrand en tête, œuvre à faire tomber le régime napoléonien. Le 25, à 6 heures du matin, après avoir brûlé ses papiers les plus secrets, Napoléon part encore à la guerre, laissant sa femme toujours régente avec Cambacérès et nommant son frère Joseph comme conseiller militaire. Le jour de son départ, en faisant ses adieux à Marie-Louise et au roi de Rome, il ne pensait pas qu'il ne les reverrait jamais plus.

Pour une fois, Marie-Louise prit seule une initiative qui devait déplaire profondément à son mari. Elle écrivit à son père qu'elle espérait avoir son appui, au moins pour elle-même et pour son fils. Le 4 février, lorsque Caulaincourt est envoyé auprès des Alliés pour tenter une négociation, elle cherche le soutien de François Ier : « J'ai chargé le duc de Vicence de vous dire une foule de choses importantes en mon nom. Je vous prie de le voir et d'avoir confiance en ses paroles et de croire tout ce qu'il vous dira en mon nom, car de telles choses ne s'écrivent pas facilement. [...] Ma santé est mauvaise. Il dépend beaucoup de vous de la rendre meilleure[197]. »

Dans ce contexte dramatique, Napoléon livre sa dernière bataille – la campagne de France –, d'abord ponctuée de victoires, malheureusement éphémères : à Brienne (29 janvier 1814), à Champaubert (10 février), à Montmirail (11 février), à Montereau (18 février), à Reims (13 mars). Cela n'empêcha pas l'avance des Alliés conjurés vers la France[198]. Le 29, ils arrivent devant Paris. Le 28, Joseph propose au conseil de régence de quitter la capitale, conformément, assure-t-il, aux instructions de Napoléon. Le lendemain, l'impératrice et le roi de Rome quittent Paris. Le 30-31 mars, Paris est occupé.

---

197 Cité par Frédéric Masson, *ibid.*, p. 531.

198 La catastrophe de la campagne de Russie favorise la formation d'une nouvelle coalition à l'échelle de l'Europe. Le 28 février 1813, Frédéric-Guillaume signe un traité d'alliance avec le tsar et le 27 juin, l'Autriche conclut avec la Russie et la Prusse un accord, resté secret, sous la houlette anglaise. Le 12 juillet elle entre en guerre. Les Alliés se composent alors de trois armées : celle du Nord, dirigée par Bernadotte qui entraîne la Suède, celle de Silésie avec Blücher, le principal chef de l'armée prussienne et l'armée de Bohême, commandée par Schwarzenberg, maréchal autrichien. L'explosion nationale

Prévenu, l'Empereur s'arrête à Juvisy au Relais de la cour de France. De là, le 31 mars à 3 heures du matin, il envoie à Marie-Louise l'une de ses lettres les plus pathétiques : « Mon amie, Je me suis rendu ici pour deffendre Paris, mais il n'étoit plus temps. La ville avoit été rendue dans la soirée. Je réunis mon armée du côté de Fontainebleau. Ma senté est bonne. Je soufre de ce que tu dois soufrir[199]. »

En effet, le moral de l'impératrice régente est au plus bas ; avant même la chute de Paris et le début de son errance sur les routes de France, elle ne trouve pas d'autre moyen d'action que la foi. Le 28 janvier, elle ordonne de commencer à Notre-Dame les prières de dévotion des Quarante Heures et elle se rend le 6 février en pèlerinage à l'église Sainte-Geneviève pour la sauvegarde et le salut de Paris. L'apprenant, Napoléon écrit en colère à Cambacérès : « Je vois qu'au lieu de soutenir l'impératrice, vous la découragez. Pourquoi perdre ainsi la tête ? Qu'est-ce que ces Miserere et ces prières de Quarante Heures à la Chapelle ? Est-ce qu'on devient fou à Paris ? » Et, encore plus agacé, il s'adresse également à son frère Joseph : « L'impératrice avait eu la mauvaise idée de se rendre à Sainte-Geneviève ; je crains que cela ne fasse un mauvais effet et n'ait pas d'autre résultat. Faites donc cesser ces prières de Quarante Heures et ces Miserere. Si l'on nous faisait tant de singeries, nous aurions tous peur de la mort. Il y a longtemps que l'on dit que les prêtres et les médecins rendent la mort douloureuse[200]. »

Peu importe que Marie-Louise prie et que cela agace Napoléon. Le fait notable est que, dans le premier temps de l'effondrement, sa réaction est d'aller prier et de faire prier. À ce moment là, elle reste fidèle et à son mari et à l'Empire français. Dans ses lettres, Napoléon exprime sa grande crainte : que sa femme et son fils soient enlevés et conduits à Vienne. « Sire, lui répond Joseph. Je fais des vœux pour que le départ de

---

en Allemagne soude davantage les Alliés conjurés. Arthur Wellesley, futur lord Wellington, se bat en Espagne et au Portugal, où il triomphe face à l'armée napoléonienne. Cette Europe conjurée rentre à Paris le 31 mars. C'est le pacte de Chaumont, signé le 1er mars 1814 par la Prusse, l'Autriche, l'Angleterre et la Russie qui a définitivement scellé cette alliance, les conjurés s'engageant à ne pas conclure de paix séparée et à œuvrer à la défaite totale de Napoléon.

199 *Lettres inédites de Napoléon Ier à Marie-Louise*, *op. cit.*, p. 230.

200 Lettre écrite le 7 février 1814 à 7 heures du soir, à Nogent-sur-Seine. *Cf.* Napoléon et Joseph, *Correspondance intégrale, 1784-1818*, édition établie par Vincent Haegele, Paris, Tallandier, 2007, p. 766.

l'impératrice n'ait pas lieu. Nous ne pouvons nous dissimuler que la consternation et le désespoir du peuple pourront avoir de terribles et funestes résultats. [...] Les hommes attachés au gouvernement de V.M. craignent que le départ de l'impératrice ne livre le peuple de la capitale au désespoir et ne donne une capitale et un empire aux Bourbons[201]. »

Napoléon est furieux de la conduite de Joseph, il lui exprime sa colère et met en garde Marie-Louise contre lui : « Mon frère, écrit-il le 8 février 1814 à 11 heures du matin. [...] Je ne comprends rien à votre lettre. Je croyais m'être expliqué avec vous, mais vous ne vous souciez jamais des choses et vous êtes de l'opinion du 1er homme qui parle sans avoir approfondi la question[202]. » L'état d'esprit de l'Empereur semble alors embrouillé, il va jusqu'à soupçonner son frère de courtiser sa femme. Selon lui, Joseph, censé s'occuper de sa belle-sœur, la protéger et lui donner du courage, trouva le moment propice pour lui faire la cour. Marie-Louise, indifférente à cette tentative malvenue, était présente au conseil de régence, bien qu'on lui ait caché les avancées des Alliés. Et elle allait chaque matin à la messe, accompagnée de Joseph et de Cambacérès. Mais ce qui est stupéfiant, c'est l'appréhension de Napoléon, en pleine bataille pour la survie, qui trouve le temps d'écrire à sa femme pour l'avertir du comportement étrange de son frère, dont elle doit se méfier. Le 11 mars, de Soissons, il l'alerte à propos d'une éventuelle infidélité de son frère : « Mon amie, J'ai reçu ta lettre. N'aie pas trop de familiarité avec le roi [à savoir son frère Joseph]. Tiens-le loin de toi, qu'il n'entre jamais dans ton intérieur ; reçois-le comme Cambacérès, en cérémonie et dans ton salon. [...] Met beaucoup de réserve avec le roi et tiens-le loin de toi ; point d'intimité. [...] Adieu, mon amie. Le temps est bien mauvais. Tout à toi, Nap. » Quelques jours plus tard, de Reims, le 14 mars, il revient à la charge, de manière presque obsessionnelle : « Ma bonne Louise, J'ai reçu ta lettre. [...] Je suis fâché

201 *Ibid.*, p. 768.
202 *Ibid.*, p. 770-771.

que tu aies montré la lettre de ton père et sa réponse au roi. Tu as trop de confiance en ce prince. Ces communications ne doivent être fait qu'à moi. Tout le monde m'a trahi. [...] Ce qui seule pouroit m'imbranler seroit que tu eu avec le roi des liaisons que j'ignorais et que tu ne fusses plus pour moi ce que tu as été. Méfie-toi du roi ; il a une mauvaise réputation avec les femmes et une ambition dont il a contracté l'habitude en Espagne[203]. » Est-ce une forme de paranoïa due au contexte de l'effondrement, ou peut-être le traumatisme dû à la trahison qui, rôdant partout, était son lot quotidien ? Ou encore en lucide connaisseur de son frère, était-il devenu vigilant, voire jaloux ? La plupart des lettres qu'il écrivit à Joseph, dans la seconde partie du mois de mars, témoigne de sa méfiance vis-à-vis de son frère, le soupçonnant d'intriguer. Cherche-t-il des boucs émissaires à ses échecs ou laisse-t-il son désespoir s'exprimer par des idées fixes ? « Je ne veus pas être protégé par une femme, écrit-t-il de Soisson à Joseph, le 12 mars à midi. Cette idée la gâteroit et nous brouilleroit. À quoi bon lui tenir de pareilles discours. Laissez-la vivre comme elle vit, ne lui porter que ce qu'il faut qu'elle sache pour régner, et surtout évitez des discours qui lui fairoit penser que je consent à être protéger par elle et son père[204]. » Pis encore, Napoléon soupçonne son frère de saper son pouvoir et de vouloir, avec ses manigances, influencer Marie-Louise.

Lorsqu'il apprit par le baron de Méneval que Joseph avait le projet de faire rédiger une adresse – cautionnée par Marie-Louise – par les plus grands personnages de l'Empire pour exiger de lui qu'il fasse la paix, sa colère fut au zénith : « Le ton de vos lettres et ce que j'aprend qu'il est question de faire des adresses pour me demander la paix et que le projet est de vous me navre de douleur. [...] Vous pouvez vous mal conduire et vouloir jetter sur moi des blâmes et des querelles. Je suis au-dessus de tout, mais la dissimulation de confiance de l'impératrice de moi et l'in-

203 *Lettres inédites de Napoléon Ier à Marie-Louise, op. cit.*, p. 218-219.
204 Napoléon et Joseph, *Correspondance intégrale, op. cit.*, p. 845.

troduction de qui que ce soit dans sa confiance contre moi et elle me paraît seule dure à suporter[205]. »

Malgré ces reproches, ces soupçons et ces menaces, Napoléon écrit fréquemment à Joseph et lui indique ce qu'il doit faire, en cas de besoin : « Mon frère, Conformément aux instructions verbales que je vous ai données, à l'esprit de toutes mes lettres, vous ne devez permettre que dans aucun cas l'impératrice et le roi de Rome tombent entre les mains de l'ennemi. [...] Si l'ennemi s'évacuait sur Paris avec des forces telles que toute résistance devint impossible, faites partir dans la direction de la Loire la régente, mon fils, les grands dignitaires, les ministres, les officiers du Sénat, les présidents du conseil d'État, les grands officiers de la Couronne, le baron de la Bouillerie et le trésor. Ne quittez pas mon fils et rappelez-vous que je préférerais le savoir dans la Seine plutôt que dans les mains des ennemis de la France[206]. »

Le 29, à 10 h 30, la régente avec l'enfant roi part pour Rambouillet, qu'elle quitte le lendemain à 11 heures du matin. Durant cinq jours, la cour impériale erre sur les routes. Le 2 avril, le soir, elle arrive à Blois, où le gouvernement est déjà installé[207].

« Qu'allons-nous devenir ? » était l'unique pensée de Marie-Louise dans ce chaos où tout n'était qu'incertitude. En larmes, elle se confie à la duchesse de Montebello. C'est à Blois qu'elle apprend la déchéance, le refus des Alliés de traiter avec Napoléon, puis son abdication. De Fontainebleau, celui-ci lui écrit encore et encore, les mêmes lettres sommaires, rapides, répétitives. Sur le conseil de son mari, elle écrit à son père : « La situation des choses est si triste et si épouvantable pour nous que j'ai recours à vous, avec mon fils. Je suis persuadée que, seul, vous pouvez nous aider en ce moment. Je suis convaincue que vous

---

205 *Ibid.*, p. 846.

206 *Ibid.*, p. 850.

207 Le 31 mars Joseph écrit à son frère pour lui indiquer la route prise par Marie-Louise et son fils. De Paris à Tours, ensuite à Châteaudun et enfin à Blois. Lettre de Chartres, *ibid.*, p. 857.

ne sacrifierez pas la paix et les intérêts de votre petit-fils et de votre fille à l'avidité de l'Angleterre et de la Russie. [...] Encore une fois, mon cher papa, je vous en supplie, ayez pitié de moi. Je vous confie le salut de ce qui m'est le plus cher au monde, un fils qui est encore trop jeune pour connaître tous nos chagrins et nos soucis et auquel je voudrais tant pouvoir dire plus tard que c'est à vous qu'il doit son bonheur, son repos, celui de son père et de celle qui vous baise bien tendrement les mains et sera à jamais, mon cher papa, votre très obéissante fille[208]. »

À un moment où toute l'œuvre de sa vie est jetée à terre, où son propre avenir est incertain, l'Empereur pense avant tout à l'état moral de sa femme et à sa santé. « Ma bonne Louise, écrit-il le 2 avril, J'ai appris avec bien de la peine, par ta lettre, que tu étois incomodée et que tu te donnois bien de l'inquiétude. Je te prie de te calmer et de te bien porter. Tu sais combien il est essentiel pour mon bonheur que je te sache tranquille. Je verrai aussitôt que possible à nous réunir. Ma santé est fort bonne. Donne un baisé à mon fils et ne doute jamais de ton Nap[209]. » Le 8 avril, croyant encore que Marie-Louise, comme impératrice, a encore un quelconque pouvoir politique, il lui indique la marche à suivre pour sauvegarder sa famille, mais sans penser à lui, bien qu'il soit au bord du gouffre. « Mon amie, J'ai reçu ta lettre du 7. J'ai vu avec plaisir que ta santé étoit meilleure que l'on devoit le penser des inquiétudes que tu dois avoir. Une amenistice[210] a été conclue, et un aide-de-camp de l'empereur de Russie doit s'être rendu près de toi, pour t'escorter jusqu'ici ; mais je t'ai fais dire de t'arrêter à Orléans, moi-même étant sur le point de partir. [...] Il paroit que ton père est notre ennemi le plus acharné. [...] Je suis fâché de n'avoir plus qu'à te faire partager ma mauvaise fortune. J'eusse quitté la vie si je ne pensoit que cela seroit encore doubler tes meaux et les accroître. » Cela pour elle, pour cette femme qui, devant le néant qui le guettait, lui semblait être la per-

---

208 Cité par Frédéric Masson, *L'Impératrice Marie-Louise*, *op. cit.*, p. 561-562.

209 *Lettres inédites de Napoléon Ier à Marie-Louise*, *op. cit.*, p. 235.

210 Le traité de Fontainebleau signé le 11 avril 1814 attribuait à Napoléon l'île d'Elbe. Il fut alors décidé que ce dernier recevrait aussi annuellement deux millions de rente sur le grand-livre de France, c'est-à-dire de la part de Louis XVIII. De même, on décida que les duchés de Parme, de Plaisance et de Guastalla seraient donnés à Marie-Louise et à son fils.

sonne la plus nécessaire à sa survie. Ensuite, toujours confiant dans sa force politique, il s'adresse à la régente et lui donne comme tâche de distribuer de l'argent à sa famille : « Il faut faire donner 1 000 000 au roi Joseph, autant au roi Louis, autant au roi Jérôme, autant à Madame, autant à la princesse Pauline et Elisa, ce qui fait l'emploi de 6 000 000. Prend un décret pour cela et que les princesses se rendent à Marseille et Nice, par Limoges, ce qui diminue tes ambarras. Tes conseillers d'État et ministres peuvent s'en retourner à Paris. Prend dans tes voitures 1 000 000 en or. Fait en prendre autant dans celle du roi. [...] Adieu, ma bonne Louise. Je te plains. Ecris à ton père pour lui demander la Toscane pour toi, car pour moi je ne veux plus que l'île d'Elbe. Adieu, mon amie. Donne un baisé à ton fils[211]. » On reste perplexe face à tant de générosité de la part d'un homme qui eut tout et qui était sur le point de tout perdre. Quant aux siens, au moment où il pensait à eux et à leur faire distribuer de l'argent, presque tous l'abandonnaient, observant la fameuse devise « sauve qui peut ».

Aucun de ses frères et sœurs ne vint à Fontainebleau, alors que presque tous, en ces jours tragiques, passèrent près du lieu où il se trouvait[212]. Mais ce qui frappe le plus dans ces terribles moments, c'est l'attachement qu'il manifeste à Marie-Louise : elle reste sa seule issue, celle qui le lie à la vie, qui peut le consoler de tout et représente l'espérance d'une existence nouvelle qu'il est prêt à construire. D'où les lettres-programmes qu'il lui envoie et qui montrent à quel point cette union était pour lui bien plus qu'un mariage de raison et politique avant tout. Le 11 avril, à 9 heures du matin, toujours depuis Fontainebleau, il lui écrit afin de lui confier comment il entrevoit sa vie future, dont elle reste le pivot central : « Ma bonne amie, J'ai reçu ta lettre. Tes peines sont toutes dans mon cœur ; ce sont les seules que je ne puis supporter. Tâche donc de surmonter l'adversité. Ce soir je t'enverai l'arangement qui a été fait.

---

211 *Lettres inédites de Napoléon Ier à Marie-Louise*, *op. cit.*, p. 237-239.

212 Frédéric Masson, *Napoléon et sa famille*, t. X, p. 112.

On me donne l'île d'Elbe et à toi et ton fils, Parme, Plaisance et Guastella. C'est un objet de 400 000 âmes et 3 ou 4 millions de revenus. Tu auras au moins une maison et un beau pays lorsque le séjour dans mon île de l'Elbe te fatiguera et que je te deviendrai annuieu, ce qui doit être lorsque je serai plus vieux et toi encore jeune. [...] Tout à toi. Nap[213]. »

Le même jour, à 7 heures du soir, il rédige une autre missive qui prouve encore à quel point ce que l'afflige le plus – alors que son empire est en train de disparaître et que sa vie est peut-être en danger –, ce sont les peines de Marie-Louise, son chagrin et ses angoisses : « Mon amie, Je reçois ta lettre du 11 ce matin. Tes inquiétudes et l'état de ta santé me déchire l'âme. Dis-moi si l'arrangement d'aller ensemble jusqu'à Parme te convient : tu irois de là aux bains de Luques ou de Pise. [...] Ma santé est très bonne, je suis plein de courage ; pourquoi la tienne ne lui ressemble-t-elle pas ? J'en donnerai volontiers la moitié. Tes lettres sont pleines des sentiments qui remplissent ton cœur ; elles me touchent bien et me consolent ; je voudrois pouvoir en faire autant pour toi. Je fais écrire à Ménevalle. Adieu, ma bonne Louise, mon malheur m'aflige plus pour toi que pour moi. Tout à toi. [Lettre non signée][214] » À ce moment, Marie-Louise désire rejoindre Napoléon : « Mon devoir est d'être auprès de l'Empereur dans un moment où il doit être si malheureux. Je veux le rejoindre et je me trouverai bien partout, pourvu que je sois près de lui. » On lui conseille de ne pas y aller. Alors, elle s'adresse à son père ; c'est Regnaud de Saint-Jean d'Angély qu'elle envoie auprès de lui muni de sa lettre. Elle souhaite sincèrement aller retrouver son mari, mais des obstacles sans nombre l'en empêchent. Dans son esprit, elle ne fait que différer ce projet. « Son anxiété est au comble ; les émotions violentes qu'elle éprouve, les pleurs qu'elle répand continuellement, ses douloureuses insomnies, lui ont causé un état nerveux et presque convulsif.

---

213 *Lettres inédites de Napoléon Ier à Marie-Louise*, *op. cit.*, p. 241.

214 *Ibid.*, p. 242.

[...] Les assurances qu'elle a reçues de son père lui reviennent constamment à la mémoire. Elle ne peut se persuader que l'empereur d'Autriche la sacrifiera ainsi que son époux et son fils [...]. Son devoir, son affection la portent à Fontainebleau ; son intérêt, son indolence, sa santé la retiennent à Blois[215]. »

L'Empereur croit, pense, espère se rendre à l'île d'Elbe avec sa femme et son fils. Pas une seconde, une autre alternative ne lui semble possible. Quant à ses souffrances, il les cache, joue la comédie face à cette femme blessée et ne lui dit rien de son projet de suicide. Ses lettres quotidiennes se veulent pleines d'entrain, comme si un avenir radieux les attendait pour toujours : « Mon amie, [...] L'on me propose de me rendre un bataillon de 1 100 hommes de ma garde en Provence et de là à l'île d'Elbe. Nous irons aussi doucement que l'exigera ta santé. Adieu, ma bonne Louise, le changement de ma fortune ne me touche que pour toi. Aime-moi bien et ne doute jamais de ton Nap. » Il écrit ces mots tout en ayant affirmé à plusieurs reprises : « La vie m'est insupportable. » Le 13 avril, il reçoit une lettre de Marie-Louise qui l'informe qu'elle ira à Rambouillet où son père viendra la rejoindre. Est-ce la nouvelle « de trop » qui le pousse à se suicider ? Avant de passer à l'acte, sa dernière pensée sera encore pour son épouse : « Ma bonne Louise. J'ai reçu ta lettre. J'approuve que tu ailles à Rambouillet où ton père viendra te rejoindre. C'est la seule consolation que tu puisses recevoir dans nos malheurs. Depuis huit jours, j'attends le moment avec empressement. Ton père a été égaré et mauvais pour nous, mais il sera bon père pour toi et ton fils. Caulaincourt[216] est arrivé. Je t'ai envoyé hier copie des arrangements qu'il a signés qui assurent un sort à ton fils. [...] Adieu, ma Louise. Tout à toi. Napoléon » Puis, il avala du poison. Mais il fut découvert à temps et, après de dures souffrances, il le rendit. Le 14, à 1 heure du matin, il écrit encore à Marie-Louise pour lui dire : « Je suis si dégoutté des hommes que

---

215 Frédéric Masson, *L'Impératrice Marie-Louise*, *op. cit.*, p. 568-569.

216 C'est Caulaincourt qui s'était battu pour que Napoléon obtienne la cession de l'île d'Elbe. *Cf. Les Mémoires du général de Caulaincourt, duc de Vicence, grand écuyer de l'Empereur*, Paris, 1933, t. III, p. 255-339.

je n'en veux plus faire dépendre mon bonheur. Toi seule, tu y peux quelque chose. Adieu, mon amie. Un baisé au petit roi, bien des choses à ton père ; prie-le qu'il soit bon pour nous. Tout à toi, Nap. » Déconcertant, contradictoire, surprenant Napoléon. Pour le comprendre, il faut imaginer l'état de cet homme au seuil d'une fin de règne devenue inéluctable. Il s'accroche à l'impossible, refusant, ou faisant semblant, de saisir la cruelle réalité. D'où ce billet à Marie-Louise, rédigé le 15 avril : « Ma bonne Louise, Tu dois avoir vu à cet heure ton père. L'on dit que tu vas pour cet effet à Trianon. Je désire que tu viennes demain à Fontainebleau, enfin que nous puissions partir ensemble et chercher cette terre d'asile et de repos, où je serai heureux si tu peux te résoudre à l'être et oublier les grandeurs du monde. Donne un baisé à mon fils et croit à tout mon amour, Nap[217]. »

Pour certains historiens, c'est Napoléon qui conseilla à Marie-Louise de se rendre auprès de son père afin de lui demander de l'aide. Pour d'autres, au contraire, sa visite chez son père, qu'elle voyait comme une priorité, fut en fait un guet-apens. On la poussa vers Orléans, alors qu'elle ne cessait de répéter que son devoir était d'être près de son mari. Ensuite, étant donné la conspiration qui s'organisa pour la séparer de lui, elle se laissa convaincre de changer de route[218]. Elle va donc à Rambouillet, pensant qu'ensuite elle pourra rejoindre Napoléon. François Ier, rusé et manipulateur, se dépêche de l'envoyer à Vienne, se reposer, lui dit-il, et, ensuite, elle pourra aller rejoindre son mari. Elle accepte sans vraiment réfléchir, se laissant envahir par la vague délétère de tout un monde décomposé. À Orléans[219], elle tente encore de changer de route, alors que Madame de Montebello, dressée contre l'Empereur, la retient. À ce moment perce la première faille de cette femme, dont le caractère faible, ou même, peut-être, le manque de caractère, ne parvenait pas à s'imposer et se laissait manipuler. Les auteurs de cette conjuration sont les pires ennemis de

217 *Lettres inédites de Napoléon Ier à Marie-Louise, op. cit.*, p. 243-245.

218 *Cf.* Frédéric Masson, *L'Impératrice Marie-Louise, op.cit.*, p. 566.

219 Une lettre de Joseph à Napoléon, écrite d'Orléans le 10 avril, l'informe que le général Schuvalow, aide de camp de l'empereur de Russie, est arrivé le 9 avril à Blois afin d'accompagner Marie-Louise à Orléans, sans divulguer la nature de sa mission. Napoléon et Joseph, *Correspondance intégrale, op. cit.*, p. 859.

Napoléon : de Metternich à Talleyrand en passant par François Ier, avec la complicité d'hommes et de femmes de la cour de l'Empire – Madame de Montebello, Corvisart, le médecin attitré, le valet de chambre Constant et le mamelouk Roustam. Tous s'acharnent, dans ce moment de crise et de désespoir, à tuer chez Marie-Louise tout sentiment qui pouvait encore relever de l'amour, de l'affection, de la fidélité pour son mari. On lui fait croire, témoins à l'appui, que Napoléon ne l'a jamais aimée et qu'il l'a souvent trompée, qu'il l'a épousée uniquement pour des raisons politiques, et que maintenant, à cause de son père, il lui fera des reproches continuels. Ébranlée, elle écrit à son père, qui l'incite à venir le voir le plus vite possible. Napoléon, qui ne soupçonne rien de ce plan perfide, un de plus dans sa vie, continue d'écrire et de se confier, de clamer son amour et sa fidélité.

Effectivement, Marie-Louise ne pense plus aller à Fontainebleau ; elle dépêche chez son père Saint-Aulaire pour le prier de lui donner quelque refuge dans ses États. Elle commence à séparer sa destinée et celle de son fils de celle de Napoléon. « Ce malheureux enfant, qui est innocent de toutes les fautes de son père, ne mérite pas de partager avec lui une si triste position[220]. » Le climat malsain des foules parisiennes sous l'occupation, la déroute et la trahison des proches de Napoléon l'interpellent. Ainsi, pense-t-elle, son seul secours reste son père. Elle reçoit une lettre de ce dernier : « Je n'ai nullement à me plaindre de mon gendre. Je lui dois, au contraire, une profonde reconnaissance pour le bonheur dont il a fait jouir ma fille. Je voudrais, au prix de tout mon sang, faire leur bonheur à l'un et à l'autre. Tels sont mes sentiments paternels envers eux. Comme empereur, j'ai d'autres devoirs ; j'ai contracté une alliance avec d'autres souverains, et cette alliance m'impose l'obligation d'accéder à leur détermination. [...] Mais je serai désespéré de tout le mal qui sera fait à mon gendre[221]. »

220 Cité par Frédéric Masson, *L'Impératrice Marie-Louise*, *op. cit.*, p. 572.

221 *Ibid.*, p. 576.

Les envoyés de François Ier lui proposent de se rendre à Rambouillet, afin de retrouver son père. Dans cet esprit, elle quitte Orléans le 12 mai, à 8 heures du soir. Étonnée, elle ne voit pas son père à son arrivée. Elle l'attendra trois jours sous l'œil des Russes qui en avaient la garde. Enfin, le 16 dans l'après-midi, l'empereur François arrive, accompagné de Metternich. Le père joue encore la fidélité à son gendre et assure à sa fille qu'il n'est pour rien dans la chute de Napoléon ; elle pourra le rejoindre quand elle le voudra ; mais pour l'heure il faut aller à Vienne, afin de se reposer dans le cadre de familial. Mieux encore, pour être crédible, il écrit lui-même à son gendre pour l'assurer de son dévouement : « Monsieur mon frère et cher beau-fils, la tendre sollicitude que je porte à l'Impératrice, ma fille, m'a engagé à lui donner un rendez-vous ici. J'y suis arrivé il y a peu d'heures et je ne suis que trop convaincu que sa santé a prodigieusement souffert depuis que je ne l'avais vue. Je me suis décidé à lui proposer de se rendre pour quelques mois dans le sein de sa famille. Elle a trop grand besoin de calme et de repos, et Votre Majesté lui a donné trop de preuves de véritable attachement pour que je ne sois pas convaincu qu'elle partagera mes vœux à cet égard et qu'elle approuvera ma détermination. Rendue à la santé, ma fille ira prendre possession de son pays, ce qui la rapprochera tout naturellement du séjour de Votre Majesté. Il serait superflu, sans doute, que je donnasse à Votre Majesté l'assurance que son fils fera partie de ma famille et que, pendant son séjour dans mes États, il partagera les soins que lui voue sa mère. Recevez, Monsieur mon frère, l'assurance de ma considération très distinguée. » Quatre jours auparavant, le même François Ier écrivait à Metternich au sujet de son beau-fils : « L'important est d'éloigner Napoléon de France, et plût à Dieu qu'on l'envoyât bien loin[222] ! »

---

222 Frédéric Masson, *L'Impératrice Marie-Louise*, *op. cit.*, p. 591.

Ne saisissant pas le double jeu de son père, Marie-Louise, en route pour l'Autriche, lui écrit de Zurich : « J'ai eu à Bâle la consolation de recevoir des nouvelles de l'Empereur. Il se porte bien, mais il est fort triste de la façon dont il a été reçu en Provence. Il a aussi d'autres préoccupations dont je voudrais vous entretenir. Vous savez combien il m'est désagréable de parler de l'argent. Mais je crois qu'il est de mon devoir, comme épouse et mère, de vous représenter dans quelle situation se trouve l'Empereur, et de vous demander pour lui votre intervention. [...] L'Empereur a peu d'argent avec lui. Dix ou douze millions, fruit de ses économies sur sa liste civile pendant douze ans [...]. On lui a même enlevé sa bibliothèque et les choses dont il se sert journellement. Je vous supplie d'employer tous les moyens possibles pour qu'il soit remis en possession de ce qui lui appartient. [...] On a reconnu à l'Empereur deux millions de rentes sur le grand-livre ; mais la façon dont se comporte le gouvernement ne permet pas qu'on se flatte que cela sera jamais payé, si vous, mon cher papa, avec votre caractère si équitable, vous ne défendez les intérêts de votre gendre, qui n'est plus votre ennemi. Ma confiance absolue dans votre générosité et votre bonté me porte à faire auprès de vous cette démarche. Je suis sûre que ma confiance ne sera pas trompée[223]. »

Marie-Louise arrive à Schönbrunn le 21 mai 1814, à 7 heures du soir. Bien qu'elle retrouve sa famille et les repères de sa jeunesse, elle continue d'être triste, agitée, pleine du remord de n'avoir pas eu l'énergie de remplir son devoir d'épouse et d'aller rejoindre Napoléon pour l'accompagner à l'île d'Elbe.

Toutefois, quelque chose a changé dans ses rapports avec Napoléon. Certes, elle répond aux lettres de son mari, mais ce n'est que pour se plaindre de ses problèmes de santé qui nécessitent d'aller prendre les eaux, à Aix-les-Bains, et de se reposer. Napoléon accepte sa décision : il partira seul sur l'île

223 Cité par Imbert de Saint-Amand, *Marie-Louise, l'île d'Elbe et les Cent-Jours*, Paris, E. Dentu Éditeur, 1885, p. 8-9.

d'Elbe, il lui écrira de là-bas et préparera son arrivée chez lui. Il continue avec la même détermination de l'assurer de sa constance, de son amour, de son amitié d'époux. Il quitte Fontainebleau le 20 avril, à 11 heures, après d'émouvants adieux à la Garde dans la cour du Cheval blanc. Il passe par Nemours et Montargis et s'arrête le soir à Briare à l'Hôtel de la poste, d'où le 21, il repart à midi pour Nevers. À peine à Fréjus, il écrit à sa « bonne Louise » : « Je suis arrivé à Fréjus il y a deux heures. J'ai été très content de l'esprit de la France jusqu'à Avignon ; mais depuis Avignon, je les ai trouvé fort exalté contre. [...] Ma senté est bonne, mon courage au-dessus de tout ; il ne seroit afoibli que par l'idée que mon amie ne m'aime plus. Donne un baisé à mon fils. [...] Ton fidèle époux, Nap[224]. » Il persiste à croire au dévouement et à l'amour de sa femme. Difficile de saisir le manque de discernement de cet homme qui fut toujours fin et perspicace, vigilant et subtil. C'est qu'il connaissait mal cette épouse aimante lors des beaux jours et, encore pis, il ignorait sa faiblesse de caractère et sa capacité à se laisser influencer. Une fois à Vienne, dans le cadre de son enfance et de son adolescence, elle ressent un vide immense et un doute envahissant. Quant à Napoléon, ne soupçonnant rien de la conjuration qui allait de Blois à Rambouillet et de Trianon à Vienne pour se concrétiser à Aix-les-Bains, il continue de lui écrire. Il débarque dans l'île le 4 mai et, sur-le-champ, il rédige sa missive pour la « douce Louise » de Porto-Ferajo : « Je suis resté 4 jours en mer par un temps calme, je n'ai point du tout souffert. Je suis arrivé à l'île d'Elbe qui est très jolie. Les logements y sont médiocres ; je vais en faire arranger en peu de semaines. Je n'ai pas de nouvelles de toi. C'est ma peine de tous les jours. Ma santé est fort bonne. Adieu, mon amie, tu es loin de moi, mais mon idée est avec ma Louise. Un tendre baisé à mon fils. Tout à toi. Nap[225]. » Avec un calme apparent, il continue d'attendre sa femme et son fils et, dans ce but, ne cesse d'écrire, d'insister, voire de prier : « Je suis arrivé ici depuis 5 jours ; je fais arranger un assez jolie logement avec un jardin

---

224 *Lettres inédites de Napoléon Ier à Marie-Louise, op. cit.* p. 251.
225 *Ibid.*, p. 253.

et en très bonne aire, où je serai dans 3 jours. Ma senté est parfaite ; l'île est saine, les habitants paraissent bons et le païs est assez agréable. Il me manque d'avoir de tes nouvelles et de te savoir bien portante, je n'en ai pas reçu depuis le courrier que tu m'as expédié et qui m'a joint à Fréjus[226]. » On est le 9 mai. Par la suite, il n'en finit pas d'exiger son arrivée, de rappeler son désir de les voir, elle et leur fils, et d'exprimer son étonnement face à cette attente et à leur absence. Bien qu'il soit entouré par sa mère et sa sœur Pauline, venues toutes les deux pour le plaisir d'être avec lui, Marie-Louise lui manque manifestement et le sentiment qu'elle est la prisonnière de son père commence à s'insinuer dans son esprit. Le 9 août, il écrit au comte Bertrand, afin qu'il fasse savoir à Vienne qu'il désire que sa femme et son fils arrivent vers la fin du mois d'août à l'île d'Elbe. À partir du 10 août, il n'y eut plus de courrier de Marie-Louise. Mais ses lettres de Fontainebleau à sa femme, dans lesquelles il lui cache son désarroi, reflètent la descente aux enfers de l'Empereur et celles qu'il rédigea sur l'île d'Elbe constituent un journal de bord de la vie qu'il mena sur cette île, faite de nombreuses déceptions dont le point d'orgue fut la révélation de ce qu'était, en réalité, Marie-Louise.

---

226 *Ibid.*, p. 254.

3

Joseph Franque,
L'Impératrice Marie-Louise veillant sur le sommeil du roi de Rome, 1811.

ТгаНІ!

DÉSIRÉE CLARY OU LA FIDÉLITÉ EN BERNE

À peine deux ans s'étaient-ils écoulés depuis la fin de son idylle avec Bonaparte que Désirée Clary épousait le général Bernadotte, un ennemi de toujours de Napoléon. Homme de belle allure, portant avec aisance et panache son uniforme, il séduisit vite la jeune Marseillaise, et cela lui valut les faveurs de Napoléon, toujours attaché au souvenir de ce premier amour. Il le nomma maréchal, prince de Pontecorvo, l'aida à obtenir une maison confortable à Paris, rue d'Anjou, accepta d'être le parrain de leur unique fils Oscar et, enfin, ne s'opposa pas à ce qu'il devienne prince royal de Suède, bien qu'il ait à ce sujet de multiples réserves.

Nous ne pouvons que faire nôtre l'excellent portrait dressé par Jean Tulard du petit Béarnais né à Pau le 26 janvier 1763, qui, sous-officier à la veille de la Révolution, finira par monter sur le trône de Suède et de Norvège : « Singulier destin que celui de cet adversaire du coup d'État de Brumaire, que Bonaparte combla de faveur, de ce médiocre stratège, décevant à Iéna, Eylau et Wagram et pourtant promu maréchal, de ce général républicain qui devint roi de Suède, de ce politique prudent qui prit figure de traître, à côté de Talleyrand et de Fouché, dans l'épopée napoléonienne[227] ! »

Jean-Baptiste-Jules Bernadotte restera dans l'histoire de France comme un traître, alors qu'en Suède on l'évoque comme un roi suédois, sans rappeler ses origines françaises. Cas unique dans l'histoire que la carrière de ce militaire obscur et prudent qui vécut longtemps, régna vingt-six ans et fonda une dynastie. Bien que ce fût toujours dans l'ombre, Bonaparte confia à Bernadotte de multiples missions, pour l'unique raison qu'il était le mari de son premier amour de jeunesse et le beau-frère de Joseph.

---

227 Jean Tulard, « Bernadotte » dans Jean Tulard (dir.), *Dictionnaire Napoléon*, *op. cit.*, t. I, p. 209.

Les piètres résultats de ses actions du temps du Directoire – ambassadeur à Vienne, commandant de l'armée du Bas-Rhin, ministre de la Guerre – lui avaient pourtant déjà donné l'occasion de manifester sa haine de Bonaparte. Alors que ce dernier se trouvait en Égypte, Bernadotte, en tant que ministre de la Guerre, tenta de supprimer cette expédition et de traduire Napoléon devant un conseil de guerre. Mais il se heurta à l'opposition de Barras et de Talleyrand. Ambitieux, confiant en sa bonne étoile, il obtint une certaine renommée grâce à ses proclamations populistes. Après le 18 Brumaire, bien que Bernadotte n'y eût guère participé, Bonaparte, toujours par affection pour Désirée, lui donna une place au Conseil d'État et le commandement de l'armée de l'Ouest. Peine perdue ! Bernadotte se mit aussitôt à ourdir une conspiration militaire contre le Premier consul. Mis au courant, Bonaparte le fit prévenir que s'il continuait, il le ferait fusiller sur la place du Carrousel. Afin de se débarrasser en douceur d'un ennemi déjà déclaré, il l'envoya commander un corps d'observation en Allemagne du Nord, nomination qui lui valut d'être compris dans la promotion de dix-huit maréchaux d'Empire ordonnée par le décret du 29 floréal an XII (19 mai 1804). Il eut un rôle mineur à Austerlitz et se conduisit si mal à la bataille d'Auerstaedt que Napoléon, exaspéré, voulut le traduire devant le conseil de guerre. Mais, pensant à Désirée, il changea d'avis. En 1807, à la bataille d'Eylau, il arriva avec ses troupes deux jours après la fin des opérations : une fois encore, Napoléon lui pardonna. En 1809, au cours de la bataille de Wagram, Bernadotte adressa des paroles d'encouragement à ses troupes, malgré leur défaillance. Napoléon, furieux, ne prit toujours aucune sanction à son encontre, bien qu'il fût lucide sur son cas, comme le prouve une lettre du 29 juillet 1809 qu'il envoya à Clarke, son ministre de la Guerre : « C'est un homme usé, qui veut de l'argent, des plaisirs, des grandeurs, mais ne veut pas les acheter dans les dangers et les fatigues de la guerre[228]. » Voulant l'éloigner sans lui faire de tort, il lui offrit le gouvernement de Rome. Or, alors qu'il se préparait à rejoindre son poste, un courrier de Stockholm vint apprendre à Bernadotte, le 21 août 1810, qu'il avait été élu héritier du trône de Suède. Ce miracle avait une logique événementielle : après l'expulsion de Gustave IV, le vieux duc de Sudermanie avait été proclamé roi sous le nom de Charles XIII. Son héritier, le prince Charles-Auguste d'Augustenbourg de Holstein, était mort d'une congestion cérébrale. La Diète suédoise avait cru pouvoir se gagner les faveurs de Napoléon en fixant son choix sur l'un de ses maréchaux. Là encore, Napoléon, qui aurait pu refuser ce choix, laissa faire[229], répondant favorablement à la lettre de Charles XIII : « Votre Majesté me fait connaître que la Diète a nommé le prince de Pontecorvo prince royal de Suède et elle me demande que je lui permette d'accepter [...]. J'ai [...] apprécié les sentiments qui ont porté la nation suédoise à donner cette preuve d'estime à mon peuple et à mon armée. J'autorise le prince de Pontecorvo à accepter le trône où l'appelle le vœu réuni de Votre Majesté et des Suédois[230]. » Mieux encore, lorsque Bernadotte se trouva dans le cabinet de Napoléon afin d'évoquer avec lui sa nomination, l'Empereur lui demanda s'il avait les moyens financiers de se rendre à Stockholm. Celui-ci lui fit l'aveu de l'embarras qu'il éprouvait : « Eh bien, reprend vivement l'Empereur, c'est le cas d'avoir recours à ses amis ; il ne convient pas que vous soyez à la discrétion des banquiers et des hommes d'affaires. Je vais vous remettre un million en or. Sera-ce assez[231] ? » Certes, le tout récent prince héritier de Suède s'était confondu en remerciements dans un déluge de mots pour exprimer sa reconnaissance. La manière dont cette reconnaissance pris forme, Napoléon devait l'apprendre assez vite.

228 *Ibid.*

229 Napoléon préférait un prince danois qui aurait été son allié en Scandinavie.

230 Cité par Jean Tulard, *Napoléon. Les Grands Moments d'un destin*, *op. cit.*, p. 438.

231 Baron Fain, *Mémoires*, Paris, Arléa, 2001, p. 224.

Une fois en Suède, Bernadotte se rangea derechef dans le camp des ennemis de la France et de son Empereur. En 1812, il se rapprocha du tsar Alexandre Ier. En 1813, il entra dans la coalition des Alliés, et, utilisant les méthodes stratégiques militaires de Napoléon, il engagea trente mille Suédois dans les batailles, gagnant contre Oudinot à Grossbeeren et contre Ney à Dennewitz, et intervenant d'une manière décisive à la bataille de Leipzig. Pris dans le vertige du succès, il s'apprêtait même à briguer le trône de France. L'opposition de Talleyrand et des Alliés mit fin à ses ambitions. Il fut néanmoins récompensé de ses trahisons vis-à-vis de son pays d'origine par l'annexion de la Norvège confirmée par le traité de Kiel du 14 janvier 1814. En février 1818, il devint roi de Suède et de Norvège sous le nom de Charles XIV.

À Sainte-Hélène, Napoléon revint à plusieurs reprises sur cet homme, traître à son pays, traître à son Empereur, traître à son peuple. Ses analyses fulgurantes sont toujours justes. « Quelque temps après l'expulsion de Gustave, et la succession au trône vacante, les Suédois, voulant m'être agréable, et s'assurer de la France, me demandèrent un roi. [...] Le vrai roi de ma politique, celui des vrais intérêts de la France, c'était le roi de Danemark, parce que j'eusse alors gouverné la Suède par mon simple contact avec les provinces danoises. Bernadotte fut élu, et il le dut à ce que sa femme était belle-sœur de mon frère Joseph, régnant alors dans Madrid. Bernadotte, affichant une grande dépendance, vint me demander mon agrément, protestant avec une inquiétude trop visible, qu'il n'accepterait qu'autant que cela me soit agréable. [...] Toutefois, j'éprouvais un arrière-instinct qui me rendait la chose désagréable et pénible ; en effet, Bernadotte a été le serpent nourri dans notre sein ; à peine il nous avait quittés, qu'il était dans le système de nos ennemis, et que nous avions à le surveiller et à le craindre. Plus tard, il a été une des grandes causes actives de nos malheurs ; c'est lui qui a donné à nos ennemis la clef de notre politique, la tactique de nos armées ; c'est lui qui leur a montré les chemins du sol sacré ! Vainement disait-il pour excuse, qu'en acceptant le trône de Suède il n'a plus dû qu'être Suédois ; excuse banale, bonne tout au plus pour la multitude et le vulgaire des ambitieux. Pour prendre femme, on ne renonce point à sa mère, encore moins est-on tenu à lui percer le sein et à lui déchirer les entrailles[232]. »

Rien de plus étrange que le mariage entre Bernadotte et Désirée Clary. Il eut lieu le 30 thermidor an VI (17 août 1798) à la mairie de Sceaux (il n'y eut jamais de cérémonie religieuse). Du Caire, où il se trouvait alors, Napoléon écrivit à Joseph : « Je souhaite bonheur à Désirée. » Certes, comme le suggère son biographe Gabriel Girod de l'Ain, elle ne joua aucun rôle dans les traîtrises de Bernadotte et elle était bien loin de soupçonner leur importance ou leurs répercussions. Mais elle semblait avoir totalement oublié Napoléon. Elle lui resta toujours indifférente, qu'il s'agisse de sa vie ou de sa santé, qu'il se trouvât exilé sur un rocher, oublié de tous comme s'il n'avait jamais existé, comme s'ils ne devaient pas *tous tout* à cet homme qui, au moment de sa puissance et de sa gloire, avait été généreux avec eux. C'est d'autant plus étrange que, depuis son mariage avec Bernadotte et jusqu'à la fin de l'Empire, Napoléon ne cessait de lui donner des gages d'amitié, d'attention et d'affection. Il avait confiance en elle et il pensait qu'elle lui était restée dévouée. Le don, en 1808, de la pelisse de zibeline qui lui avait été offerte par le tsar Alexandre après la rencontre d'Erfurt, au grand dam d'ailleurs de Joséphine, illustre cet attachement indéfectible à celle qui fut sa fiancée. Dans ses pérégrinations, dans sa riche correspondance avec son mari, sa sœur, et parfois avec Joseph, dans

232 *Le Mémorial de Sainte-Hélène, op. cit.*, t. I, p.976-978.

sa vie somptueuse due à son rang, Désirée ne fait jamais, au grand jamais, mention de cet homme qui était en train de façonner l'Europe et de jeter les bases d'une France moderne.

Incompréhensible et inconsistante Madame Bernadotte. Elle fut au désespoir lorsqu'elle comprit que son devoir de princesse royale de Suède signifiait quitter son pays. C'était quelque chose qu'elle n'avait jamais envisagé et elle fit tout pour rester le plus longtemps possible à Paris, dans son hôtel particulier de la rue d'Anjou. Lorsque le 6 janvier 1811, elle arriva à Stockholm, ce ne fut pas pour s'installer. Dans toutes ses missives, elle évoque ses regrets d'avoir quitté la France et « l'ennui à la mort » qu'elle ressentait en Suède. Vers la mi-juin 1811, elle prétexta son état de santé chancelant pour rentrer à Paris. Elle quitta son mari et son fils pour ne revenir qu'onze années plus tard. Napoléon pensa pouvoir alors l'utiliser comme intermédiaire dans les relations complexes qui se nouaient en Europe et les alliances qui commençaient à se préparer à la veille de la guerre contre la Russie. Désirée ne fut pas à la hauteur de ce que l'Empereur attendait d'elle. Rendons-lui justice, l'aurait-elle voulu qu'elle n'avait pas le poids nécessaire pour réorienter la politique de son mari engagé d'emblée dans la voie de la trahison. Le 5 avril 1812, Bernadotte signa à Saint-Pétersbourg un traité d'alliance avec le tsar. Comprenant la tournure qu'allait prendre la politique de son mari, elle fit volte-face sans trace d'un quelconque remords, comme presque tous les proches de l'Empereur. Pis encore ! En mars 1814, elle n'exprima qu'un regret : que son mari ait manqué l'entrée en France avec les Alliés victorieux. « Je regrette infiniment que tu ne sois pas arrivé avec l'E. de R. [l'empereur de Russie]. Cela aurait pu avoir une grande influence pour tes intérêts et ceux des personnes qui nous sont chères. C'est à toi à voir si tu es en position d'arriver promptement avec ton armée que je te supplie de ne pas quitter. Ta présence ici serait d'une grande importance. [...] Conserve-toi, mon cher ami, ne fais aucune imprudence. Ta dévouée et bonne Désirée. » Et elle ajoute en *post-scriptum* : « Toute la famille te dit mille choses tendres, on me charge de t'envoyer cette lettre, tu en feras usage si tu veux. » La famille, cela voulait plutôt dire la famille de Napoléon qui était déjà dans une attitude de « sauve qui peut[233] ».

La France était envahie ; Bernadotte, qui s'appelait en tant que prince royal de Suède Charles-Jean, avait pris les armes contre elle. Le 15 août, il lançait à ses troupes une proclamation aux armes contre l'Empire. Ses interventions sur les champs de bataille d'Allemagne, surtout lors des combats de Leipzig, eurent – comme nous l'avons déjà dit – un effet décisif. Lorsqu'il arriva en France en avril 1814, il ne resta que quelques semaines. Est-ce sa conscience troublée qui l'amena à décliner les invitations officielles et à ne voir que certains maréchaux ? Certains l'accueillirent froidement, d'autres refusèrent de le recevoir. C'est alors qu'il voulut s'installer sur le trône de France. Lorsqu'il comprit que cela n'était guère possible, il alla se présenter le 1er mai à Louis XVIII afin de l'assurer de sa loyauté. Le 11 mai, il écrivit à Désirée : « Je suis charmé que la dame d'honneur de la duchesse d'Angoulême ait été prévenue que tu étais à Paris incognito et pour le rétablissement de ta santé. » Et, en effet, Désirée fut reçue le 11 mai par le roi et sa famille[234]. Le 26 mai, Bernadotte, ou plutôt Charles-Jean, s'embarquait pour la Suède.

Joseph, le roi d'Espagne par la grâce de son frère, chercha à préserver sa fortune et celle de sa femme. Par conséquent, il comptait entièrement sur Bernadotte (n'était-il pas son beau-frère ?). Après avoir quitté Paris, envahi par les Alliés le 30 mars, et après un bref séjour à Blois, il se retira en Suisse et acheta le domaine de Prangins au bord du Léman.

---

233 Gabriel Girod de l'Ain, *op. cit.*, p. 235.

234 *Ibid.*, p. 239.

Certes, Joseph, plus que présent lors des Cent-Jours où il fut nommé pair et chargé de la présidence du Conseil des ministres en l'absence de Napoléon, tenta de sauver son frère après la défaite définitive consécutive à la bataille de Waterloo. Il lui proposa, comptant sur leur ressemblance, de prendre sa place à l'île d'Aix, afin que son frère puisse embarquer à Royan sur un bateau qui l'emmènerait à New York. Néanmoins, l'Empereur ne voulut accepter aucune issue qui s'apparenterait à une fuite. « Il ne pensait pas que sa dignité lui permît le déguisement ni la fuite », explique Las Cases. C'est ainsi que le tout nouveau comte de Survilliers, *alias* Joseph Bonaparte, ex-roi de Naples et ensuite d'Espagne, partit vers l'Amérique où il refit sa vie sous le nom d'emprunt de Bouchard[235].

À Sainte-Hélène, Napoléon exprima des sentiments mitigés concernant son frère aîné, mais le portrait qu'il dressa de lui est juste et digne : « Joseph ne m'a guère aidé ; mais c'est un fort bon homme [...]. Joseph et moi nous nous sommes toujours fort aimés et accordés : il m'aime sincèrement. Je ne doute pas qu'il fît tout au monde pour moi ; mais toutes ses qualités tiennent uniquement de l'homme privé : il est éminemment doux et bon ; il a de l'esprit et de l'instruction ; il est aimable. Dans les hautes fonctions que je lui avais confiées, il a fait ce qu'il a pu ; ses intentions étaient bonnes ; aussi la principale faute n'est pas à lui, mais bien plutôt à moi, qui l'avais jeté hors de sa sphère ; et dans des circonstances bien grandes, la tâche s'est trouvée hors de proportion avec ses forces[236]. »

Le 12 janvier 1816, fut décrétée la loi dite « d'amnistie », qui condamnait à l'exil tous les membres de la famille Bonaparte. Julie (épouse de Joseph et sœur de Désirée) s'installa d'abord à Francfort avec ses deux filles. En juin 1820, elles partirent à Bruxelles avant de se fixer définitivement à Florence. La correspondance que Julie entretint alors avec sa sœur,

---

235 Joseph sut devenir riche dans son pays d'exil. Le 2 juillet 1816, il acheta pour 17 050 dollars une ferme près de Philadelphie. Par des acquisitions successives, il porta cette terre à près de mille hectares et se fit construire une grande maison qu'il garnit avec les meubles, les portraits, les tableaux et les livres qu'on lui expédiait de Mortefontaine ou de Prangins.

236 *Le Mémorial de Sainte-Hélène*, *op. cit.*, t. I, p. 634-635.

et qui dura jusqu'à sa mort en 1845, ainsi que celle qu'elle eut avec son mari, illustre à quel point Napoléon était oublié dans leur esprit et dans leur mémoire. Comme si n'avait jamais existé celui grâce à qui ces deux sœurs marseillaises, sans culture, filles d'un commerçant qui faisait négoce de savon, étaient devenues reines !

Durant les Cent-Jours, Désirée, à Paris, était restée invisible. « Tout ce que l'on sait [d'elle durant cette période], précise son biographe Girod de l'Ain, c'est qu'elle commanda le 17 juin chez le couturier Leroy une amazone de Nankin et un peignoir de percale garni de Valenciennes[237]. » Toujours aussi insouciante et futile, elle ne vint même pas assister au couronnement de son mari devenu Charles XIV le 11 mai 1818 comme roi de Suède, après la mort de Charles XIII, et le 7 septembre de la même année, comme roi de Norvège, alors même qu'elle devenait en même temps reine de Suède et de Norvège. Elle n'accourut pas plus auprès de son mari lorsqu'il implora sa présence à son chevet en septembre 1819, à un moment où il était gravement malade. Prise d'une étrange passion pour le duc de Richelieu, ministre des Affaires étrangères et président du Conseil de Louis XVIII, elle le poursuivait et le harcelait de son amour dans tous ses déplacements en Belgique et dans le Midi de la France, durant les années 1817-1822. Ses amours avec Napoléon étaient bien oubliées, même en tant qu'ami de jeunesse, et la petite fiancée marseillaise se ridiculisait, désespérant l'objet de sa passion et humiliant le roi, son mari.

Désirée ne vivait plus avec Bernadotte depuis longtemps ; leurs relations n'étaient qu'épistolaires : lui, exigeant sans cesse son retour en Suède et elle, languissant pour un autre, au grand dam de toute l'Europe. Par la police et par la presse, il était bien sûr au courant des frasques de sa femme, il savait qu'elle était la risée des conversations des salons pari-

237 Gabriel Girod de l'Ain, *op. cit.*, p. 248.

siens, même si, en France et à l'étranger, elle se faisait appeler comtesse de Gothland, et pensait, sous ce nom d'emprunt, n'être pas identifiée.

Depuis des années, Désirée, avec ses excentricités, montrait qu'elle avait oublié tout sens du devoir et de la loyauté. Elle finit par rejoindre sa famille, en juillet 1823, pour le mariage de son fils, qui épousa Joséphine de Leuchtenberg, la fille d'Eugène de Beauharnais, fils adoptif de Napoléon. La tante de la fiancée, Hortense, était apparemment contente de recevoir Oscar, le fils du traître Bernadotte.

Le 16 août 1832, au moment où il se trouvait à Londres, Joseph apprit la mort de l'Aiglon, survenue à Vienne le 22 juillet. Désirée écrivit le 21 août à Julie : « Combien je suis triste du dernier et irréparable malheur qui vient de vous frapper. Quoique prévu, il n'en a pas moins été cruel ; d'autant plus que je savais par Marcelle que vous espériez encore... Il a été regretté généralement ; surtout, dit-on, par son grand-papa qui l'aimait comme un fils, qui sut le garantir de tout pendant qu'il était sous ses yeux. Mais une fois majeur, sans doute il pouvait être moins surveillé. Quel chagrin pour ton mari, pour vous tous, pour ta pauvre belle-mère : qui lui eût dit de survivre à ce jeune homme, dernier rejeton de son cher fils[238] ! » C'est la seule mention qu'on trouve dans cette correspondance familiale concernant Napoléon. Rapide, distante, froide : comme si Désirée ne l'avait jamais rencontré.

Bien qu'il ne laissât passer aucune occasion d'envoyer ses amitiés et sa fidélité à Bernadotte, Joseph se considérait, depuis la mort du roi de Rome, comme le successeur légitime de Napoléon. Après un séjour de quatre ans en Angleterre, il retourna en Amérique où il séjourna de 1837 à 1839, revint ensuite à Londres et, en 1844, il eut enfin l'autorisation d'habiter Florence auprès de sa femme, où il mourut le 28 juillet de cette même année.

238 Gabriel Girod de l'Ain, *op. cit.*, p. 336.

« Chose curieuse, indique Gabriel Girod de l'Ain, pas un instant [Désirée] ne s'était souciée de la rancune que les Français bonapartistes pouvaient avoir conservée contre le traître Bernadotte. » Pourquoi l'aurait-elle fait d'ailleurs, puisque la proche famille de Napoléon lui écrivait, le saluait et le gardait dans le giron familial par des mariages et toutes sortes d'approches amicales, comme si les années de l'Empire n'avaient jamais existé ?

JOSÉPHINE OU LA FIDÉLITÉ À PLUSIEURS VITESSES

Le malheur de l'impératrice répudiée était réel, compréhensible et, en même temps, dans son étalage dramatique de souffrances, beaucoup de facteurs matériels entraient en ligne de compte. Faire la part entre les scènes tragiques qu'elle jouait pour fragiliser l'Empereur, entre ses calculs mercantiles, entre l'affection réelle et son côté cabotin, est bien difficile. Parmi les historiens, on peut distinguer ceux qui ont saisi la part du spectacle – n'a-t-elle pas toujours joué sa vie comme si elle était sur une scène – et ceux qui l'ont considérée comme une victime, manipulée et oppressée. « L'attachement qu'elle portait à son mari, confie Madame de Rémusat, se compliquait toujours beaucoup de la crainte du divorce, et de tous ses sentiments, celui-là était, je crois, chez elle, ce qui lui parlait le plus haut. Quelques fois, elle essayait dans ses lettres de glisser deux ou trois mots à ce sujet, auxquels elle n'obtenait aucune réponse[239]. » Mais aussi, elle lui écrivait des lettres pleines d'amour pour lui, et feignait de faire croire à un couple encore soudé par une entente éternelle.

Napoléon la croyait, elle l'avait convaincu de sa bonne foi, d'où les faiblesses qu'il eut durant ces années cruciales de 1805-1809 et le souvenir agréable qu'il garda d'elle et qu'il évoqua à Sainte-Hélène.

239 *Mémoires de Madame de Rémusat*, *op. cit.*, t. II, p. 118.

Néanmoins, souvent nerveuse, sur le qui-vive, Joséphine se construisit un personnage conforme aux attentes de son époux, dans l'espoir de sauver son mariage et la position fabuleuse qu'elle avait grâce à lui. Peine perdue. La nécessaire hérédité, afin de consolider l'Empire, aboutit, comme nous l'avons vu, au divorce. À partir de ce moment précis, lorsqu'elle quitta les Tuileries pour ne plus jamais y revenir, Joséphine adopta une position qu'elle garda jusqu'à l'effondrement de l'Empire : elle rappelait sans cesse, à qui voulait l'entendre, son attachement à l'Empereur, ses souffrances sans fin dues à la séparation, et affirmait que seul le bonheur de Napoléon pouvait la consoler d'un si grand sacrifice.

Le 3 février, Joséphine s'installa à l'Élysée et, à la mi-mars, elle retourna à Malmaison. Lors des fêtes du mariage avec Marie-Louise, l'Empereur souhaita l'éloigner davantage de Paris. Dans ce but, il acheta le 8 mars 1810 la terre de Navarre près d'Évreux, l'érigea en duché et demanda à Joséphine de s'y installer le temps des cérémonies. Le 12, l'Empereur écrivit à Joséphine : « Mon amie, j'espère que tu auras été contente de ce que j'ai fait pour Navarre. Tu y auras vu un nouveau témoignage du désir que j'ai de t'être agréable. Fais prendre possession de Navarre ; tu pourrais y aller le 27 mars, passer le mois d'avril[240]. » La mort dans l'âme elle s'exécuta – pouvait-elle faire autrement ? Elle continua ensuite à vivre entre Malmaison et Navarre. Durant cette première étape de sa répudiation, elle garda un ton souffreteux, larmoyant, pitoyable. Elle se plaignait de sa solitude et de l'abandon dans lequel elle était laissée. C'est surtout à Hortense et à Eugène qu'elle confiait sa désolation et son malheur. « Les habitants d'Évreux ont marqué beaucoup d'empressement à mon arrivée », écrit-elle à sa fille le 3 avril 1810, à propos de sa venue dans ce lieu de relégation, « mais cet appareil de fête ressemblait un peu aux compliments de conso-

240 Cité par Frédéric Masson, *Joséphine répudiée*, *op. cit.*, p. 152.

lation. On me plaignait sans doute de n'être plus rien, mais j'éloigne toutes ces idées douloureuses. L'Empereur est heureux, il doit l'être, et le sera de plus en plus ; cette pensée est une grande consolation pour moi, et la seule qui soutienne mon courage[241]. » Le mot courage revient souvent dans sa correspondance d'alors. Pourtant « Eugène, qui n'est pas tout à fait dupe, qui ne croit pas tout à fait aux larmes, qui voit sa mère "résignée" pourvu que ce soit en tête-à-tête, [il] est convaincu que l'Impératrice sera plus heureuse dans sa nouvelle position[242]. » N'empêche, Joséphine pleurait lors de chaque visite qu'elle recevait.

Parfois, elle écrivait à Napoléon, faisant fi de sa nouvelle vie avec Marie-Louise, tout en jouant sur sa modestie, sa déférence, c'est-à-dire avec la même habilité dont elle fit preuve tout au long de sa vie. Elle réclamait, en plus de l'argent, sa présence, fût-elle épistolaire, son attention, cherchant à éveiller sa pitié : « J'avais peur, lui écrit-elle le 19 avril 1810, d'être entièrement bannie de ton souvenir ; je vois que je ne le suis pas. Je suis donc aujourd'hui moins malheureuse, et même aussi heureuse qu'il m'est désormais possible de l'être. » Toujours cette rengaine d'une souffrance irrémédiable et d'un sacrifice douloureux, afin d'entretenir à jamais la culpabilité de Napoléon. « J'ai fait un grand sacrifice, Sire, et chaque jour je sens davantage toute son étendue. Cependant, ce sacrifice sera ce qu'il doit être, il sera entier de ma part. Votre Majesté ne sera point troublée dans son bonheur par aucune expression de mes regrets. Je ferai sans cesse des vœux pour que Votre Majesté soit heureuse, peut-être même en ferai-je pour la revoir ; mais que Votre Majesté en soit convaincue, je respecterai toujours sa nouvelle situation, je la respecterai en silence, confiante dans les sentiments qu'elle me portait autrefois[243]. »

Il ne fallait pas plus pour exacerber l'agacement de Napoléon. Sa réponse, cette fois, fut polie mais sans ménagement : « Mon amie, je

241 *Ibid.*, p. 252.

242 *Ibid.*, p. 126-127.

243 À l'Empereur, Navarre, 19 avril 1810, dans Impératrice Joséphine, *Correspondance*, *op. cit.*, p. 256.

reçois ta lettre du 19 avril ; elle est d'un mauvais style. Je suis toujours le même ; mes pareils ne changent jamais. [...] Je vois avec plaisir que tu ailles à Malmaison, et que tu sois contente ; moi, je le serai de recevoir de tes nouvelles, et de te donner des miennes. Je ne t'en dis pas davantage, jusqu'à ce que tu aies comparé cette lettre à la tienne, et après cela, je te laisse juge qui est meilleur et plus ami de toi ou de moi. Adieu, mon amie, porte-toi bien et sois juste pour toi et pour moi. » Napoléon est exaspéré : sa ritournelle du sacrifice et du regret, il ne la connaît que trop bien. Sentant peut-être qu'elle était allée trop loin malgré le tact dont elle faisait preuve habituellement, Joséphine répondit sur-le-champ : elle écrivit regretter les expressions de sa lettre précédente, dont elle feignit d'avoir oublié le contenu, alors qu'elle avait gardé la copie de sa lettre. « Mille, mille tendres remerciements de ne m'avoir pas oubliée, mon fils vient de m'apporter ta lettre [...]. Je serais au désespoir que ma lettre du 19 t'eût déplu. Je ne m'en rappelle pas entièrement les expressions, mais je sais quel sentiment bien pénible l'avait dictée, c'était le chagrin de n'avoir pas de tes nouvelles. Je t'avais écrit à mon départ de Malmaison et depuis combien de fois j'avais voulu t'écrire, mais je sentais les raisons de ton silence, et je craignais d'être importune par une lettre. La tienne a été un baume pour moi [...]. Adieu mon ami, je te remercie aussi tendrement que je t'aimerai toujours, Joséphine[244]. » Parfois, bien que de plus en plus rarement, Napoléon passait, en cachette de Marie-Louise, à Malmaison. Moments de bonheur et de retrouvailles, suivis des larmes d'une solitude inévitable.

Le 23 septembre 1810, de Sécheron, faubourg de Genève[245], Joséphine lui écrivit encore. Cette fois, le ton est dur : sa jalousie est à son comble et la peur d'être oubliée intense. « Bonaparte [oublié le protocolaire Sire], tu m'as promis de ne pas m'abandonner. Voici une circonstance où j'ai bien besoin de tes conseils. Je n'ai que toi dans le monde, tu es mon

---

244 *Ibid.*, p. 257.

245 Lorsqu'elle est en Suisse (1810), elle achète une maison, le domaine de Prégny-la-Tour.

seul ami, parle-moi donc franchement. Puis-je retourner à Paris, ou dois-je rester ici ? Sûrement, j'aimerais mieux me rapprocher de toi, surtout si j'avais l'espérance de te voir[246]. » La patience de Napoléon fut remarquable, d'autant plus qu'il avait maintenant à supporter la jalousie de Marie-Louise et celle de Joséphine. Il répondit à son ex-épouse en lui laissant le libre choix concernant son séjour. Il lui conseilla néanmoins Navarre et Milan comme les lieux les plus appropriés. Joséphine, bien qu'elle eût aimé aller à Milan pour quelque temps, eut peur de quitter la France au prix de ne plus pouvoir y revenir. Elle connaissait les réserves de Marie-Louise la concernant. « Il paraît que l'impératrice Marie-Louise n'a pas parlé de moi et qu'elle n'a aucun désir de me voir. En cela nous sommes parfaitement d'accord, et je n'aurais consenti à la voir que pour faire plaisir à l'Empereur. Il paraîtrait même qu'elle a pour moi plus que de l'éloignement, et je n'en vois pas la raison, car elle ne me connaît que par le grand sacrifice que je lui ai fait[247]. » Toujours sur un ton affectueux, Napoléon l'informa de sa nouvelle vie : « L'Impératrice est grosse de quatre mois ; je nomme Madame de Montesquiou gouvernante des Enfants de France. Sois contente et ne te monte pas la tête ; ne doute jamais de mes sentiments[248]. »

La naissance du roi de Rome fut apparemment vécue par Joséphine comme une joie personnelle, comme son affaire à elle. Mais lorsqu'un émissaire de l'Empereur lui apporta la nouvelle, il remarqua d'abord une légère contraction sur son visage. Elle reprit vite l'air gracieux qui lui était habituel, pour lui dire : « L'Empereur ne peut douter de la vive part que je prends à un événement qui le comble de joie ; il le sait, je suis inséparable de sa destinée et je serai toujours heureuse de son bonheur[249]. » Comme Joséphine exprimait son souhait de voir le bébé, l'Empereur envoya Madame de Montesquiou avec le roi de Rome à Bagatelle, où Joséphine se rendit à l'insu de Marie-Louise.

246 Impératrice Joséphine, *Correspondance*, *op. cit.*, p. 274.
247 À Eugène, Malmaison, 19 novembre 1810, *ibid.*, p. 281.
248 Cité par Frédéric Masson, *Joséphine répudiée*, *op. cit.*, p. 220.
249 *Ibid*, p. 250.

Désormais, quoi que fît Napoléon, rien ne parvenait à consoler Joséphine : plus encore que la présence de son mari, elle aurait voulu sauvegarder sa position centrale dans sa vie et son rôle dans l'Empire. Elle n'arrivait pas à accepter que l'Empereur ait une autre destinée dont elle n'était qu'un souvenir.

Arrivèrent alors les difficiles moments des premières défaites, le goût amer des batailles perdues et le danger pour les Napoléonides de voir leur vie basculer. La correspondance de Joséphine se fait l'écho de ces nouvelles menaces, ainsi que, dans un premier temps, de réelles craintes pour Napoléon, mais surtout pour son fils Eugène qui commandait en Russie le quatrième corps de la Grande Armée. À Paris, entre la conspiration du général Malet et les sombres nouvelles qui arrivent de Russie, le chagrin est le lot de tous. On en trouve trace dans l'une de ses lettres adressées à Napoléon en novembre 1813, après la bataille de Leipzig (16-19 octobre), dite « la bataille des Nations », qui coûta 20 000 hommes à l'Empereur et causa l'effondrement de l'Allemagne napoléonienne. « Sire, j'ai vu dans le bulletin que vous avez éprouvé une grande douleur, et j'ai pleuré. Je ne suis plus de moitié dans tout ce que vous pouvez éprouver d'heureux, mais vos peines sont les miennes, elles iront toujours à mon cœur. Je vous écris parce que je ne puis résister au besoin de vous le dire, comme je ne pourrai jamais cesser de vous aimer de toute mon âme. C'est d'inspiration que je vous écris. Revenez en France, Sire, identifiez-vous avec les Français et tous les cœurs seront à vous, et vous en ferez tout ce que vous voudrez. Je suis sûre que vous aurez hommes, argent, tout ce que vous demanderez, mais je vous en conjure, revenez auprès de nous[250] ! »

Pathétique Joséphine, elle était vraiment sincère ; espérait-elle se rapprocher davantage de Napoléon dans leur malheur commun ? Peut-

250 À l'Empereur, novembre 1813, Impératrice Joséphine, *Correspondance*, *op. cit.*, p. 359-360.

être ! Elle guettait les événements et se demandait dans quelle mesure cela pouvait la concerner aussi. En attendant, elle poussait Hortense auprès de Marie-Louise. Grâce à sa fille, elle pensait encore pouvoir avoir une influence à l'intérieur même de la cour. Plus tard, elle fera jouer le même rôle à ses enfants, afin d'être agréée par les Alliés vainqueurs.

Le 9 novembre 1813, l'Empereur rentre à Paris en vaincu. La lettre qu'elle envoie à Eugène prouve qu'elle était bien consciente du danger imminent qui les guettait tous. « Ne perds pas un instant, mon cher Eugène. Quels que soient les obstacles, redouble d'efforts pour remplir l'ordre que l'Empereur t'a donné. Il vient de m'écrire à ce sujet. [...] Sa lettre finit par ces mots : "La France avant tout, la France a besoin de tous ses enfants !" Viens donc, mon cher fils, accours ! Jamais ton zèle n'aura mieux servi l'Empereur. Je puis t'assurer que chaque instant est précieux[251]. » Cette lettre fut écrite à la demande de Napoléon, qui commençait à ne plus avoir une confiance aveugle dans son fils adoptif.

Avec l'accumulation des désastres et la disparition des États vassaux, les Bonaparte étaient de plus en plus menacés, peut-être même voués à disparaître, alors que, selon Joséphine, les Beauharnais, qui avaient pourtant eux aussi bien profité du pouvoir de Napoléon, devaient sortir de la débâcle annoncée en innocents, voire en victimes. Les Alliés se dirigeaient vers la France. Le 3 avril, le Sénat prononça la déchéance de Napoléon coupable « d'avoir violé son serment et attenté aux droits des peuples en levant des hommes et des impôts contrairement aux constitutions[252] ». L'Empereur se trouvait à deux heures de Paris quand il apprit la chute de la capitale. Il se retira à Fontainebleau, pensant encore continuer le combat. « Ce sont les maréchaux Ney, Berthier, Lefebvre qui l'ont fait renoncer en refusant de reprendre la bataille[253]. » Cette situation devait aboutir à la première abdication, le 4 avril, en faveur du roi de

251 À Eugène, Malmaison, 9 février 1814, *ibid.*, p. 361.

252 Jean Tulard, *Napoléon. Les Grands Moments d'un destin*, *op. cit.*, p. 419.

253 *Ibid.*

Rome. Mais les Alliés refusèrent cette proposition et exigèrent une abdication sans conditions, offrant à Napoléon la souveraineté de l'île d'Elbe. Le 6, l'Empereur accepta d'abdiquer sans conditions.

L'armée, en particulier les soldats, continuait à l'acclamer. Entre ses tendances suicidaires et la tentation de revenir sur son abdication, l'Empereur finira par se résigner et le 20 avril, après les adieux dans la cour du château de Fontainebleau, il partit vers son destin. Mais la manière dont la France fut traitée par les Bourbons, qui, afin de retrouver le trône, abandonnèrent les conquêtes de la Révolution et de l'Empire aux Alliés ramenant le pays aux frontières de 1792, explique le fait que Napoléon ne fut pas oublié mais regretté[254].

Que fit Joséphine durant cette période désastreuse pour l'Empire ? Sa priorité fut de sauver les Beauharnais de la débâcle. À peine l'Empereur eut abdiqué, avant même qu'il ait quitté la France, qu'elle avait déjà changé de camp. La lettre à Eugène, écrite le 9 avril, témoigne de ses choix et de la nature de ses peurs. Avant tout, il lui fallait sauver sa position, celle de ses enfants et, surtout, sa fortune. « Quelle semaine j'ai passée, mon cher Eugène ! Combien j'ai souffert de la manière dont on a traité l'Empereur. Que d'injures dans les journaux, que d'ingratitude de la part de ceux qu'il avait le plus comblés ! Mais il n'a plus rien à espérer. Tout est fini : il abdique. Pour toi, tu es libre et délié de tout serment de fidélité. Tout ce que tu ferais de plus pour sa cause serait inutile. Agis pour ta famille. [...] Ta sœur est auprès de moi avec ses enfants ; son sort et le mien ne sont pas encore décidés. Toi, mon cher fils, où es-tu ? Que fais-tu ? [...] Je vis dans des transes et une anxiété terrible[255]. » Le 17 avril, Eugène capitula. Joséphine quitta la Malmaison pour se réfugier à Navarre. Elle se sentit soutenue par la nouvelle que lui transmirent ses contacts russes, avec lesquels elle avait noué des relations de 1807 à 1812 : le tsar Alexandre

254 *Ibid.*, p. 421.

255 À Eugène, Navarre, 9 avril 1814, Impératrice Joséphine, *Correspondance*, *op. cit.*, p. 368-369.

voulait séparer le sort des Beauharnais de celui des Bonaparte. Et que lui importait le sort des Bonaparte ? Joséphine était décidée à jouer une carte majeure : elle avait contribué à intégrer les émigrés dans le système napoléonien à l'époque du Consulat ; maintenant, se disait-elle avec la meilleure bonne conscience, le nouveau pouvoir tiendra compte de tout ce qu'elle avait fait pour les royalistes. Elle voulait obtenir une place et un rang dans le nouveau contexte politique. Tandis que Napoléon, lors de ses derniers instants de pouvoir, pensait à elle et à ses enfants.

« À Fontainebleau, dans ces jours d'angoisse suprême, de suprême convulsion, où, non plus l'Empire, mais l'Empereur même agonise, la pensée de Napoléon, d'une lucidité admirable et d'une admirable justice, le porte à régler, comme à la veille de la mort, la fortune de tous ceux qui l'entourent, sa femme et son fils, sa famille, les Beauharnais, enfin les derniers compagnons, les derniers fidèles, jusqu'aux maîtres de sa cuisine et aux valets de son écurie[256]. » Signe de son attachement à celle qui fut sa première épouse, dans ce traité du 11 avril qui est le prix de son abdication, trois articles concernent les Beauharnais.

Joséphine, qui ne connaissait pas ces décisions, s'inclinait pendant ce temps devant Talleyrand, l'homme qui avait travaillé depuis 1807 à la chute de Napoléon, et devant Caulaincourt afin qu'il s'occupe de ses intérêts. Dans une lettre qu'elle lui écrivit le 11 avril 1814, elle évoque ses craintes concernant sa fortune. Et fait des comptes d'apothicaire pour évaluer ce qu'elle pensait qu'on lui devait : « Le Sénat avait fixé mon douaire à deux millions, dont treize cent mille francs m'étaient payés par le Trésor public et le surplus par le produit des coupes de bois de Navarre, estimé à sept cent mille francs. L'Empereur y avait ajouté un million par an sur le trésor de la couronne et avait promis de me donner comme apanage les forêts de Navarre en toute propriété. J'avais pour résidence le

256 Frédéric Masson, *Joséphine répudiée*, *op. cit.*, p. 347-348.

palais de l'Élysée, qui depuis a été changé pour le palais de Laeken. Il m'est dû pour le Trésor public plus de cinq cent mille francs, et j'en dois la moitié. Je sais que vous ferez pour moi tout ce qui dépendra de vous, mais ce qui m'intéresse le plus ce sont mes enfants. Leur sort me touche et c'est ma plus grande sollicitude[257]. »

Elle engagea comme avocat, pour défendre ses intérêts financiers auprès de Louis XVIII, Claude-François Chauveau-Lagarde qui avait été l'avocat de Charlotte Corday et de Marie-Antoinette et qui, en avril 1814, devint donc aussi le sien et celui d'Hortense. Dans le petit laps de temps qui s'écoula entre l'abdication de Napoléon et la mort de Joséphine, elle fit donc comme la plupart des proches de Napoléon : elle courtisa le nouveau pouvoir. « Tous les partis semblaient s'occuper avec intérêt de ma mère et de moi », constatait avec joie Hortense. Pour certains historiens, le fait que les Beauharnais soient sortis indemnes de la débâcle de la France marque « l'apothéose de Joséphine » : « Avec son air de ne pas se mêler de rien mais en réalité de s'intéresser à tout, de n'accorder aucune importance à la politique mais de ne pas cesser de manœuvrer, l'Impératrice sort grandie de l'aventure napoléonienne[258]. » Nous pensons surtout que ce jeu entre son dévouement pour Napoléon et sa précipitation à se jeter dans les bras des vainqueurs confirme la dominante de son caractère : l'intérêt matériel et l'attachement à un rôle qu'elle voulait voir perdurer, même si l'Empire n'existait plus. Et le fait de collaborer avec ceux qui l'avaient détruit ne semblait pas lui poser le moindre cas de conscience.

Ainsi, le 25 avril, le prince Léopold de Saxe-Cobourg, allié personnel du tsar Alexandre, dîna avec le frère de ce dernier, le grand-duc Constantin Pavlovitch, à Malmaison. Le tsar lui-même fut ensuite l'invité de ces dames. Suivant l'exemple de sa mère et de sa sœur, qui firent les

257 Impératrice Joséphine, *Correspondance, op. cit.* p. 369-370.

258 Bernard Chevallier, Christophe Pincemaille, *L'Impératrice Joséphine, op. cit.*, p. 418.

premières allégeances aux Bourbons, Eugène, arrivé à Paris le 9 mai, se rendit sur-le-champ aux Tuileries pour rencontrer Louis XVIII. Il le trouva prêt à adopter les Beauharnais. Eugène, ravi, put écrire à sa femme : « J'ai présenté mes hommages à Louis XVIII qui m'a parfaitement reçu et m'a demandé de tes nouvelles avec beaucoup d'intérêt. J'ai vu chez le roi le duc de Berry, son fils ; je compte demain les voir chez eux et me présenter aussi chez les empereurs et les rois alliés. » Il eut en effet un long entretien avec le tsar : « L'Empereur m'assura avec une grâce parfaite qu'il se chargeait de notre sort, raconta-t-il à son épouse, qu'il espérait qu'il serait beau, quoiqu'il ne soit jamais autant que nous le méritons. » « On va jusqu'à penser que l'empereur [de Russie] veut, en la personne d'Eugène, ménager un candidat possible pour le trône de France ; on s'étonne de l'intérêt soutenu qu'il porte à Hortense et, si l'on consent à la fin à octroyer à celle-ci le titre de duchesse, ce n'est pas au moins à Madame Louis Bonaparte, ni à la Princesse Louis, ni à la reine de Hollande, ni à la reine Hortense qu'on entend le donner, mais à Mademoiselle de Beauharnais[259]. » Ainsi ils sortaient indemnes, hors de tout ce qu'ils furent et firent durant les quinze années du règne de Napoléon[260].

Alors qu'Eugène voulait un trône, sa mère se contentait d'être au moins duchesse de Navarre et de ne jamais quitter la France. C'est la raison pour laquelle « les rapports d'Alexandre avec Joséphine et Hortense devinrent plus fréquents. En ami, le tsar leur rend de continuelles visites. Le 14 mai, Hortense l'invite chez elle à Saint-Leu. Après le déjeuner, on fait une promenade en calèche dans le parc[261] ». Ainsi le *Journal des débats* annonça : « L'Empereur de Russie s'est rendu il y a deux jours au château de Saint-Leu, près de Montmorency. S.M. a dîné avec le prince Eugène, sa mère et sa sœur[262]. » « Joséphine enchante les princes étrangers qui viennent à Malmaison. Le 23 mai, elle reçoit le roi de Prusse et sa famille ;

---

259 Frédéric Masson, *Joséphine répudiée*, *op. cit.*, p. 359.

260 Faut-il rappeler que Louis XVIII datera ces lettres patentes de la dix-huitième année de son règne, feignant d'oublier que, durant quinze années de ces dix-huit, Napoléon Bonaparte régnait sur la France.

261 Frédéric Masson, *Joséphine répudiée*, *op. cit.*, p. 419-423.

262 Georgette Ducrest, *Mémoires sur l'Impératrice Joséphine…*, *op. cit.*, p. 380.

le 24 mai, Alexandre revient, cette fois-ci avec ses frères, les grands-ducs Nicolas et Michel. Après le dîner, on danse. Joséphine et Alexandre ouvrent le bal, puis ils sortent dans le parc pour une brève promenade. Le 28 mai, Alexandre vient encore dîner chez Joséphine. C'est Hortense qui le reçoit[263]. » Ainsi s'enchaînaient jusqu'à la fin de leur séjour les visites d'Alexandre et des autres chefs alliés. Oubliées les trahisons du tsar et sa contribution majeure à la chute de l'Empire. Il avait été le centre de toutes les coalitions et de toutes les trahisons. Il était resté jusqu'à la fin impitoyable, n'ayant qu'un but : chasser Napoléon ; il y avait eu, selon l'heureuse formule de Thierry Lentz, « lutte à mort entre le tsar et l'Empereur ». N'avait-il pas déclaré, au comble de la haine, lorsqu'il avait appris la capitulation de la France : « Ainsi, la Divine Providence a permis, dans sa Sublime Ingéniosité, que cela se fît par moi… Par moi[264] ! » Et c'était cet homme qu'Hortense s'empressait d'inviter à dîner en compagnie de sa mère et de son frère ; et c'était cet homme que Joséphine reçut à plusieurs reprises à Malmaison. Puis, poursuivant cette action de collaboration, Joséphine fut tout aussi heureuse d'être présentée au roi Louis XVIII, le roi qui était venu chercher sa couronne dans les fourgons des armées étrangères. Le *Journal des débats* nous informe aussi que le prince Eugène fut même embrassé par le monarque qui lui proposa de le nommer maréchal de France. Ensuite, vint le tour d'Hortense, qui elle aussi fut bien accueillie, avec les honneurs dus à son rang. En conséquence, elle donna un grand dîner invitant les principaux chefs de file de cette alliance contre Napoléon. « Il semble, nous dit Frédéric Masson, qu'elle [Joséphine] a aussi banni de sa mémoire qu'il y eut un Bonaparte, un Napoléon, un Empereur : il n'y a eu que l'Impératrice – et c'est elle. » Elle ouvrit désormais largement sa porte, que ce soit à Madame de Staël, à des Anglais, des Allemands, des Prussiens, des Russes, aux chefs alliés

---

263 Bernard Chevallier, Christophe Pincemaille, *L'Impératrice Joséphine*, *op. cit.*, p. 423.

264 M. Paléologue, *Alexandre Ier. Un tsar énigmatique*, 1937, p. 192, cité par Thierry Lentz dans *Nouvelle histoire du premier Empire*, t. II, *L'Effondrement du système napoléonien, 1810-1814*, *op. cit.* p. 561.

et à leurs compagnons. « Malmaison devint le salon à la mode où on fraternise sur le cadavre de l'Empire chez l'ex-épouse de Napoléon[265]. »

C'est dans le cadre de ces nombreuses festivités que Joséphine tomba malade : un rhume mal soigné s'aggrava et, sur son organisme surmené, évolua en une infection qui finit par la terrasser le 29 mai 1814, à midi, dans les bras de son fils Eugène. Elle avait cinquante et un ans.

Le 2 juin 1814, Caulaincourt écrivit à Napoléon, exilé sur l'île d'Elbe : « Sire, l'Impératrice Joséphine, à peine malade, vient d'être enlevée en peu d'heures par une fièvre putride (selon les médecins, elle eut une angine ulcéro-nécrotique) [...] Ses derniers vœux ont été pour Votre Majesté, dont elle m'a souvent parlé avec tous les sentiments d'un cœur que le malheur n'avait point changé[266]. » Selon les proches qui l'entouraient alors, Napoléon fut accablé par cette nouvelle. Face à la mort, le passé revint, les souvenirs le submergèrent et la nostalgie de ce qu'avait été ce grand amour balaya tout le reste.

Hortense

Confiée en 1795 à Madame Campan, qui l'avait formée à devenir une femme selon les valeurs et les mœurs de son époque, Hortense avait dès le départ éprouvé des réserves vis-à-vis du mariage de sa mère et, surtout, elle avait des appréhensions face à l'ascension politique et sociale que ce mariage avait permis à Joséphine[267]. Ses relations avec Napoléon, qui était à la fois son beau-père, puis son père adoptif et, enfin, son beau-frère du fait de son mariage avec Louis Bonaparte, ne furent pas toujours faciles. Elle l'admirait et lui était reconnaissante pour tout ce qu'il faisait pour son frère Eugène et pour elle-même. Mais elle le craignait aussi,

265 Frédéric Masson, *Joséphine répudiée*, *op. cit.*, p. 361 et 370.
266 Impératrice Joséphine, *Correspondance 1782-1814*, *op. cit.*, p. 373.
267 Georgette Ducrest, *Mémoires sur l'Impératrice Joséphine...*, *op. cit.*

sachant qu'elle devrait toujours se soumettre à ses ordres. Bien qu'elle ait gardé un grand attachement pour sa mère, elle était consciente que celle-ci l'avait sacrifiée à ses intérêts en la mariant le 4 janvier 1802 au frère de son mari, que tout le monde savait malade : il souffrait d'une maladie vénérienne attrapée en Italie et d'une neurasthénie pathologique qui se transforma en paranoïa[268]. Cela donna une vie de couple désastreuse, Hortense ayant à subir les sautes d'humeur d'un homme violent, obsessionnel et caractériel. Malgré cela, ils eurent trois enfants : Charles-Napoléon en 1802, Napoléon-Louis en 1804 et Louis-Napoléon, le futur Napoléon III, en 1808. Un quatrième fils naquit en 1811, issu de sa liaison avec le comte de Flahaut et qui deviendra le duc de Morny.

Le 5 juin 1806, Louis Bonaparte fut proclamé roi de Hollande et **Hortense**, par conséquent, devint reine. Brève période de règne : le 2 juillet 1810, après de nombreux conflits avec son frère concernant la manière dont il gouvernait – étant enclin à faire sienne la cause des Hollandais étouffés par le blocus continental – et en conflit avec la stratégie de l'Empereur, Louis s'enfuit en Bohême, à Taeplitz. ← *ill. 10*

Madame Récamier, qui avait connu Hortense avant qu'elle devienne reine, dresse d'elle un portrait tout en nuances : « C'était une personne inoffensive, bonne et généreuse pour ceux qui l'entouraient, dont les goûts étaient aimables, les manières élégantes, et qui eut toujours plus d'ambition qu'elle n'en avoua[269]. »

Hortense, qui a finalement obtenu le droit de se séparer de Louis Bonaparte en 1810, fut la seule des Bonaparte, avec Joséphine, à être épargnée de l'exil en 1814. « Alors que son mari, ses beaux-frères et belles-sœurs durent quitter la France, elle demeura à Paris pendant la première Restauration[270]. » Elle parvint aussi à sauver sa fortune grâce à l'intervention

---

268 *Cf.* Jean Tulard, « Louis Bonaparte » dans Jean Tulard (dir.), *Dictionnaire Napoléon*, *op. cit.*, t. II, p. 220.

269 *Souvenirs et correspondance de Madame Récamier*, *op. cit.*, t. II, p. 270.

270 Christophe Pincemaille, « Introduction » aux *Mémoires de la reine Hortense*, *op. cit.*, p. 7-8.

du tsar Alexandre auprès de Louis XVIII, lequel lui laissa le duché de sa terre de Saint-Leu et lui attribua le titre de duchesse de Saint-Leu, ainsi que la confirmation de sa très confortable rente et de ses droits sur ses nombreuses propriétés. Cela valait la peine, en effet, de faire allégeance à Louis XVIII. Ce qui explique son silence durant le séjour de Napoléon sur l'île d'Elbe ; elle ne se manifesta guère, même par lettre. Manifestement, elle voulait avant tout, elle aussi, sauver son statut et sa position dans la société. Elle fit appel à Madame Récamier pour être mise en rapport avec le généralissime de l'armée anglaise, le duc de Wellington. Alors que sa mère venait de mourir et que Napoléon s'affairait à moderniser l'île d'Elbe, Hortense, dans le courant de l'été 1814, donna sur ses terres de Saint-Leu un dîner, où furent invités Madame de Staël, Madame Récamier, le prince Auguste de Prusse, Monsieur de Latour-Maubourg, Monsieur de Lascour et la duchesse de Frioul[271]. Nous avons quelques pages dignes d'une anthologie, laissées par Madame Récamier, sur l'ambiance mondaine qui régnait chez Hortense durant cette période qui aurait dû être de tristesse. « La duchesse de Saint-Leu proposa avant le dîner une promenade à ses hôtes en voiture découverte. Après le dîner, on fit de la musique : la reine chanta une romance qu'elle avait composée pour son frère Eugène. Puis on parla de l'empereur Napoléon. Madame de Staël interrogeait assez volontiers et parfois d'une façon intempestive. Elle adressa à la reine Hortense quelques questions de ce genre qui la déconcertèrent visiblement[272]. » Ainsi, alors que les siens tentaient de sauver, chacun à sa manière et selon ses possibilités, leurs situations précaires dans une Europe devenue hostile à leur égard, Hortense, comme naguère sa mère, préférait jouer les mondanités avec les ennemis de Napoléon.

Enfin arriva le retour de l'Aigle. Deux versions s'opposent sur la manière dont Hortense vécut les Cent-Jours. Dans ses *Mémoires*, elle

---

271 *Souvenirs et correspondance de Madame Récamier, op. cit.*, t. II, p. 271.

272 *Ibid.*

semble, au départ, perplexe tout en ayant peur. Peur de quoi ? Difficile de saisir la cause de ce vent de panique qui perturba sa belle vie campagnarde à Saint-Leu. S'inquiétait-elle pour elle, ses enfants, Napoléon ou les Bourbons ? Les événements l'envahissaient et l'Histoire la piétinait : c'en était trop pour Hortense, dont la fidélité empruntait de drôles de détours. Pourtant, dans ses *Mémoires*, elle affirme avoir cru d'emblée à la victoire de Napoléon : « Il ne s'agit ici ni d'une espérance ni d'un souhait, mais [...] le succès de l'Empereur ne m'en paraît pas moins une certitude[273]. » Certains de ceux qui avaient viré de bord pour se rallier aux Bourbons, comme le maréchal Ney, parmi tant d'autres, crurent même que Hortense avait fait partie de la conjuration qui avait aidé Napoléon à ce retour spectaculaire. Cette idée se diffusa largement, au point que la toute nouvelle duchesse de Saint-Leu se sentit en danger tant que son beau-père ne serait pas encore parvenu aux Tuileries.

Lorsque l'Empereur arriva sur Paris, ses proches conseillèrent à Hortense de se rendre aux Tuileries pour l'attendre. Elle obtempéra sur-le-champ et retrouva, dans les appartements vidés par Louis XVIII, les anciens ministres de l'Empire, des militaires et des duchesses, épouses de certains maréchaux. « Enfin il arriva dans la cour des Tuileries à 9 heures du soir, le vingtième jour après son débarquement, sans avoir rencontré aucune résistance et ne s'être arrêté que le temps nécessaire pour changer de chevaux et passer les régiments en revue. Sa voiture s'arrêta à l'escalier de son appartement ordinaire. Nous allâmes au-devant de lui et, dans ce moment, il courut un véritable danger, tout le monde se précipitant sur lui dans une ivresse difficile à exprimer. Nous n'eûmes que le temps de nous retirer, de crainte d'être étouffés et, au même moment, nous le vîmes enlevé par mille bras et porté en triomphe jusque dans ses appartements. Il n'avait en arrivant, auprès de sa voiture,

273 *Mémoires de la reine Hortense*, *op. cit.*, p. 330.

que deux de ses anciens aides de camp qui étaient allés à sa rencontre. Les autres vinrent successivement. [...] Je rentrai dans le salon. L'Empereur y revint bientôt, et s'avança vers moi :

— Où sont vos enfants ? me dit-il.

— Sire, les circonstances m'ont obligée de les éloigner de chez moi. Je vous demande la permission de vous les amener demain.

— J'ai vu par les journaux, ajouta-t-il encore, que vous avez perdu votre procès. Je l'aurais parié. L'autorité paternelle est tout.

Alors il passa dans son cabinet où il reçut tous les ministres l'un après l'autre, ce qui dura si longtemps que nous prîmes notre parti de nous retirer sans avoir pris notre adieu de congé. Le duc de Vicence me dit en sortant qu'il avait été un bon chevalier pour moi, qu'on avait beaucoup cherché à me nuire à l'île d'Elbe par de faux rapports, que l'Empereur, fort mécontent, ne voulait absolument pas me voir et qu'il avait tout fait pour le ramener sur mon compte. Il me conseilla de venir le lendemain avec mes enfants, ce que je fis de fort bonne heure. » Le lendemain matin, Napoléon rompit le silence et dit à Hortense tout le mal qu'il pensait de son comportement depuis son abdication.

« — Je n'aurais jamais pensé que vous eussiez renoncé à ma cause.

— Renoncer à votre cause, Sire ! En avais-je la volonté et même le pouvoir ?

— Vous n'aviez pas le droit de disposer de l'existence de **mes** → *ill.12* **neveux** sans ma permission. Votre mari a eu raison d'être offensé. [...] Qu'importe ! vous ne deviez pas demeurer en France. Un morceau de pain noir eût été préférable. D'ailleurs, ne croyez pas que vos enfants eussent profité de ces prétendus avantages. On aurait fini par s'en défaire. Votre conduite a été celle d'une enfant. Quand on a partagé l'élévation d'une famille, on doit en partager le malheur.

— Ah ! Sire, je me suis donc bien méprise. Je croyais remplir un devoir en sauvant vos neveux de la terre étrangère. Je ne pouvais vous écrire. Je l'ai vainement tenté.

Touché par mon chagrin, il me dit d'un ton plus radouci :

— Allons, vous n'avez pas une bonne raison à me donner mais vous savez bien que je suis bon père ; je veux bien vous pardonner. N'en parlons plus[274]. »

Les reproches que Napoléon formula à l'égard d'Hortense, il aurait pu les faire à Joséphine, à Marie-Louise et aussi à nombre de ses maréchaux, généraux et autres hommes politiques qui le trahirent ou, dans le meilleur cas, l'oublièrent.

Plus tard, après la débâcle de Waterloo, Hortense, en exil, donna à Juliette Récamier une autre version de la manière dont elle avait vécu les moments forts du retour de l'Aigle et des Cent-Jours. « En 1814, lors de l'abdication de Fontainebleau, je crus que l'Empereur avait renoncé à tous ses droits au trône, et que sa famille devait l'imiter. Je désirais rester en France, sous un titre qui ne donnât point d'ombrage au nouveau gouvernement. Louis XVIII m'autorisa, sur la demande de l'empereur de Russie, à prendre celui de duchesse de Saint-Leu, et me confirma la possession de mes biens particuliers. Dans une audience que j'obtins pour l'en remercier, il avait montré pour moi de la grâce et de la bonté ; j'en fus sincèrement reconnaissante, et après avoir accepté librement ses bienfaits, je ne pouvais avoir la pensée de conspirer contre lui. Je n'ai appris le débarquement de l'Empereur que par la voix publique, et j'en éprouvai bien plus de chagrin que de la joie. Je connaissais trop l'empereur pour croire qu'il eût tenté une pareille entreprise sans avoir des raisons certaines d'en espérer le succès, mais la perspective d'une guerre civile m'affligeait profondément et j'étais persuadée qu'on ne pouvait y échapper. L'arrivée rapide de

274 *Ibid.*, p. 338-341.

l'Empereur déconcerta toutes les prévisions ; en apprenant le départ du roi, en me le représentant vieux, infirme, forcé de quitter encore une fois sa patrie, je me sentis vivement touchée. L'idée qu'il pouvait en ce moment m'accuser d'ingratitude et de trahison m'était insupportable, et, malgré tous les inconvénients qu'une pareille démarche pouvait avoir pour moi, je lui écrivis pour me disculper de toute participation aux événements qui venait de se passer. Le 20 mars au soir, prévenue par les anciens ministres, je me rendis aux Tuileries pour y attendre l'Empereur. Je le vis arriver entouré, pressé, porté par une foule d'officiers de tous grades. [...] À peine nous eut-on laissés seuls qu'il s'avança vers moi avec vivacité :

— Avez-vous donc si peu compris votre situation, me dit-il brusquement, que vous ayez pu renoncer à votre nom, au rang que vous teniez de moi, et accepter un titre donné par les Bourbons ? Était-ce là votre devoir ?

— Mon devoir, Sire, repris-je en rassemblant tout mon courage pour lui répondre, était de penser à l'avenir de mes enfants, puisque l'abdication de Votre Majesté ne m'en laissait plus d'autre à remplir.

— Vos enfants ! s'écria l'Empereur, vos enfants n'étaient-ils pas mes neveux avant d'être vos fils ? L'avez-vous oublié ? Vous croyez-vous le droit de les faire déchoir du rang qui leur appartenait ?

Et comme je le regardais tout éperdue :

— Vous n'avez donc pas lu le Code ? ajouta-t-il avec une colère croissante.

J'avouai mon ignorance [...]. L'Empereur s'arrêta tout à coup, et se tournant brusquement vers moi :

— Alors il aurait dû vous dire, Madame, que quand on a partagé les prospérités d'une famille, il faut savoir en subir les adversités.

À ces dernières paroles je fondis en larmes ; mais en ce moment une bruyante clameur, qui me fit tressaillir, interrompit cet entretien. L'Empereur, sans s'en apercevoir, s'était, tout en parlant, rapproché de la croisée qui donnait sur la terrasse des Tuileries, alors couverte de monde ; toute cette foule, en le reconnaissant, fit retentir l'air d'acclamations frénétiques. L'Empereur, accoutumé à se dominer, salua tranquillement le peuple électrisé par sa présence, et je me hâtai d'essuyer mes yeux. Mais on avait vu mes pleurs, sans toutefois en soupçonner la cause ; car le lendemain tous les journaux répétèrent à l'envi que l'Empereur s'était montré aux fenêtres des Tuileries, accompagné de la reine Hortense qu'il avait présentée au peuple, et que la reine avait été si émue de l'enthousiasme qui s'était manifesté à sa vue qu'elle n'avait pu retenir ses larmes[275]. » Ce récit, modèle du genre en matière de manipulation historique, avait alors atteint son but : Madame Récamier le considérant comme crédible, il suscita son amitié pour l'ex-reine de Hollande.

Cependant, les repentances et les reniements d'Hortense ne lui évitèrent pas cette fois l'exil auquel furent contraints les Napoléonides. Les lois de 1815 mirent la famille Bonaparte hors-la-loi ; ils ne purent plus voyager, changer de résidence, être autorisés à séjourner dans aucun État de l'Europe, sans l'autorisation des anciens Alliés, les cinq grandes puissances d'alors. D'autant plus que Hortense se rallia effectivement à l'Empereur durant les Cent-Jours. Seule proche de celui-ci, en l'absence de Marie-Louise, elle animait la cour et recevait ses hôtes ; de plus, le 25 juin, après la seconde abdication, elle lui ouvrit les portes de Malmaison où il retrouva un chez-soi bien ancien et continua, pour le temps où il était encore en France, d'être traité en souverain. Par conséquent, Hortense perdit tout lors de la seconde Restauration. Après une longue errance, elle s'installa à Thurgovie, où elle acheta en 1821 la villa d'Arenenberg sur la rive suisse du lac de Constance, qui devint son point d'ancrage. À un

275 *Souvenirs et correspondance de Madame Récamier, op. cit.*, p. 76-80.

moment où, sous Louis-Philippe, on commençait à pouvoir revenir sur ce que fut l'ère napoléonienne, sa maison devint un lieu de rencontre réputé, où elle recevait des hommes de lettres qui voulaient se plonger dans la légende napoléonienne. Hortense ne vit pas son fils devenir à son tour empereur. Elle mourut le 5 octobre 1837, à l'âge de 54 ans.

Marie-Louise ou la trahison en héritage

Ainsi que nous l'avons déjà signalé, le baron de Méneval, secrétaire intime de Napoléon, avait suivi Marie-Louise à Vienne et résida presque sans interruption auprès d'elle jusqu'au 6 mai 1815. Ce fidèle de l'Empereur, qui lui resta dévoué jusqu'à sa mort, nous laisse un des témoignages les plus saisissants, émouvants et sincères sur le drame qui se déroula sous ses yeux : il fut mortifié jusqu'à la fin de sa vie du comportement, ou plutôt du retournement de Marie-Louise, de sa dérobade devant ses devoirs d'épouse et de mère[276].

Hors de France et de la puissante influence que Napoléon exerçait sur elle, Marie-Louise fut une proie facile pour tous ceux qui voulaient la manipuler, qui intriguaient sans cesse pour la faire sortir du giron français, surtout napoléonien. Ces agissements, ou disons même le complot ourdi par son père, François Ier, et son Premier ministre, Metternich, se cristallisent dans la mission confiée au général comte Neipperg, afin de parvenir, par tous les moyens, à la détacher de tout un pan de sa vie, certes court – quatre ans – mais d'une richesse et d'une intensité rares en compagnie de l'homme considéré dans toute l'Europe comme un génie. Napoléon, qui ne soupçonnait rien de cette conjuration à multiples ramifications, continuait de lui écrire et de faire des projets de vie avec sa

276 Baron de Méneval, *Marie-Louise et la cour d'Autriche. Entre les deux abdications (1814-1815)*, *op. cit.*

femme et son fils. Dans chacun des palais qu'il installait dans l'île d'Elbe, il y avait un appartement pour l'impératrice. Mais le temps passait et le silence recouvrait les manigances qui se tramaient entre Vienne et Aix-les-Bains. Parfois, Napoléon confiait à quelques proches sa colère, pensant que Marie-Louise et le roi de Rome étaient retenus captifs à Vienne. Ne recevant plus de lettres, il était persuadé que ses propres missives ne lui parvenaient plus. Il n'imaginait pas une seconde que cette femme, en qui il avait placé tant de sentiments et de confiance, appartenait déjà à un autre homme et qu'elle était perdue pour lui.

Alors qu'à Vienne, toute la famille et la classe politique conspiraient pour détourner Marie-Louise de son époux, seule sa grand-mère Marie-Caroline, reine des Deux-Siciles, fille de Marie-Thérèse et sœur de Marie-Antoinette, défendait la cause du mari délaissé. Elle alla jusqu'à conseiller à sa petite-fille d'attacher les draps de son lit à sa fenêtre et de s'échapper sous un déguisement : « Car quand on est mariée, c'est pour la vie[277]. »

Les insistances de Napoléon agacèrent Marie-Louise et elle ne savait guère comment y mettre un terme. Dans une lettre du 8 septembre à sa dame de palais, la duchesse de Montebello, elle fait part de sa contrariété devant les exigences de son mari. Pour elle, il fait partie du passé. Ses attentes et ses demandes la mettent hors d'elle : « Je lui ai répondu franchement que je ne pouvais pas venir à présent. Je crains que tous ces messages n'influent sur la cour de Vienne et qu'elle me retienne plus longtemps loin de Parme ; je donnerai également aux ministres ma parole d'honneur la plus sacrée que je n'irai pas pour le moment dans l'île d'Elbe et que je n'irai jamais (car vous savez mieux que personne que je n'en ai pas envie), mais l'Empereur est vraiment d'une inconséquence sans égale[278]. »

---

277 Cité par Imbert de Saint-Amand, *Marie-Louise, l'île d'Elbe et les Cent-Jours*, *op. cit.*, p. 31.

278 Cité par Louis Madelin dans *Lettres inédites de Napoléon Ier à Marie-Louise*, *op. cit.*, p. 257.

En effet, une fois à La Madonna di Marciano, Napoléon lui décrit sa vie, son logis et la place qu'il lui a gardée dans le cadre nouveau de son existence.

Ce retournement n'est pas seulement le fruit des intrigues de la cour de Vienne ou d'une quelconque peur qu'elle pouvait avoir de son père ou de Metternich. Le tour fut joué d'une manière assez triviale, évoquant une sorte de marivaudage de bas étage.

La chancellerie autrichienne, ou plus précisément l'empereur François Ier et son Premier ministre Metternich, nomma le général comte Neipperg accompagnateur de Marie-Louise à Aix avec de multiples charges : guide, chevalier, compagnon, espion, voire geôlier. Officiellement il était chambellan, grand écuyer, chargé d'affaires, attaché au service de celle qu'on appelait encore l'impératrice. « Avant six mois je serai son amant et bientôt son mari », se vanta Neipperg auprès de l'un de ses proches[279]. Il ne lui en fallut pas autant.

Personnage charmant, romanesque, digne d'un héros de roman de cap et d'épée, le comte Neipperg enlevait des femmes partout où il passait et traversait l'Europe, tel Dom Juan, ne laissant derrière lui que des aventures galantes. Du haut de ses 39 ans, un œil crevé couvert d'un bandeau noir – perdu lors d'un de ses combats contre les Français –, il portait en lui à jamais la haine de Napoléon et de la France. Avec sa belle allure aristocratique, il sut bien s'y prendre pour séduire la pauvre impératrice en mal d'amour. La cure à Aix-les-Bains se transforma en amourette suffisamment plaisante pour que Marie-Louise (qui voyageait sous le nom de comtesse de Colorno, du nom d'un des châteaux du duché de Parme) laisse tomber Napoléon et accepte en plus qu'on lui enlève son fils.

Elle se jeta dans ses bras lors de son voyage de retour vers Vienne mais, durant ses vacances à Aix, le flirt était déjà bien entamé.

279 Frédéric Masson, *L'Impératrice Marie-Louise*, *op. cit.*, p. 603.

Dès ce moment, un retour vers son époux devenait impossible, elle ne voulait même plus entendre parler de ce que fut sa vie avec lui. Révélant son caractère fragile et versatile, elle se faisait l'écho des ragots et des calomnies que la cour répandait sur son mari, même si elle en doutait peut-être un peu. La manière dont elle fut saisie par le charme de Neipperg relève d'un vaudeville où l'impératrice des Français jouerait le rôle de la femme volage. Pis encore, comme le note avec justesse le baron de Méneval, « l'œuvre de séduction de Marie-Louise, entreprise par le général Neipperg, armée de tous les pouvoirs et de tous les encouragements du gouvernement autrichien pour en arriver à ses fins, a quelque chose de cynique et d'odieux[280] ». Cette femme faible et frivole n'aurait dû jamais rencontrer l'Histoire et être la mère du seul héritier de Napoléon. Mais elle n'y est pour rien et l'Histoire corrigera cette anomalie. Elle aura par la suite, malgré le cadre majestueux de Parme, l'existence bourgeoise d'une quelconque femme au foyer.

En quittant Aix, elle voyage en Suisse, s'arrête surtout à Genève et aussi dans l'Oberland. Neipperg est le meilleur compagnon de route : aimable, attentionné, ardent. Il se veut romantique, s'entourant de mystère et se fige dans une posture héroïque d'un autre âge. « Souple, adroit, énergique, homme du monde consommé, courtisan accompli, musicien excellent, il avait l'art de s'insinuer et de s'imposer[281] », tel que nous le décrit avec talent Imbert de Saint-Amand, avant de conclure brillamment : « Le général Neipperg, époux de l'impératrice Marie-Louise, n'est pas moins étonnant que la veuve de Scarron, épouse du roi Soleil. »

Que ce soit à Aix ou ailleurs, Marie-Louise se laisse aller et s'amuse : bals, excursions, fêtes champêtres. À Paris, le 9 août, le duc de Berry se fâche et Talleyrand écrit à Metternich « que la saison des eaux ayant été bien complète pour Madame l'Archiduchesse, il conviendrait

280 Baron de Méneval, *Marie-Louise et la cour d'Autriche*, *op. cit.*, p. 20.

281 Imbert de Saint-Amand, *Marie-Louise, l'île d'Elbe et les Cent-Jours*, *op. cit.*, p. 3.

que son séjour ne se prolongeât pas[282] ». Vers le 15, elle reçoit de Metternich une lettre, dans laquelle son père lui interdit d'aller à Parme et lui ordonne de revenir sur le droit chemin. Corvisart, Isabay, Talma et Madame de Montebello partent alors. Seule, livrée à Neipperg, elle rentre à Vienne. Le 6 mai, Méneval quitte Vienne lui aussi et arrive à Paris le 10.

Le 7 septembre 1814, la lettre du baron de La Tour du Pin, envoyée au ministère des Affaires étrangères, éclaire d'un jour nouveau le même épisode, à savoir le retournement de Marie-Louise par rapport à son époux et les causes, ainsi que le contexte, de ce retournement : « Je ne sais si vous êtes informé que Monsieur le comte de Neipperg, général major, a été donné par l'empereur d'Autriche comme surveillant à l'archiduchesse Marie-Louise, qu'il devait avertir de ne rien faire de ce qui pourrait ou nuire ou même déplaire au Roi [il s'agit sûrement de Louis XVIII], mais que, surtout, il devait soigneusement observer l'archiduchesse pour le cas où elle voudrait aller trouver son mari, et alors – après des représentations – passer à la défense absolue, si elle persistait…[283]. » Selon cette note, Marie-Louise était avant tout prisonnière de son propre père, mais aussi des Alliés conjurés. François Ier ne lui dit-il pas, dès qu'elle se trouva à Vienne : « Comme ma fille, tout ce que j'ai est à toi ; comme souveraine, je ne te connais pas[284]. » Si le comte de Neipperg eut au départ une mission de geôlier, on comptait sur lui – en filigrane – pour changer de rôle. C'est ce qu'il fit avec brio et en peu de temps.

Marie-Louise est de retour à Schönbrunn le 4 octobre 1814. « À partir de ce moment, il n'y eut plus rien de français dans son âme autrichienne[285]. »

Qui est le comte de Neipperg, dont le choix n'est certes pas dû au hasard ? Adam-Adalbert, comte de Neipperg (1775-1829), a combattu pen-

282 Frédéric Masson, *L'Impératrice Marie-Louise*, *op. cit.*, p. 604.
283 *Ibid.*, p. 132-133.
284 Imbert de Saint-Amand, *op. cit.*, p. 27.
285 *Ibid.*, p. 57.

dant les guerres napoléoniennes. Quelle belle revanche pour cet aristocrate autrichien que de toucher en plein cœur Napoléon, en ce qu'il avait alors de plus cher : sa femme et son fils ! Instrument de Metternich, il joua un rôle de triste composition, même s'il a parfaitement atteint son but. Nuire à l'Empereur des Français était le but de sa vie. En 1813, il joua auprès de Bernadotte un rôle d'influence en tant qu'ambassadeur d'Autriche en Suède, afin qu'il rejoigne la coalition contre la France (même s'il n'a probablement pas eu trop de mal à l'inciter à trahir son pays). L'année suivante, à Naples, il reprit le flambeau antinapoléonien pour corrompre Murat, le poussant à signer un traité secret avec les Alliés. L'homme était marié, mais ce n'était certes pas son épouse abandonnée et oubliée qui aurait pu l'empêcher de tenir cet emploi infâme qui devait lui procurer une immense satisfaction. Il avait d'ailleurs enlevé sa femme à un premier mari, et lui avait fait quatre garçons. Il laissa donc tomber sa famille, afin de s'acquitter de la tâche ordonnée par François Ier : séduire l'épouse de Napoléon.

Dès que Marie-Louise tomba sous son charme, elle ne voulut plus rien entendre de ses devoirs d'épouse et de mère. Et pour calmer ses hypothétiques remords, la cour de Vienne s'appliqua à lui raconter que son mariage est entaché de nullité, puisque le pape n'avait pas reconnu la validité de la décision prise par les institutions françaises et que son fils, par conséquent, était un bâtard. Pis encore, on lui fit croire que Napoléon, suite à l'une de ses innombrables liaisons passagères, avait été contaminé par une grave maladie vénérienne. Fallait-t-il en faire autant ? Cela ressemblait davantage à une pantalonnade qu'aux coulisses de l'honorable cour de Vienne tenue par une des plus vieilles dynasties d'Europe, les Habsbourg.

Le fidèle baron de Méneval, qui ne connaissait guère les dessous de cette intrigue, continuait d'évoquer Napoléon devant Marie-Louise, son impatience à la voir sur l'île d'Elbe et ses obligations à son égard : « Je lui parlais de l'Empereur, elle me répondait qu'elle n'en avait pas reçu de nouvelles [...] et qu'elle n'avait pu répondre au désir qu'il lui avait exprimé d'aller le joindre à l'île d'Elbe, sans en avoir prévenu son père, dont je devais connaître les intentions[286]. » Lucide, malgré ses interventions, Méneval comprit que, dès le 20 septembre 1814, Marie-Louise avait définitivement renoncé à Napoléon. Et, par conséquent, elle affichait clairement son attachement au comte Neipperg.

Dès ce moment, se dessina le projet d'éloigner davantage Napoléon de l'Europe. Louis XVIII et Talleyrand considéraient que la présence de l'Empereur sur l'île d'Elbe constituait un danger permanent pour la stabilité du trône des Bourbons. L'idée d'une déportation plus lointaine commença de naître dans de nombreux esprits de la coalition. De plus, les Bourbons refusèrent d'honorer le paiement de la somme annuelle qu'ils s'étaient engagés à régler par le traité de Fontainebleau, et ils participèrent à la politique qui visait à l'isoler de sa femme et de son fils. Puis, ils annulèrent le traité qui assurait à Napoléon la propriété de l'île d'Elbe. Enfin, ils évoquèrent les Açores ou l'île de Sainte-Hélène comme lieu de relégation. Et, avec les Bourbons, tous les Alliés conjurés – sauf le tsar Alexandre – avaient la même politique sans tenir compte des traités ni des obligations morales en découlant. On rechignait aussi pour Parme qui fut pourtant garanti par les mêmes traités comme étant sous la souveraineté de Marie-Louise, et ensuite sous celle de son fils. Alors que les chancelleries s'activaient à déposséder aussi l'épouse de Napoléon, Marie-Louise se montrait aux yeux de tous éperdument amoureuse du nouvel homme de sa vie. Pendant ce temps – novembre 1814 –, Napoléon continuait d'attendre des lettres et, surtout, des nouvelles de son fils.

---

286 Baron de Méneval, *Marie-Louise et la cour d'Autriche*, *op. cit.*, p. 144-145.

Rendons-lui justice : malgré, ou au-delà, de ses sentiments, Marie-Louise était sous surveillance ; les ordres étaient précis, elle ne devait entretenir aucune correspondance avec son mari sans le consentement de son père.

Concernant le roi de Rome, on effaça lentement toute appartenance française, et surtout napoléonienne, dans son existence et dans sa place à la cour. On lui ôta le grand cordon de la Légion d'honneur et on y substitua celui de Saint- Étienne.

Le 3 janvier 1815, fut signé le traité qui consacrait la triple alliance de l'Autriche, de l'Angleterre et de la France. Les parrains de ce document devenu historique furent Metternich et Talleyrand. On mettait ainsi un terme à l'hégémonie de Napoléon.

S'enfermant dans le silence, Marie-Louise resta sur cette position jusqu'à la fin de la vie de son mari. Le 19 février 1815, Méneval, qui était encore avec elle à Vienne, l'informa que Napoléon se plaignait par lettre de n'avoir aucune nouvelle de sa famille, surtout de son fils. Cette inquiétude ne la déstabilisa guère et elle informa Méneval qu'elle ne répondrait plus à ses missives. C'est à ce moment qu'on apprit la grande nouvelle qui dérouta tout le monde. « Le 6 mars 1815, arrivait à Vienne un courrier que lord Burgersh avait expédié de Florence à lord Stewart, l'un des plénipotentiaires du cabinet de Londres au congrès de Vienne. Ce courrier apportait une nouvelle qui éclatait comme un coup de foudre au milieu de la réunion des souverains et de leurs ministres. Napoléon venait de quitter l'île d'Elbe[287]. » « La sensation que produisit cette nouvelle est incroyable, rapporte également le baron de Méneval. Elle parvint à Schönbrunn le 7 mars à 2 heures de l'après-midi, par un abbé, curé de la paroisse Saint-Louis de Vienne, qui venait voir Madame de Montesquiou. [...] L'Impératrice

287 Imbert de Saint-Amand, *op. cit.*, p. 341-342.

était alors absente ; elle était allée faire une promenade à cheval, durant laquelle le général Neipperg l'avait accompagnée [...]. Le marquis de Brignole, qui vint dans la soirée, l'informa que des courriers, arrivés de divers points de l'Italie depuis midi, portaient la nouvelle que l'Empereur était en effet parti de l'île d'Elbe [...]. L'agitation fut extrême parmi les souverains et leurs ministres. [...] Cette nouvelle y fut l'objet des entretiens les plus animés[288]. » Tous les participants au congrès de Vienne étaient unanimes dans la résolution de prendre des mesures énergiques contre Napoléon. La stupeur, la crainte, la haine étaient le lot de tous.

En effet, dès le 26 février 1815, lorsque Napoléon entama son vol d'Aigle, souffla sur toute l'Europe un vent de turbulence qui plongea les chefs de la coalition dans la plus vive agitation. Quant à Marie-Louise, elle avait surtout peur que les effets d'une telle entreprise ne nuisent à ses affaires de Parme. « Aux armes ! » s'écria toute l'Europe. Sans penser que Napoléon n'avait jamais touché les subsides stipulés dans le traité de Fontainebleau et qu'on lui avait arraché sa femme et son fils. Partout les Alliés murmuraient leur intention de le déporter dans quelque île lointaine de l'océan Atlantique. Le 13 octobre 1814, Talleyrand écrit à Louis XVIII : « On montre une intention assez arrêtée d'éloigner Bonaparte de l'île d'Elbe. Personne n'a encore d'idée fixe sur le lieu où l'on pourrait le mettre. J'ai proposé une des Açores. » Et le 7 décembre 1814, le même Talleyrand surenchère : « Il faut se hâter de se débarrasser de l'homme de l'île d'Elbe et de Murat. » En quittant l'île d'Elbe, Napoléon se trouvait en état de légitime défense[289].

Le 8 mars, arrivé à Grenoble, l'Empereur s'empressa d'écrire à Marie-Louise pour lui annoncer son heureuse arrivée dans cette ville et lui demander de venir le rejoindre avec son fils à Paris. Il réitérera cette pro-

288 Baron de Méneval, *Napoléon et Marie-Louise*, *op. cit.*, p. 66.

289 Frédéric Masson, *L'Impératrice Marie-Louise*, *op. cit*, p. 93-94.

position le 12 mars, de Lyon. À cet effet, il demande à son frère Joseph : « Écrivez toutes les nouvelles à l'impératrice et expédiés-lui quelqu'un sous le couvert de commerce. [...] Vous comprenez bien qu'il faut demander que l'Impératrice me soit rendue sur-le-champ, que l'Autriche m'envoie quelqu'un, que je veux spécialement la tranquillité de la France[290]. » Face à ce retournement qui lui fit l'effet d'un coup de tonnerre, Marie-Louise s'empressa de remettre ces missives à son père, et ce dernier les communiqua aux plénipotentiaires alliés. Napoléon ne reçut aucune réponse. Elle persistait dans son silence. En réalité, elle était saisie d'angoisse. Tout ce qui pouvait mettre en cause sa relation avec Neipperg l'irritait et son hypothétique retour en France l'épouvantait. Agitée, paniquée, elle fit, le 12 mars, une déclaration officielle au chancelier d'Autriche, qui n'avait qu'un but : se placer, elle et son fils, sous la protection de son père et des monarques ses alliés, en affirmant sa résolution de demeurer étrangère à tout ce que ferait Napoléon. Cela entraîna, le 15 mars, la *Déclaration des souverains des puissances coalisées contre Napoléon* : « En rompant la convention qui l'avait établi à l'île d'Elbe, Bonaparte avait détruit le seul titre légal auquel son existence se trouvait attachée. En reparaissant en France avec des projets de troubles et de bouleversement, il s'est privé lui-même de la protection des lois, et a manifesté, à la face de l'univers, qu'il ne saurait y avoir ni paix ni trêve avec lui. Les puissances déclarent, en conséquence, que Napoléon Bonaparte est placé hors des relations civiles et sociales, et que, comme ennemi et perturbateur du repos du monde, il s'était livré à la vindicte publique. » L'auteur principal de ce texte fut Talleyrand[291]. Selon le témoignage du baron de Méneval, Marie-Louise blâma mollement ce document au lieu de le condamner avec force. Tandis que dès son entrée à Paris, dès son arrivée aux Tuileries, il réinstalla la maison de l'impératrice, et il avait, à ce moment, toutes les raisons d'être optimiste.

---

290 Napoléon et Joseph, *Correspondance intégrale*, *op. cit.*, p. 860.

291 Imbert de Saint-Amand, *op. cit.*, p. 132-133.

Le 1er avril, Napoléon écrit à François Ier une lettre officielle, « Monsieur mon frère et très cher beau-père », dans laquelle il exige l'objet de ses plus douces affections, son épouse et son fils. « Comme la longue séparation que les circonstances ont nécessité m'a fait éprouvé le sentiment le plus pénible qui ait jamais affecté mon cœur, une réunion si désirée ne tarde pas moins à l'impatience de la vertueuse princesse dont Votre Majesté a uni la destinée à la mienne. [...] Je connais trop les principes de Votre Majesté, je sais trop quelle valeur elle attache à ses affections de famille pour n'avoir pas l'heureuse confiance qu'elle sera empressée, quelles que puissent être d'ailleurs les dispositions de son cabinet et de sa politique de concourir à accélérer l'instant de la réunion d'une femme avec son mari et d'un fils avec son père[292]. » Nulle réponse. Le silence devint une sorte de stratégie politique, et Napoléon, qui ne soupçonne encore aucune infidélité de la part de « sa bonne Louise », cherche naïvement d'autres voies afin de la joindre. Il imagine tout sauf la vérité banale et criante. Il envoie à Vienne des espions, des agents, des officiels, des hommes de confiance qui, une fois sur place, apprennent ce que toute l'Autriche savait déjà depuis un bon moment. Mais, une fois à Paris, ils n'osent pas le lui dire, de peur de le blesser. Même Méneval ne se permet pas d'écrire directement à Napoléon la vérité. Il sait, lui, que cette vérité portera un coup terrible à son maître.

Tout en cherchant des moyens pour atteindre Marie-Louise, sentant pourtant que tout est verrouillé, il tient pour responsables de la situation ses ennemis et, surtout, François Ier. En attendant, il fait des plans : il souhaite que sa femme et son fils arrivent en France par Strasbourg. Et pour rassurer le congrès de Vienne, il affirme n'avoir qu'un but : « Consolider le trône que l'amour de ses peuples venait de lui rendre, pour le léguer un jour, affermi sur d'inébranlables fondements, à l'enfant

---

292 Frédéric Masson, *Napoléon et les femmes*, *op. cit.*, p. 300.

que François Ier avait entouré de ses bontés paternelles[293]. » François Ier, « le bon papa François », le beau-père officiel, se mure comme d'habitude dans le silence. Sans se laisser abattre, Napoléon écrit encore une lettre, par des voies détournées, à sa « bonne Louise » pour lui dire qu'il est « le maître de toute la France. Tout le peuple et toute l'armée sont dans le plus grand enthousiasme. Le soi-disant roi [Louis XVIII] est passé en Angleterre. Je t'attends pour le mois d'avril ici, avec mon fils. Adieu mon amie. Nap[294]. » Toujours le silence, malgré le retour de Napoléon au pouvoir. Pour Marie-Louise, les priorités sont ailleurs : son idylle avec Neipperg et l'espoir d'avoir le plus vite possible Parme comme lieu de résidence et de règne. Pour obtenir ce duché, elle dut promettre de ne pas s'y installer avec son fils. C'est ainsi qu'après avoir été appelé roi de Rome, on le nomma pour un bref moment prince de Parme, pour finalement changer son titre, en juillet 1818, en duc de Reichstadt – du nom d'une des terres de Bohême qui devait former son apanage. Ainsi le roi de Rome ne pouvait être ni l'héritier de Napoléon ni celui de Marie-Louise. Il devait rester à jamais un sujet autrichien, d'une certaine manière prisonnier, interdit de séjour en France, en Italie ou ailleurs. De la part de Marie-Louise, il s'agissait, en fait, d'un abandon. À partir du 18 mars 1815, le petit prince ne demeurait plus sous le même toit que sa mère. Il restera à Vienne, dans le palais de son grand-père, sous la haute surveillance des souverains alliés.

Au même moment, toutes les forces de l'Europe coalisée se préparent à se mettre en marche sur Paris, animées par la peur, l'orgueil, la haine portée au plus haut degré d'exaltation. Le tsar Alexandre est en proie à une fièvre hystérique. Il excite davantage encore ses Alliés et demande, en jurant sur l'Évangile, « de ne pas poser les armes tant que

293 Cité par le baron de Méneval, *Marie-Louise et la cour d'Autriche…*, *op. cit.*, p. 317-318.

294 *Ibid.*, p. 318-319.

Napoléon serait maître de la France[295] ». Dans ce contexte, le général Neipperg quitte Vienne lui aussi, le 1er avril, pour rejoindre l'armée d'Italie afin de faire la guerre à Murat.

L'Empereur des Français, toujours dans l'attente et l'espoir, écrit le 4 avril : « Ma bonne Louise, je t'ai écrit bien des fois. Je suis très adoré et maître de tout. Il ne me manque que toi, ma bonne Louise, et mon fils. » Le silence continue, obstiné !

Alors qu'il languit de retrouver sa femme, les salons des Tuileries brillent des mêmes feux qu'autrefois et sont fréquentés par les mêmes belles et élégantes femmes qu'au temps de l'Empire victorieux. Durant ces soirées, Napoléon reste plus longtemps qu'à son habitude avec ces dames, leur racontant comme il avait quitté l'île d'Elbe et comment, une fois de retour, il fut accueilli pas ses braves soldats.

Napoléon continuait de penser que Marie-Louise était l'otage de la coalition, alors qu'elle n'avait en réalité qu'un souhait, celui de s'assurer du droit de ne pas revenir en France. Elle recevait une pluie de lettres et la « pauvre faible femme » était accablée de tant de sollicitude. Il fallut attendre l'arrivée à Paris, en mai, du baron de Méneval, renvoyé par la cour de Vienne, pour que quelqu'un ait le courage de dévoiler à Napoléon la véritable nature de Marie-Louise et de lui assener ce coup brutal que représentait la relation de son épouse avec le général Neipperg. Cette fois, plus d'illusion possible ! C'est elle qui, le 12 mars, se mettant sous la protection des Alliés, fut à l'origine de la fameuse déclaration qui considérait Napoléon hors-la-loi, rédigée trois jours plus tard par les plénipotentiaires. C'est encore elle, qui, le 18 mars, accepta de livrer définitivement son fils à la cour d'Autriche. C'est enfin elle qui ordonna qu'il soit séparé à jamais de sa gouvernante, Madame de Montesquiou, et de tout le personnel français. À l'heure des adieux, elle chargea le baron de

---

295 Baron de Méneval, *Napoléon et Marie-Louise*, *op. cit.*, t. II, p. 387.

Méneval de dire à Napoléon « qu'elle ne prêterait jamais les mains à un divorce, mais qu'elle se flattait qu'il consentirait à une séparation amiable, et qu'il n'en conserve aucun ressentiment ; que cette séparation était devenue indispensable, qu'elle n'altérerait pourtant pas les sentiments d'estime et de reconnaissance qu'elle lui conservait[296] ». Elle rassura le baron aussi pour ce qu'elle pensait de la France : « Elle sentait que tout rapport allait cesser désormais entre elle et la France, mais qu'elle conserverait toujours le souvenir de cette terre d'adoption. » Plus émouvants furent les adieux avec le roi de Rome : « Je lui demandais s'il me chargerait de quelques commissions pour son père que j'allais revoir. Il me regarda d'un air triste et significatif, sans me répondre ; puis, dégageant doucement sa main de la mienne, il se retira silencieusement. » Plus tard, au moment où Méneval se retirait, le petit prince « l'attira vers la fenêtre et [lui] dit tout bas, en [le] regardant avec une expression touchante : "Monsieur Méneval, vous lui direz que je l'aime toujours bien[297]" ».

Emportant tant de douloureuses nouvelles, Méneval ne pouvait se taire : il dut raconter la vie intime de Marie-Louise. Devant ces révélations, Napoléon ne pouvait plus avoir la moindre exigence, ni continuer à entretenir le moindre espoir. Il garda, même face à Méneval, une attitude digne : « Tout son langage était empreint d'une tristesse calme et d'une résignation qui firent sur moi une vive impression[298]. » Mais, stratégiquement, Napoléon dut conserver le mythe de l'impératrice aimante et victime des Alliés. Il fallait que le peuple garde d'elle cette image de martyr, d'une femme et de son fils en captivité ; leur séparation faisait fi des lois morales et humaines. Au-delà du politique, la décision de l'Empereur fut alors prise définitivement : il ne manifesterait jamais d'amertume à l'égard de « sa bonne Louise », il ne blâmerait jamais sa conduite. Toujours, il n'eut pour elle que des mots d'affection, de compassion et de compréhension. Et il

296 *Ibid.*, t. II, p. 388.
297 *Ibid.*, t. II, p. 386.
298 *Ibid.*, t. II, p. 443.

s'imposa de garder un souvenir inaltérable de la période de leur vie commune. C'était encore de la part de Napoléon la loyauté même, cette conduite qui fut sienne envers les femmes de sa vie. Il restait attaché à son fils qu'il considérait comme son héritier. Alors que sa mère voulait rayer le nom de Napoléon II, le destinant à n'être qu'un prince autrichien, son père ne cessa de le proclamer futur empereur des Français. Éphémère destin d'un enfant qui n'aura même pas une vie.

Après le désastre de Waterloo (18 juin 1815), Metternich adresse deux lettres à Marie-Louise afin qu'elle connaisse le sort tragique de son époux (l'une datée du 18 juillet et l'autre du 13 août) : « Madame, Napoléon vient de se rendre à bord du vaisseau anglais le Bellerophon, après avoir vainement tenté d'échapper à la surveillance des croiseurs qui avaient été établie devant Rochefort [faut-il rappeler que Metternich ment, étant donné que Napoléon n'essaya guère de s'échapper et qu'il illustra sa confiance dans les Britanniques en se rendant de lui-même]. D'après un arrangement fait entre les puissances, il sera constitué prisonnier au fort Saint-Georges dans le nord de l'Écosse, et placé sous la surveillance de commissaires autrichiens, russes, français et prussiens. Il y jouira d'un très bon traitement et de toute la liberté compatible avec la plus entière sûreté qu'il ne puisse échapper[299]. » Dans la seconde lettre : « Madame, Napoléon est à bord du Northumberland, et en route pour Sainte-Hélène. [...] Nous savons que c'est en pleine mer qu'il a quitté un vaisseau pour l'autre. » Est-elle alors rassurée, se rappelle-t-elle avec une certaine tristesse ces années de gloire, ces belles années qu'elle a partagées avec lui comme impératrice des Français ? Pour de nombreux historiens, le verdict est sans appel : « Pas un instant, elle ne songe au malheur qui s'abat sur la France ni à celui qui avait été son époux[300]. » Pour elle, la situation se stabilise ; le congrès de Vienne la nomme enfin duchesse de Parme, de

299 *Ibid.*, p. 305-306.

300 Paul Ganière, *art. cit.*, dans Jean Tulard (dir.), *Dictionnaire Napoléon*, *op. cit.*, t. II, p. 276.

Plaisance et de Guastalla. En 1816, elle gagne sa principauté avec Neipperg, tandis que son fils reste à Vienne, sous la surveillance de son grand-père qui lui vouait une réelle et profonde affection. Ce tournant de sa vie consolida son silence vis-à-vis de Napoléon : ni plainte, ni regret, ni pitié, ni remords. Pis encore ! Les Français seront exclus de tout emploi dans les États de Parme. Elle sera dans son duché sous la tutelle d'un ministre autrichien, avec un gouvernement autrichien, qui seront seuls dignes de sa confiance et admis à la direction des affaires[301].

En 1818, le général Gourgaud, compagnon de captivité de l'Empereur, aussitôt après son retour de Sainte-Hélène en Europe, fit parvenir une lettre à Marie-Louise, à Parme, afin de lui décrire les conditions de vie de son époux : « Madame, Si Votre Majesté daigne se rappeler l'entretien que j'ai eu avec elle en 1814 à Grosbois lorsque, la voyant malheureuse, pour la dernière fois, je lui fis le récit de tout ce que l'Empereur avait éprouvé à Fontainebleau, j'ose espérer qu'elle me pardonnera le triste devoir que je remplis en ce moment, en lui faisant connaître que l'empereur Napoléon se meurt dans les tourments de la plus affreuse et de la plus longue agonie. [...] Depuis mon départ de ce roc fatal, j'espérais pouvoir aller vous faire le récit de ses souffrances, bien certain de tout ce que votre âme généreuse était capable d'entreprendre ; mon espoir a été déçu : j'ai appris qu'aucun individu pouvant rappeler votre époux, vous peindre sa situation, vous dire la vérité, ne pouvait vous approcher ; en un mot, que vous étiez, au milieu de votre Cour, comme au milieu d'une prison. Napoléon en avait jugé ainsi. Dans ses moments d'angoisse lorsque, pour lui donner quelques consolations, nous lui parlions de vous, souvent il nous a répondu : "Soyez bien persuadés que si mon épouse ne fait aucun grand effort pour alléger mes maux, c'est qu'on la tient environnée d'espions qui l'empêchent de rien savoir de tout ce qu'on me fait souffrir, car

301 Baron de Méneval, *Napoléon et Marie-Louise*, *op. cit.*, p. 310.

Marie-Louise est la vertu même[302] !" » Même lourd silence. Aucun de ses proches, qui avait écrit ou avait tenté de rencontrer Marie-Louise, n'eut de réponse de sa part.

En effet, à Sainte-Hélène, chaque fois qu'un de ses compagnons le quittait et s'embarquait pour l'Europe, il le chargeait d'une tendresse pour elle. À Las Cases, il écrivit : « Si vous voyez un jour ma femme et mon fils, embrassez-les ; depuis deux ans, je n'en ai aucune nouvelle directe ni indirecte[303]. » Aussi, dès qu'il eut quitté Sainte-Hélène, Las Cases rédigea un courrier pour Marie-Louise du cap de Bonne-Espérance : « Madame, à peine hors de Sainte-Hélène, je crois de mon devoir de déposer avec empressement aux pieds de Votre Majesté des nouvelles de votre auguste époux [...] L'Empereur Napoléon [...] souffrait de n'avoir jamais reçu [...] des nouvelles de ce qui lui était le plus cher. [...] La santé de l'Empereur, à mon départ, était fort attaquée ; il était très mal sous tous les rapports, éprouvant beaucoup de nécessités et privé de toutes jouissances[304]. » À la veille du congrès d'Aix-la-Chapelle[305], Las Cases, qui espère que lors de cette réunion on améliorera le sort de Napoléon, écrit dans ce but afin de sensibiliser Marie-Louise.

Depuis qu'il est exilé à Sainte-Hélène, Napoléon ne demande plus jamais rien à Marie-Louise. Ce qu'il veut, maintenant que son sort est bien scellé, c'est lui témoigner, lorsque l'occasion se présente, sa fidélité inébranlable et son souvenir éternel. Lorsque O'Meara – son médecin britannique – quitte l'île, il lui donne ce mot : « S'il voit ma bonne Louise, je la prie de permettre qu'il lui baise les mains. » Il demande le même genre de service à tous ceux qui, à un moment ou à un autre, quittent Sainte-Hélène. Et il attendra encore, sans les solliciter, des lettres d'elle. Le 15 avril 1821, veille de sa mort, il écrit en guise de testament : « J'ai toujours eu à me louer de ma très chère épouse l'Impératrice Marie-

302 Baron de Méneval, *Marie-Louise et la cour d'Autriche*, *op. cit.*, p. 393-394.

303 Frédéric Masson, *L'Impératrice Marie-Louise*, *op. cit.*, p. 616.

304 *Le Mémorial de Sainte-Hélène*, *op. cit.*, t. II, p. 546.

305 Le 29 septembre 1818, s'ouvrit à Aix-la-Chapelle, un congrès en présence d'Alexandre Ier et de François Ier, ainsi que du roi de Prusse et des plénipotentiaires de cinq pays – la France, la Russie, la Prusse, l'Autriche et la Grande-Bretagne – afin de décider l'évacuation du territoire français par les troupes étrangères d'occupation et la fixation des indemnités que la France devait payer.

Louise. Je lui conserve, jusqu'au dernier moment, les plus tendres sentiments. Je la prie de veiller pour garantir mon fils des embûches qui environnent encore son enfance[306]. »

Lorsqu'elle apprend sa mort, ses sentiments sont navrants de prosaïsme : « J'avoue que j'en ai été extrêmement frappée. Quoique je n'ai jamais eu de sentiment vif d'aucun genre pour lui, je ne puis oublier qu'il est le père de mon fils et que, loin de me maltraiter, comme tout le monde le croit, il m'a toujours témoigné tous les égards, seule chose que l'on puisse désirer dans un mariage politique. J'en ai donc été très affligée, et quoiqu'on doit être heureux qu'il ait fini son existence malheureuse d'une manière chrétienne, je lui aurais cependant désiré encore bien des années de bonheur et de vie – pourvu que ce fût loin de moi[307]. » Ce furent ses derniers mots concernant cette partie de sa vie, l'expression tardive d'un échec pourtant vécu, au moment des faits, comme un bonheur sans fin.

Elle finira par construire une autre vie en tant que duchesse de Parme, de Plaisance et de Guastalla, épaulée par Neipperg qui se montra un excellent administrateur. Après la mort de Napoléon, elle l'épousa morganatiquement, le 10 août 1821, puisqu'il était devenu veuf lui aussi. Ils eurent deux enfants nés « officiellement » en 1821 et en 1822. La vérité éclata bien plus tard : ces enfants adultérins naquirent, en fait, le 1er mai 1817 et le 8 août 1819, donc du vivant de Napoléon. Élevés clandestinement jusqu'en 1821, Marie-Louise les appellera comte et comtesse de Montenuovo. Ils ne seront jamais reconnus comme princes de la maison d'Autriche, ni comme héritiers légitimes de leur mère. Même François Ier ignorait ces naissances. Leur père, le général Neipperg, mourut à son tour le 22 février 1829. Après un an de veuvage, ne pouvant vivre sans compagnon, Marie-Louise se mariera en clandestinité avec le comte de

306 Frédéric Masson, *L'Impératrice Marie-Louise*, *op. cit.*, p. 616-617.

307 *Ibid.*, p. 617-618.

Bombelles, son chambellan. Elle mourra en 1847, à 56 ans. Mais avant cette date elle eut à déplorer la mort de son fils en 1832 et celle de son père en 1835. Le destin ne fut pas non plus pour elle toujours radieux.

La famille impériale

« Rarement l'entourage familial aura joué un rôle aussi grand dans la vie d'homme d'État », constate Jean Tulard. Et il ajoute : « L'histoire des rapports de Napoléon et de sa famille, [...] n'est qu'une longue suite de brouilles et de réconciliations[308]. » On pourrait poursuivre par : ainsi qu'une longue suite de trahisons. Et Napoléon en fut toujours conscient tout en feignant d'oublier, en pardonnant et justifiant ces comportements. Pourtant chacun semblait se prendre pour un roi de droit divin. « À les entendre, confia Napoléon à Bourrienne, on croirait que j'ai mangé l'héritage de notre père. » Joseph, l'aîné – nous avons déjà indiqué ce que son frère pensait de lui à Sainte-Hélène – eut une attitude fidèle, parfois teintée de jalousie et enfin, les années passant, il devint oublieux de tout ce qu'il eut grâce à son cadet, le royaume de Naples enlevé aux Bourbons en 1806, puis le trône d'Espagne, en remplaçant Charles IV. Louis oublia très vite qu'il devint roi de Hollande grâce à son frère, au point de mener une politique contraire à celle de l'Empire et d'avoir été, selon la formule de Napoléon, un « roi préfet ». Jérôme, après avoir divorcé de sa première épouse, l'Américaine Elizabeth Patterson, revint au bercail en 1805 et devint roi de Westphalie. Seul Lucien, bien qu'il eût à plusieurs reprises des relations de proximité avec son frère – compagnon du coup d'État du 18 Brumaire, ministre de l'Intérieur, ambassadeur en Espagne et proche collaborateur durant les Cent-Jours, ne reçut aucun royaume pour des raisons liées à sa vie privée. Il vécut à Rome, sur sa terre de Canino et

308 Jean Tulard, *Napoléon ou le mythe du sauveur*, Paris, Fayard, 1987, p. 311.

devint très riche, en partie grâce à son frère. **Élisa** devint princesse Piombino, puis de Lucques et, ensuite, grande-duchesse de Toscane ; Caroline, grande-duchesse de Berg, puis reine de Naples. Pauline fut princesse Borghèse par son mariage. Tous – sauf Pauline – avaient oublié que s'ils se trouvaient élevés à de si hautes distinctions, ils le devaient à la fabuleuse destinée de leur frère, qui, lui, se souvint toujours d'eux, les entraînant dans son sillage. Toutefois leurs prétentions, leurs exigences, leurs querelles et leurs rivalités l'ont souvent exaspéré, au point de déclarer : « Mes sœurs agissent comme si notre père avait été roi. » Nombre de fois Napoléon dut leur rappeler qu'ils n'étaient sur le trône que par sa volonté et qu'ils lui devaient subordination, notamment en ce qui concernait sa politique générale. « À mesure que se développaient les conséquences de la politique impériale qui contrariait souvent les intérêts de leurs États, les frères et sœurs de Napoléon eurent tendance à épouser les aspirations de leurs peuples, menaçant ainsi l'unité de l'Empire. Dès 1810, Napoléon commençait à regretter les trônes qu'il avait distribués[309]. » Il eut plus d'agacement que d'aide de la part de sa famille qui, durant l'Empire, donna l'image d'un clan dont le but essentiel était d'amasser des fortunes. « Il est sûr, du reste, que j'ai été peu secondé des miens, et qu'ils ont fait bien du mal à moi et à la grande cause. [...] Moi, nommais-je un roi, il se croyait tout aussitôt *par la grâce de Dieu*, tant le mot est épidémique. Ce n'était plus un lieutenant sur lequel je devais me reposer, c'était un ennemi de plus dont je devais m'occuper[310]. » Et lorsque l'Empire s'effondra, ils firent tout pour sauvegarder leurs acquis, allant, s'ils le jugeaient nécessaire, jusqu'à trahir leur frère, sans trop s'émouvoir de la tragédie qu'il vivait alors. Pourtant, avec le temps, Napoléon se montrait magnanime lorsqu'il évoquait un des membres de sa famille, l'esprit de clan l'emportant sur les règlements de comptes. À l'heure des souvenirs et du ← *ill. 13*

309 *Ibid.*, p. 312.

310 *Le Mémorial de Sainte-Hélène*, *op. cit.*, t. II, p. 123.

bilan, l'empereur déchu avoua, à propos de sa famille « le peu de secours qu'il en avait reçu » et « les embarras, le mal, qu'ils lui avaient causés ». « Il s'arrêtait surtout sur cette fausse idée de leur part, racontait Las Cases, qu'une fois à la tête d'un peuple, ils avaient dû s'identifier avec lui de manière à préférer ses intérêts à celui de la patrie commune, sentiment dont la source pouvait avoir quelque chose d'honorable, [...] mais dont ils avaient fait une fausse application, nuisible, en ce que, dans leur travers d'indépendance absolue, ils se considéraient isolément, lorsqu'ils eussent dû se pénétrer qu'ils n'étaient que partis d'un tout au mouvement duquel ils devaient aider, au lieu de contrarier[311]. » On trouve dans cette phrase la quintessence de ce qu'exigeait Napoléon concernant l'attitude et l'action que devaient avoir ceux qu'il avait lui-même mis sur le trône. Car ce désir d'indépendance pouvait représenter une menace pour son système. Il continua toutefois à défendre sa famille, comme il le fit pour les femmes de sa vie, trouvant des excuses à ses frères et sœurs à qui il avait tout donné et qui lui rapportèrent surtout conflits, revendications et ingratitude. « Mais après tout, ils étaient bien neufs, bien jeunes, entourés de pièges et de flatteurs, d'intrigants de toute espèce, de vues secrètes et malintentionnées. [...] Après tout, une famille si nombreuse présente un ensemble dont je peux assurément m'honorer. » Il aura pour caractériser chacun d'entre eux un mot juste et synthétique : « Joseph, par tout pays, serait l'ornement de la société ; Lucien celui de toute assemblée politique. Jérôme, en mûrissant, eût été propre à gouverner ; je découvrais en lui de véritables espérances. Louis eût plu et se fût fait remarquer partout. Ma sœur Elisa était une tête mâle, une âme forte : elle aura montré beaucoup de philosophie dans l'adversité. Caroline est fort habile et très capable. Pauline, la plus belle femme de son temps peut-être, a été et demeurera jusqu'à la fin la meilleure créature vivante. Quant à ma mère, elle est digne

311 *Ibid.*, t. II, p. 270.

de tous les genres de vénération. Quelle famille aussi nombreuse pourrait présenter un plus bel ensemble ! [...] Je les ai tous aimés[312]. » Profession de foi, désir de rester dans l'Histoire avec un bilan positif ? Ou tout simplement sincère nostalgie du temps où sa famille et lui-même formait un tout, où il était guidé par son amour pour elle, amour qu'il avait amplement prouvé depuis la mort de leur père (à Montpellier le 20 février 1785). Bien qu'étant le cadet, il prit en main la destinée de cette famille pauvre, dont la jeune mère, veuve à 37 ans, était dépassée par la surcharge d'une si grande progéniture. La vie, le pouvoir, les ambitions de chacun, le malheur à affronter après tant d'élévation, ne pouvaient pas ne pas susciter de mésententes ni de trahisons.

Certes, au-delà de l'esprit de clan et de son attachement réel et profond à sa famille, Napoléon voulait créer une nouvelle dynastie dont le fondement serait ses frères et sœurs, qu'il imaginait, à juste titre, comme une garantie pour la bonne exécution de sa politique : « En quelques années, sa famille s'installa sur nombre de trônes européens constituant non plus des républiques sœurs mais des "royaumes frères" : Joseph à Naples puis en Espagne, Louis en Hollande, Jérôme en Westphalie, Murat à Berg puis à Naples, Eugène de Beauharnais, fils de Joséphine, régna au nom de son beau-père en Italie. Élisa fut grande-duchesse de Toscane, Camille Borghèse, le mari de Pauline, gouverneur général des départements français au-delà des Alpes. Un bambin, Napoléon-Louis, fils de Louis Bonaparte et de Hortense de Beauharnais, fut grand-duc de Berg en titre après le départ de Murat pour le sud de l'Italie[313]. » Dès lors, se posait la question de la fidélité ; ainsi que celle du degré d'allégeance de ces nouveaux monarques face à ce que l'Empereur appelait « mon système ». Et plus largement encore, le vrai problème était celui de la difficile synthèse entre le modèle impérial et les spéci-

---

312 *Ibid.*, t. II, p. 270-271.

313 Thierry Lentz, *Nouvelle histoire du premierEmpire*, t. III, *La France et l'Europe de Napoléon, 1804-1814*, *op. cit.*, p. 726-728.

ficités nationales. Il fallait appliquer les expériences et les lois de la France en Italie, Hollande, Espagne, Allemagne. Face à cette réalité, il est difficile de distinguer entre les exigences de Napoléon qui voulait unifier et centraliser l'Empire et les décisions de ses frères et sœurs, beaux-frères et beaux-fils, qui voulaient faire de leur règne une réussite, quitte à contourner les règles imposées par l'Empereur : intérêts locaux confrontés aux fondements du modèle à calquer ; goût du pouvoir personnel face à l'obligation de fidélité. Ainsi fut créée, sur ces bases complexes, l'Europe napoléonienne qui marquera, malgré tout, d'une empreinte positive le vieux continent. Certes, ces rois et reines n'étaient que des pions dans le système de leur frère et ceux qui l'oublièrent furent vite rappelés à l'ordre ou remplacés. C'est, de tout temps, la logique de l'empire. « Il n'était évidemment question pour aucun d'eux de devenir "national" ni même le "premier sujet" des États que le sort et la volonté impériale leur avaient confiés, précise avec justesse Thierry Lentz. Ils restaient princes français et sujets de l'Empereur. » Certains historiens, en particulier ceux qui consacrent des biographies aux frères et sœurs de Bonaparte, critiquent ces exigences de Napoléon. Mais ils oublient que l'Empereur était le fondateur de l'Europe napoléonienne, et pour lui c'était bien cela l'essentiel : « Napoléon les surveillait, les réprimandait, réprimait toute tentative d'émancipation, si minime fût-elle. Les ambassadeurs placés auprès des frères [ou sœurs] Bonaparte devaient veiller à ce qu'ils ne gouvernent qu'en fonction de l'intérêt du "système"[314]. » « Pour affermir leurs trônes, ils eurent tendance à adopter et à défendre la cause de leurs sujets, parfois même contre les projets de l'Empereur. Si bien qu'à certains moments le système familial joua contre le système européen[315]. » Or, le « modèle » français était bon : il synthétisait les acquis de la Révolution et les talents d'administrateur de Napoléon. Les

314 *Ibid.*, p. 740-741.
315 *Ibid.*, p. 754.

sociétés concernées bénéficiaient de la modernité française : prospérité économique, création des infrastructures, embellissement des villes où l'on construisait des routes, établissement d'un enseignement laïque. On aidait ces pays à abolir la féodalité, les ghettos et à instaurer plus de justice. Le principe d'égalité, le code civil et l'organisation en départements, ainsi que la lutte contre le brigandage, perdurèrent même après l'effondrement de l'Empire napoléonien.

Malgré ces progrès, des frondes de toutes sortes apparurent dans ces royaumes, témoignant de la fragilité du pouvoir des frères et des sœurs de Napoléon, ce qui explique d'ailleurs leur effondrement au fil des échecs de l'Empire français. Dès 1813, ces rois et ces reines furent balayés ; acclamés durent leurs règnes, ils découvrirent combien les populations, versatiles, fêtaient leur départ. Le premier à perdre son trône fut Jérôme, suivi de Louis, chassé par son propre frère pour cause de désobéissance. Rattachées à l'Empire depuis 1810, les Républiques bataves se révoltèrent à peu près à la même date. Les causes de ces revirements sont multiples, le nationalisme étant le ciment de toutes sortes de mécontentements : la conscription et la ruine économique due au blocus continental sont les deux raisons majeures du ressentiment des populations autochtones. Puis ce fut la chute du grand-duché de Berg. En Italie des scénarios similaires devaient chasser du pouvoir Eugène de Beauharnais et Murat. L'ingrate Italie avait oublié qu'elle était indépendante grâce à la France qui chassa les Autrichiens et les Bourbons. Malgré sa trahison, Murat ne parvint pas à sauver son trône, ni sa vie. Malgré les précieux services qu'il leur avait rendus, les vainqueurs de Vienne ne voulurent pas de lui[316]. Toute trace des Napoléonides devait, dans leur logique, disparaître. L'Italie, qui crut à son indépendance en se rebellant contre la France, allait repasser pour une très longue période sous l'occupation autrichienne.

316 Après la défaite de la campagne de Russie, Murat se joignit à la coalition, attaqua les troupes d'Eugène en Italie et crut ainsi sauver son trône sur les ruines de l'Empire napoléonien.

Dans ces circonstances qui ont abouti à tant de conflits, de querelles, de crises et de trahisons, se dégage l'image lumineuse de la mère, Letizia Ramolino Bonaparte, et celle de la sœur, Pauline. Elles sont les seules proches qui accompagnèrent Napoléon jusqu'à la fin. Vénérées, elles ont aussi profité de la destinée exceptionnelle de ce fils cadet et frère aîné, mais elles lui restèrent fidèles jusqu'à sa mort. Letizia, l'une des plus belles femmes de son époque, resta toujours attachée à ses enfants. Par la suite, devenue Madame Mère, son avarice proverbiale et son avidité ont plus d'une fois exaspéré Napoléon, malgré le respect sans bornes qu'il gardait pour sa mère. Plus tard, il expliquera cette obsession à posséder par sa peur phobique de manquer un jour. Elle avait connu la pauvreté la plus profonde et cela l'avait marquée à tout jamais. Toutefois, elle ne comptait pas lorsqu'il s'agissait de ses enfants, qu'elle a toujours aidés quand ils en avaient besoin. Napoléon, à Sainte-Hélène, évoqua à plusieurs reprises ce trait de caractère qui fit, en son temps, couler beaucoup d'encre : « Du reste, cette même femme, à laquelle on eût si difficilement arraché un écu, eût tout donné pour préparer mon retour de l'île d'Elbe ; et après Waterloo elle m'eût remis entre les mains tout ce qu'elle possédait pour aider à rétablir mes affaires : elle me l'a offert ; elle se fut condamnée au pain noir sans murmure[317]. »

Certes, elle l'accompagna avec Pauline à l'île d'Elbe et elles voulurent le suivre à Sainte-Hélène. La première lettre que Napoléon reçut dans ce sinistre lieu de relégation fut de sa mère : « C'est de pauvre Madame ; elle se porte bien, et veut venir me joindre ! », dit-il à Las Cases après l'avoir déchirée[318]. Il refusa aux membres de sa famille de lui rendre visite à cause de ses misérables conditions de vie. De toute façon, les Anglais ne l'auraient jamais accepté. Enfin, ce fut encore sa mère, qui écrivit une lettre pathétique aux souverains alliés réunis en congrès à Aix-la-Chapelle. Elle exigeait qu'on

317 *Le Mémorial de Sainte-Hélène*, t. I, p. 633.
318 *Ibid.*, p. 659.

mette un terme à la captivité de son fils et que les maîtres de l'Europe d'aujourd'hui se souviennent de ce prince qui fut naguère leur ami ou leur allié. Elle dénonçait avec force l'ingratitude des Britanniques auxquels Napoléon, à tort, s'était fié : « Laisseriez-vous périr dans un exil de tourments un souverain qui, confiant dans la magnanimité de son ennemi, se jeta dans ses bras ? Mon fils aurait pu demander un asile à l'empereur, son beau-père ; il aurait pu s'abandonner au grand caractère de l'empereur Alexandre dont il fut jadis l'ami ; il aurait pu se réfugier chez Sa Majesté prussienne, qui, sans doute, se voyant implorée, ne se serait rappelé que son ancienne alliance ; l'Angleterre peut-elle le punir de la confiance qu'il lui a témoignée[319] ? » Elle implorait, sans détour, la libération de son fils : « La raison d'État a ses limites, et la postérité qui immortalise tout, adore par-dessus toute la générosité des vainqueurs. » Cette supplique resta sans réponse.

Née à Ajaccio le 24 août 1749, **Letizia Ramolino** se maria à quinze ans (le 12 juin 1764) et elle eut treize enfants, dont huit survécurent. Lorsqu'en 1768, Louis XV acheta la Corse aux Génois, après un bref moment en tant que partisan de l'indépendance, Charles Bonaparte se rallia aux autorités françaises. Après la mort de son mari, la famille frôla la misère. En mai 1793, Letizia fut obligée de quitter la Corse, quand les partisans de Pasquale Paoli brûlèrent la maison des Bonaparte. Le 13 juin, elle arriva à Toulon. Avec ses plus jeunes enfants elle s'installa près de Marseille. ← *ill. 11*

Lorsqu'elle arriva à Paris, elle habita d'abord chez son aîné, Joseph, rue du Rocher. Puis Napoléon devint Premier consul et elle déménagea chez son demi-frère Joseph Fesch. En mars 1804, elle quitta Paris pour Rome, où elle voulait vivre à côté de son fils Lucien.

Devant la gloire de son cadet, elle ressentait beaucoup de fierté et de bonheur, mais elle resta néanmoins en retrait. Le 19 décembre 1804,

319 *Ibid.*, t. II, p. 588.

Letizia s'installa à Paris, rue Saint-Dominique, à l'hôtel de Brienne qu'elle avait racheté à Lucien. Bien qu'elle fût plus modeste que ses filles, par décret du 23 mars 1805, elle devint Son Altesse Impériale Madame Mère de l'Empereur. Dans les cérémonies officielles ou autres fêtes nationales, elle était toujours assise à la droite de Napoléon. Elle avait un traitement de 300 000 francs et sa propre maison avec des aumôniers, des chapelains, une dame d'honneur, une lectrice, deux chambellans, deux écuyers, un secrétaire.

Madame Mère eut aussi des fonctions humanitaires et honorifiques : elle était surtout protectrice des sœurs de charité et des sœurs hospitalières avec lesquelles elle exerçait ses bonnes œuvres. En juin 1805, Napoléon lui offrit le château de Pont-sur-Seine, dans l'Aube. Toujours prêt à la servir et connaissant son goût pour l'argent, l'Empereur lui fixa, le 1er janvier 1808, une rente viagère d'un million de francs. L'essentiel de ce qu'elle avait en espèces, elle le mettait de côté.

Mais le temps des troubles allait aussi s'abattre sur elle et la trahison de Caroline la blessa pour le restant de sa vie. Lorsqu'elle apprit la défection de Murat et les prises de position de Caroline auprès des Alliés, elle rompit avec eux. « Dès qu'elle fut à Rome, après les désastres de 1814, raconte Napoléon à Sainte-Hélène, Murat s'empressa de lui envoyer, de ses écuries de Naples, huit très beaux chevaux. Madame n'en voulut point entendre parler. Elle repoussa de même toutes les tentatives de sa fille Caroline, qui ne cessait de répéter qu'après tout il n'y avait pas de sa faute, qu'elle n'y était pour rien, qu'elle n'avait pu commander son mari. Mais Madame répondait comme Clytemnestre : "Si vous n'avez pu le commander, vous auriez dû le combattre ; or, quels combats avez-vous livrés ? Quel sang a coulé ? Ce n'est qu'au travers de votre corps que votre mari devait percer votre frère, votre bienfaiteur, votre maître[320]". » Le

320 *Ibid.*, t. I, p. 881.

29 mars 1814, Letizia quitta Paris pour Rome, où le pape lui offrit, à elle et à son demi-frère, l'hospitalité. Mais elle voulait plus que tout rejoindre Napoléon sur l'île d'Elbe. Le 2 août, elle débarqua à Porto-Ferajo.

Habitant auprès de lui, elle sut l'entourer de sa présence, de son affection et de son courage. Après le vol de l'Aigle, elle se rendit à Naples, puis le 1er juin 1815 atteignit Paris. Nous sommes là à la veille de la bataille de Waterloo. Après l'effondrement, elle rentra à Rome, constamment surveillée par la police. Elle logeait au palais Falconieri, entourée de Lucien, de Louis et de Pauline, et continuait à se battre avec rage afin de rejoindre Napoléon à Sainte-Hélène. Elle n'y parvint pas, mais ne cessa de faire toutes sortes de démarches pour l'aider de loin, allant jusqu'à demander à Pie VII d'intervenir afin qu'on le change de lieu de relégation, étant donné que le climat du rocher était mortifère.

En mars 1818, elle acheta le palais Rinuccini et s'y installa définitivement. C'est à cette époque qu'elle fut contactée par Las Cases, de retour de Sainte-Hélène : « À peine eus-je fait connaître à Madame Mère la situation de l'Empereur, [...] que sa réponse, par le retour du courrier, fut que toute sa fortune était à la disposition de son fils [...] m'autorisant, bien que je n'en fusse pas connu personnellement, à tirer, dès l'instant même, telle somme que je croirais nécessaire au bien-être de l'Empereur[321]. » Ensuite, n'ayant plus de nouvelles directes de son fils, elle crut des rumeurs extravagantes selon lesquelles Napoléon avait réussi à s'évader de Sainte-Hélène. De 1819 à 1821 elle en resta persuadée, ce qui finit par être nuisible à l'Empereur. Lorsqu'on chercha un médecin afin de le soigner, après le départ forcé du docteur O'Meara soupçonné par Hudson Lowe d'être trop attaché à son auguste prisonnier, Letizia et son frère choisirent à la va-vite, pensant que Napoléon était ailleurs, bien loin du rocher de Sainte-Hélène. Ils envoyèrent des personnes incompétentes :

321 *Ibid.*, t. I, p. 633-634.

le docteur Antommarchi, piètre praticien, et deux abbés, les pères Buonavita et Vignali. Ainsi, toutes ses tentatives en faveur de son cher Nabulione, comme elle appelait ce fils vénéré depuis son enfance, furent inopérantes. En proie à un mysticisme insensé, Letizia et son frère subissaient l'influence d'une voyante allemande qui les escroquait depuis des années. Pauline et Louis tentèrent désespérément de leur faire entendre raison, sans y parvenir.

La nouvelle de la mort de l'Empereur, le 5 mai 1821, qui arriva chez elle quelques mois plus tard, fut vécue comme sa dernière déchirure. Elle resta des semaines durant prostrée dans sa douleur, anéantie à jamais. Ultime bataille : réclamer la dépouille de son enfant. Comme pour toutes ses autres suppliques, elle n'eut aucune réponse. Et elle eut à affronter d'autres deuils, nombreux : Élisa (qui précéda la mort de son frère), Pauline, deux enfants de Lucien, un fils d'Élisa, le second fils de Louis et, dernier coup de grâce, la mort du roi de Rome, le 22 juillet 1932. Pour la première et dernière fois, Marie-Louise se manifesta vis-à-vis de sa belle-mère. Bien qu'elle n'ait jamais répondu à ses lettres, dans lesquelles elle demandait des nouvelles de son petit-fils, l'ancienne impératrice des Français trouva, face à la mort, un reste d'humanité dans son cœur de pierre : « Madame, dans l'espoir d'adoucir la douloureuse nouvelle que je suis malheureusement dans le cas de vous annoncer, je n'ai voulu céder à personne le soin de vous en faire part. Dimanche 22, à cinq heures du matin, mon fils chéri, le duc de Reichstadt a succombé à ses longues et cruelles souffrances[322]. »

Le 2 février 1836, c'est elle qui a rendez-vous avec la mort. Du haut de ses quatre-vingt-six ans, malade, quasi infirme et aveugle, mais gardant toute sa dignité, la grande dame, entourée seulement de Lucien et Jérôme, s'éteint. Sur le velours qui recouvra le cercueil, une seule inscription : *Mater Napoleonis.* Inhumée dans un premier temps à Rome, ses

322 Cité par Éric Le Nabour, *Letizia Bonaparte*, Paris, Pygmalion, 2003, p. 245.

cendres reviendront en France avant d'être transportées à Ajaccio en 1851, grâce au prince président, futur Napoléon III, son petit-fils.

Depuis sa petite enfance, **Pauline** vénérait ce grand frère héroïque. ← ill. 16 Bien qu'elle soit gravement malade, elle voulait se rendre à Sainte-Hélène afin d'adoucir la captivité de son frère. Or, comme pour de multiples raisons ce projet ne put se réaliser, elle chercha à vendre tous ses objets de valeur pour envoyer l'argent correspondant à Napoléon. Elle voulait mettre à sa disposition tout ce qu'elle possédait. Ensuite, ce fut Lucien qui se manifesta, voulant lui aussi faire le voyage et rester au moins deux ans auprès de son frère. Cette proposition n'aboutit pas non plus.

De tous les frères et sœurs, Pauline resta à jamais la plus dévouée, la plus fidèle, la plus attachée à son frère. Née le 20 octobre 1780 à Ajaccio, appelée dans un premier temps Paoletta, elle faisait partie des plus jeunes enfants de Letizia. Dans leur errance en France lors de leur arrivée – Toulon, Marseille, Brignoles, Antibes et encore Marseille –, Pauline connut, comme toutes ses sœurs, la pauvreté. Très jeune elle fut remarquée par sa beauté, son charme, sa séduction. Junot sera le premier à l'adorer et à demander la main de celle qui n'était encore qu'une adolescente. Ce fut par la suite Stanislas Fréron, mauvais sujet, déjà marié, et qui traînait derrière lui un long passé de crimes et de débauches. Napoléon, qui barra la route à ces premiers prétendants, fixa lui-même son choix sur l'adjudant général Victor-Emmanuel Leclerc. Le mariage fut célébré le 14 juin 1797. L'année suivante naissait un fils, Dermid.

Napoléon, dès qu'il devint Premier consul, donna à Leclerc le commandement d'un corps expéditionnaire chargé de reconquérir Saint-Domingue, en pleine révolte. Mais le soulèvement des Noirs contre la France s'amplifia dès leur arrivée et se généralisa. Quant à Leclerc, suite à une épidémie de fièvre jaune, il tomba malade et mourut le 1er novembre 1802.

Sans trop attendre, Pauline chercha se remarier et c'est encore Napoléon qui choisit son époux : le jeune prince Camille Borghèse, descendant d'une vieille famille romaine et pourvu d'une réelle fortune. Il possédait un palais à Rome et des terres. Le mariage eut lieu dans la propriété de Joseph à Mortefontaine le 31 août 1803. Le 14 novembre, Pauline partit pour Rome avec son époux. Installée au palais Borghèse, elle connut alors une vie d'opulence et de luxe. C'est à ce moment, qu'elle accepta de poser devant Canova. Le chef-d'œuvre de marbre qui la représente fut achevé et exposé en 1808.

Le 14 août 1804, elle perdit son unique fils. Elle rentra à Paris, principalement pour assister au sacre de son frère ; mais aussi, elle voulait désormais vivre près de lui. Napoléon, pour faire plaisir à sa sœur, lui accorda, le 30 mars 1806, le titre de duchesse souveraine de Guastalla, une ville sur le Pô. Durant ce temps, Borghèse fut nommé chef d'escadron et envoyé au camp de Boulogne ; puis il alla combattre en Allemagne comme colonel de carabiniers et fut promu général en 1807.

La France impériale convenait parfaitement à Pauline. Dépourvue de toute ambition politique ou d'un quelconque pouvoir, elle y trouvait un cadre de vie qui s'accordait à ses valeurs et à ses mœurs, une existence faite de faste, de luxe et de fêtes. Napoléon se montra généreux envers sa sœur préférée. Il lui fixa un revenu annuel de 600 000 francs, distinct du revenu de son mari, et elle disposait en outre du château de Neuilly que son frère incorpora à son duché de Guastalla. De plus, elle possédait à Paris l'hôtel particulier de Charost. L'hiver 1810-1811 fut, dans la capitale française, plus brillant que jamais. Le 26 février 1811, Pauline organisa aux Tuileries un bal masqué qu'elle souhaitait unique en son genre. « Pauline trouvait dans le tourbillon des mondanités nocturnes, l'excitation nécessaire à son caractère frivole. Lustres et dorures, comédies et quadrilles étaient son décor naturel[323]. »

323 Sir Pierson Dixon, *Pauline Bonaparte*, Paris, Fayard, 1964, p. 183.

Néanmoins, souvent malade, elle passait beaucoup de temps en cure dans les villes d'eaux – Aix-la-Chapelle, Plombières – toujours accompagnée par l'amant du moment. Ses aventures amoureuses défrayaient la chronique : « Pauline était aussi belle qu'il est possible de l'être, écrit Metternich, elle était amoureuse d'elle-même et son unique occupation était le plaisir[324]. » Bien que plus tolérant à son égard qu'envers les autres membres de sa famille, Napoléon finira par l'appeler « Notre-Dame des colifichets ». En 1810, elle connut un vrai amour avec Jules de Canouville, officier de hussards. Leur liaison dura jusqu'à la mort du jeune militaire en 1812, sur le front russe.

Cette même année, plus souffrante que jamais, elle se rendit à Aix-les-Bains, où elle retrouva Talma qui tomba amoureux d'elle. Une brève idylle lui permit de reprendre goût à la vie. Puis, elle rencontra le jeune colonel Jean-Baptiste Duchaud, qui entra lui aussi pour un bref moment dans sa vie sentimentale. Mais la mort de Canouville l'enfonça davantage dans la maladie et la dépression. Le désastre de la campagne de Russie et le développement de la campagne d'Allemagne ne firent qu'aggraver son mal ; pourtant elle fut toujours entièrement solidaire de son frère. « Elle vendit un collier de grand prix qu'elle avait récemment acheté [...] et, y ajoutant 100 000 francs, rassemblant ainsi 300 000 qu'elle offrit à Napoléon plusieurs jours avant la défaite de Leipzig. Après la bataille, Napoléon lui répondit qu'il acceptait le cadeau[325]. »

À ce tournant de l'Histoire, Pauline resta d'un dévouement exemplaire : « Je n'ai pas aimé l'Empereur comme souverain ; je l'ai aimé comme frère, et je lui resterai fidèle jusqu'à la mort », déclara-t-elle alors, et elle alla vivre à ses côtés – comme nous l'avons déjà indiqué – sur l'île d'Elbe. Arrivée à Porto-Ferajo le 1er novembre 1814, elle trouva son frère en pleine activité afin d'administrer son île. Elle logeait aux Mulini, dans

---

324 Cité par Bernardine Melchior-Bonnet, « Pauline Bonaparte » dans Jean Tulard (dir.), *Dictionnaire Napoléon*, *op. cit.*, t. II, p. 485.

325 Sir Pierson Dixon, *Pauline Bonaparte*, *op. cit.*, p. 190.

les appartements que Napoléon avait fait préparer pour Marie-Louise, et lui-même ne disposait que d'un petit palais, d'une villa dans les collines et d'un ermitage dans la forêt. Selon les termes du traité de Fontainebleau, Napoléon conservait son titre et son rang d'Empereur et devenait souverain de l'île d'Elbe. Il disposait des revenus des mines de fer et de sel, des pêcheries de thon, des douanes et des impôts indirects. Il construisit des routes, élargit les rues, installa des égouts et renforça les anciennes fortifications. Il créa même un théâtre. Pour amuser son frère, Pauline organisa pour lui fêtes, jeux, bals masqués, concerts, excursions, pique-niques. Pas une plainte sur sa santé au cours des mois qu'elle passa dans l'île.

Lors du retour de Napoléon en France, Pauline était fière de son frère. À la veille de son départ, elle lui donna son plus beau collier de diamants. En le quittant, Pauline était certaine de ne plus jamais le revoir. Après son départ de l'île, elle partit en bateau pour Viareggio où elle habita le château Compignano-sul-Monte, qui avait appartenu à Élisa. Les Autrichiens la découvrirent et l'assignèrent en résidence surveillée. Ce n'est que le 5 juin qu'elle reçut enfin la permission d'aller prendre les eaux à Lucques. Elle y reçut la nouvelle de la catastrophe de Waterloo. Et c'est là aussi qu'elle appris que Napoléon était en route pour Sainte-Hélène. Son seul refuge resta Rome où elle arriva en octobre 1815. En effet, après la seconde abdication, Pauline reçut du pape Pie VII l'autorisation d'y résider, s'installant dans un premier temps chez sa mère. Elle apprit de son intendant que sa fortune était anéantie : il ne lui restait que l'héritage de Leclerc et quelques centaines de mille francs de la vente de l'hôtel de Charost, déjà en partie dépensés. Bien que séparée depuis des années de son mari, elle tenta de renouer avec lui. Dans une situation financière fragile, elle était obligée de faire un compromis en se retournant vers son mari et en lui rappelant que, par contrat de mariage, il lui devait une

ill. 10
Jean-Baptiste Régnault,
Reine Hortense de Beauharnais (1783-1837).

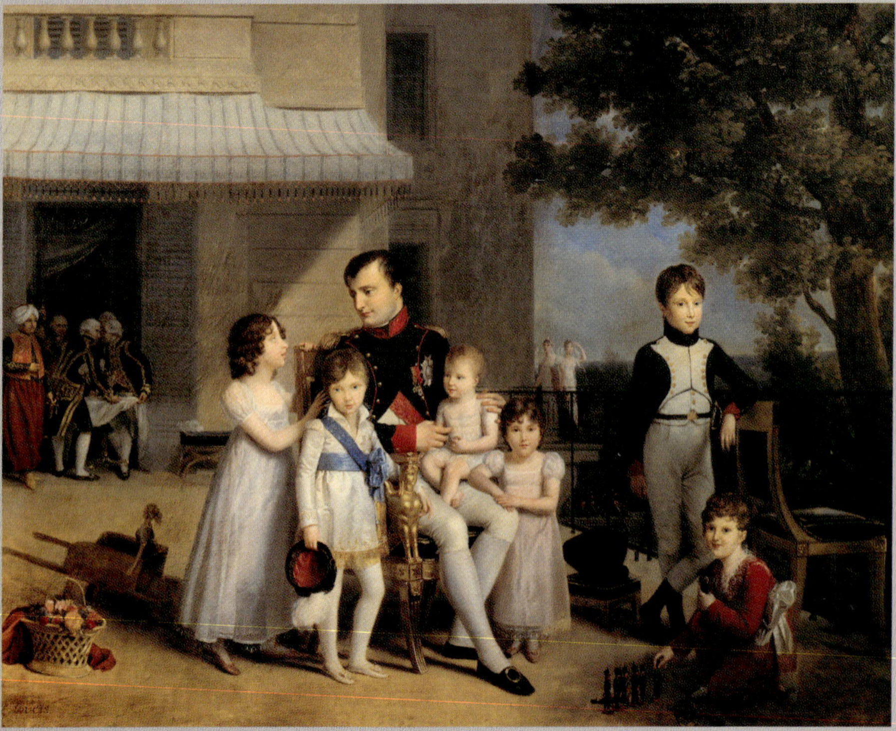

ill. 11
François Gérard,
Portrait de Madame Letizia Bonaparte (1750-1836).

ill. 12
Louis Ducis, *Napoléon Ier et ses neveux au château de saint-Cloud.*

ill. 13
Anonyme,
Élisa Bonaparte avec sa fille Élisa Napoléon.

ill. 14
François Gérard,
Portrait de Joachim Murat (1767-1815), 1801.

ill. 15
François Gérard,
Portrait de Caroline Murat (1782-1839).

ill. 16
Robert Lefèvre,
Portrait de Pauline Bonaparte (1780-1825), 1806.

ill. 17
Élisabeth Vigée-Lebrun, *Portrait de Guiseppina Grassini dans le rôle de Zaïre*.

ill. 18
Anonyme, *Portrait de Madame Marguerite-Pauline Bellisle-Fourès (1778-1869)*.

ill. 19
Anonyme, *Mademoiselle George*, 1804-1814.

ill. 20
Anonyme, *Portrait de la comtesse Marie Walewska* (1786-1817).

rente et la disposition d'une partie de son palais de Rome[326]. Il commença par ne pas lui répondre. Puis, comme elle insistait en réclamant l'arbitrage du tribunal, il répondit par une demande en nullité du mariage, d'autant plus qu'il vivait depuis des années en concubinage avec la duchesse Lante della Rovere. Le 25 juin 1816, le jugement fut rendu en faveur de Pauline.

Elle reçut ainsi une pension de 14 000 écus, la jouissance du palais Borghèse et une villa au Pincio. Ensuite, elle acheta, près de la Porta Pia, la villa Sciarra, qu'elle rebaptisa villa Paolina. Elle n'oublia pas pour autant son frère, passant beaucoup de temps à plaider sa cause auprès des autorités anglaises, tout en bataillant pour aller le rejoindre à Sainte-Hélène. C'est la raison pour laquelle elle fréquentait des personnalités anglaises qu'elle recevait dans sa villa Paolina, espérant avoir par leur intermédiaire des nouvelles de Napoléon.

Lorsque l'abbé Buonavita partit de Sainte-Hélène le 17 mars 1821, il était détenteur de lettres et de nouvelles des proches compagnons de son frère, destinées à Pauline : « L'Empereur compte sur Votre Altesse pour faire connaître à des Anglais influents l'état véritable de sa maladie, lui écrivait Montholon. Il meurt sans secours sur cet affreux rocher. Son agonie est effroyable. » Même cri d'alarme de la part de Bertrand : « L'Empereur me charge de vous demander d'être transféré dans un climat européen, comme le seul moyen de diminuer les douleurs auxquelles il est en proie[327]. » Au comble du désespoir, Pauline écrivit, à un moment où Napoléon était déjà mort – ce qu'elle ignorait – au lord Liverpool, le Premier ministre britannique : « Mylord, Monsieur l'abbé Buonavita, parti de Sainte-Hélène le 17 mars dernier et qui vient d'arriver à Rome, nous a apporté les nouvelles les plus alarmantes sur l'état de santé de l'Empereur. La maladie dont il est attaqué est mortelle à Sainte-Hélène ; et c'est au nom de tous les membres de la famille de l'Empereur que je viens réclamer du

326 Bernard Nabonne, *Pauline Bonaparte, La Vénus impériale, 1780-1825*, Paris, Hachette, 1963, p. 207.

327 *Ibid.*, p. 214.

gouvernement anglais un changement de climat. Si on refusait une si juste demande, ce serait son arrêt de mort qu'on prononcerait ; et dans ce cas, je demande la permission de partir pour Sainte-Hélène et d'aller rejoindre l'Empereur pour recevoir son dernier soupir[328]. » Mieux encore, elle s'adressa, en implorant leur aide, à d'autres ministres, souverains et à toutes ses relations influentes, afin d'obtenir un changement de résidence ou l'autorisation d'aller le rejoindre. Il n'y eut aucune réponse de Londres. Et quelques jours plus tard, le 16 juillet, arriva enfin la terrible nouvelle de la mort de son frère. Ce fut pour elle l'effondrement de toute une vie. L'idée de ne plus jamais le revoir la désespérait.

À cette époque, un messager lui apporta de la part de Las Cases les premières épreuves du *Mémorial de Sainte-Hélène*. Elle fut parmi les premières lectrices et les passages où Napoléon évoquait son souvenir lui apportèrent quelques moments d'émotion et de douceur.

Après la mort de son frère et du pape Pie VII, son protecteur (le 23 août 1823), elle voulu reprendre sa vie conjugale avec Camille. Était-ce pour se protéger ? Pour avoir une vie matérielle plus assurée ? Parce qu'elle sentait sa mort approcher ? Le mari si longtemps bafoué reçut cette requête avec réserve. Mais elle insista par de nombreuses lettres de supplications, tout en faisant appel au nouveau pape Léon XII.

Son état de santé s'aggrava et sa crise morale l'amena à s'accrocher à cette réconciliation sans fondement. Finalement, ce fut l'intervention personnelle du pape qui convainquit le prince Borghèse de reprendre sa vie avec son épouse légitime. Elle s'installa dans le palais de son mari et toute la ville de Florence les voyait ensemble au Corso, aux spectacles et dans les réceptions.

Au printemps 1825, son époux la conduisit à la villa Strozzi, non loin de Florence, à la campagne. C'est là qu'elle mourut, le 9 juin 1925. Ses

---

328 *Ibid.*

cendres furent transportées à Rome où elle repose, à Sainte-Marie-Majeure, dans la chapelle la Borghesiana. Ainsi, quatre ans après, elle suivait son frère dans la tombe, l'homme qu'elle a sans doute le plus aimé au monde.

À partir de cette toile de fond historique, nous essayerons de comprendre quelles furent les réactions de Caroline et d'Élisa face aux exigences de leur frère, à leur devoir de fidélité envers lui, et de cerner leur conduite après l'effondrement de l'Empire.

Caroline l'insatiable

« **Caroline**, de toutes les sœurs de Napoléon, était celle qui avait le plus de ressemblance de caractère avec lui. [...] ; elle avait bien le type napoléonien : elle était d'une fraîcheur à éblouir ; son intelligence était prompte, sa volonté impérieuse et le contraste de la grâce enfantine de son visage avec la décision de son caractère faisant d'elle une personne extrêmement attrayante[329] », se souvient Madame Récamier. Dans le même sens, Chateaubriand constatait que « de la fermeté de son caractère, on reconnaissait le sang de Napoléon ». « La reine de Naples s'était beaucoup formée dans les événements », disait l'Empereur de Caroline lorsqu'il évoquait son souvenir à Sainte-Hélène. « Il y avait chez elle de l'étoffe, beaucoup de caractère et une ambition désordonnée. Elle devait beaucoup souffrir en cet instant, d'autant plus qu'on pouvait dire qu'elle était née reine. Elle n'avait pas, comme nous, connu le simple particulier. Elle, Pauline, Jérôme étaient encore des enfants, que j'étais le premier homme de France ; aussi ne se sont-ils jamais cru d'autre état que celui dont ils ont joui au temps de ma puissance[330]. » Ces quelques remarques donnent une image assez précise de Caroline, qui fut une des figures les plus paradoxales de l'Empire. ← *ill. 15*

329 *Souvenirs et correspondance de Madame Récamier, op. cit.* t. I, p. 111.
330 *Le Mémorial de Sainte-Hélène, op. cit.*, t. I, p. 635-636.

Elle naît à Ajaccio le 25 mars 1782. Dernière sœur de Napoléon, la petite Maria-Annunziata deviendra plus tard Caroline, prénom choisi par son illustre frère. Malgré une enfance pauvre, elle connut dès ses quinze ans les fastes de la gloire de son aîné.

C'est à Monbello, où se trouvait Bonaparte, alors général en chef → ill.14 de l'armée d'Italie, que **Murat** rencontra Caroline pour la première fois. Malgré son jeune âge, elle savait déjà se mettre en valeur et se faire remarquer par sa vivacité, sa précoce volonté de séduction et sa gaîté. Eut alors lieu le premier coup de foudre. Avec son physique massif, son allure chevaleresque, son habillement pompeux et, surtout, par son attachement profond à son frère, Murat sut l'attacher à son destin. Déjà général de brigade, Joachim lui fit une cour effrénée qui flatta la jeune fille. Pour l'heure, la préoccupation majeure de son frère et de sa mère était de parfaire son éducation. Dans ce but, elle fut envoyée à l'école dirigée par Madame Campan à Saint-Germain-en-Laye. Il faut attendre le succès du 18 Brumaire, auquel participa Murat avec éclat, pour que ce dernier ose demander sa main à Napoléon. Bien que le Premier consul ait des visées plus élevées pour Caroline[331], il finira par consentir, en raison d'un amour sincère qui se consolida avec le temps, et eu égard aux valeureux états de service de Murat. Nommé le 30 novembre 1799 commandant en chef et inspecteur de la garde des consuls, il devint alors membre par alliance de la famille Bonaparte. Plus tard, à Sainte-Hélène, et après les nombreuses défections de Murat, Napoléon se rappellera son opposition initiale à ce mariage, et le fait qu'il avait prévenu sa sœur qu'elle aurait un jour à se repentir si elle l'épousait[332].

Célébrée avec faste, cette union fut officialisée le 18 janvier 1800. La veille du mariage, Murat écrit à son frère pour annoncer son bonheur à sa famille : « Demain je serai le plus heureux des hommes ; demain je posséderai la plus aimée des femmes[333]. »

---

331 Durant la même année 1797, la sœur aînée, Élisa, épousa un petit officier corse sans grande envergure, Bacciochi, et Pauline épousa Leclerc, encore inconnu.

332 *Cahiers de Sainte-Hélène, Journal du général Bertrand*, 1er février 1817, *op. cit*.

333 Cité par Jean Tulard, *Murat*, Paris, Fayard, 1999, p. 86.

Ils eurent quatre enfants : Achille naît l'année suivante, puis Letizia en 1802, Lucien en 1803 et, enfin, Louise en 1805. Pour Murat, se succèdent les étapes d'une carrière éblouissante que Caroline suivra avec attention et qu'elle sut très vite faire rimer avec fortune. Sur ce terrain, tous les deux s'entendent parfaitement et partagent les mêmes valeurs et les mêmes ambitions. D'emblée elle gère le patrimoine : grands travaux dans la propriété de Villiers acquise en juin 1800, achat du domaine de La Motte-Saint-Héraye dans les Deux-Sèvres en décembre 1801, acquisition le 12 janvier 1802 de l'hôtel Thélusson, rue Cerutti, enfin celle du château de Neuilly. En 1803, Napoléon leur octroie le palais de l'Élysée. Fêtes, spectacles, réceptions animent cette vie d'amour et d'aisance. Le couple devient riche. Caroline, comme les autres membres de la famille, possède sa maison – avec chambellans, écuyers, dames de compagnie, lectrices, laquais en livrée – et ses armoiries. La petite sœur devient, après Joséphine, la femme la plus éblouissante de Paris.

Murat est populaire, il fascine par son panache et son goût de la mise en scène, sans oublier ses mémorables charges héroïques. Il gravit tous les échelons du pouvoir : député, grand officier de l'Empire, gouverneur de Paris, maréchal d'Empire, grand amiral, grand Aigle de la Légion d'honneur. Malgré cela, Napoléon, tout en appréciant son courage et son don de meneur d'hommes, ne lui fait pas confiance et reste prudent à son égard. Et il a raison. Piètre stratège, impulsif dans l'action, il sera toujours ambigu dans ses démarches politiques. Cela n'arrête pourtant pas l'Empereur qui continue de l'honorer en lui donnant de nombreux pouvoirs. Ainsi, le 15 mars 1806, il le nomme grand-duc de Berg et de Clèves, dont la capitale est Düsseldorf. Murat devint ainsi son Altesse impériale Monseigneur le prince Joachim. Derrière lui, est bien présente Caroline qui exacerbe chez son mari son goût des honneurs, de l'argent et, surtout, du pouvoir. Il feint d'oublier qu'il possède tout ce qu'il a grâce à son beau-frère. À plusieurs reprises, Napoléon se voit obligé de le rappeler à l'ordre et de lui signifier qu'il n'est que son lieutenant. Il doit, comme tous les autres membres de la famille impériale installés sur un trône, imposer le modèle administratif français.

Alors que le couple accumule fortune et titres de noblesse, Caroline, le temps passant, multiplie les relations extraconjugales. Après Junot, elle se lie avec Metternich, alors ambassadeur d'Autriche en France, et intrigue auprès de Talleyrand afin qu'il convainque Napoléon de donner la Pologne à Murat, comme si ce pays était intégré à l'Empire. Voulant toujours plus, elle n'ira guère à Berg et passe l'essentiel de son temps aux Tuileries où elle guette les occasions d'obtenir un grand royaume. Elle vit dans un luxe éblouissant et n'a de cesse d'obtenir pour elle un vrai pouvoir. En 1807, éclate la guerre en Espagne. Alors que Joseph règne à Naples, Louis à Amsterdam, Jérôme à Cassel, pourquoi pas un Bonaparte à Madrid. Caroline y pense et Napoléon aussi. Mais lequel d'entre eux sera choisi ? Peut-être Murat, qui devient le 20 février 1808 le lieutenant de l'Empereur auprès de l'armée en Espagne ? Mais Napoléon en décide autrement. Son inclination se porte sur Joseph ; ainsi le royaume de Naples sera décerné le 15 juillet 1808 à son beau-frère Joachim qui devient roi de Naples et des Deux-Siciles. Caroline est enfin reine pour son plus grand bonheur ! Son frère sait qu'il peut compter sur son goût du pouvoir pour être efficace. Il écrit à ce sujet à Murat : « [...] avec une femme comme la vôtre, vous pouvez vous absenter si la guerre vous rappelait près de moi ; elle est forte dans le cas d'être à la tête d'une régence[334]. » Tout le monde est d'accord avec ce nouvel arrangement, sauf la famille impériale qui souhaite que ce soit Caroline la reine et Murat le prince consort. Mais la subtile Caroline refuse,

334 *Correspondance de Napoléon Ier*, publiée par ordre de l'Empereur Napoléon III, Paris, Imprimerie impériale, 1858-1870, t. XIV, p. 37.

connaissant la susceptibilité de son mari. Cela n'empêche pas Napoléon de la mentionner de lui-même dans la succession : « Si Son Altesse Impériale et Royale la princesse Caroline survit à son époux, elle restera reine des Deux-Siciles, ayant seule le titre et les pouvoirs de la souveraineté qu'elle exercera dans leur plénitude[335]. »

Une nouvelle étape de la carrière de Murat commence et c'est alors que le destin de Caroline se complique. « Napoléonide, Murat se veut roi à part entière ; Français, ce Napolitain par la grâce de l'Empereur, se découvre italien. Le voilà devenu le héros d'une tragédie qui finira par l'engloutir », constate avec justesse Jean Tulard[336].

Méfiant, Napoléon stipule à Murat les conditions de son élévation : la moindre hésitation, la moindre incertitude de sa part le perdrait à jamais. « Tous les sentiments d'affection cèdent actuellement à la raison d'État. Je ne reconnais pour parents que ceux qui me servent[337]. » En fait, Murat doit sa légitimité à posséder un royaume au seul fait d'être l'époux de Caroline. Il s'appliquera par ses réformes à introduire dans le sud de l'Italie le modèle français. Selon certains historiens, Caroline fut déçue de n'avoir pas l'Espagne comme royaume. Toujours sous surveillance, Murat est écartelé entre le rôle personnel qu'il voudrait jouer à Naples et ses obligations vis-à-vis de celui à qui il doit le trône.

Le pouvoir use les deux époux : Caroline n'est pas toujours l'épouse fidèle ni la sœur inconditionnelle. Ambitieuse, avide d'argent, assoiffée de pouvoir, intrigante de talent et sûre d'elle-même, elle possède, de plus, un sens politique certain et compte diriger, voire manipuler, son mari à sa guise. Ainsi, s'insinue à l'intérieur du couple une lutte pour le pouvoir. Murat décide de tenir sa femme à l'écart des affaires, lui imposant comme occupation sa cour et l'éducation de leurs enfants. Des courtisans alertent Napoléon : « Le roi veut que la reine s'isole chaque jour

335 Cité par Bernardine Melchior-Bonnet, « Caroline Bonaparte » dans Jean Tulard (dir), *Dictionnaire Napoléon*, *op. cit.*, t. I, p. 390.

336 Jean Tulard, *Murat*, *op. cit.*, p. 225.

337 Joseph, *Mémoires*, t. II, cité par Jean Tulard, *Murat*, *op. cit.*, p. 231.

davantage. Il répète souvent cette phrase qu'il n'est mené par personne. La reine ne peut plus recommander aucune affaire, aucun individu aux ministères, la demande est toujours rejetée[338]. » C'était sans compter sur la force de caractère de Caroline : elle s'impose en rappelant au besoin à son mari qui elle est ! D'autant plus qu'elle sait, pour l'heure, sauvegarder sa relation privilégiée avec son frère, notamment lors de son divorce avec Joséphine. Ainsi, comme nous l'avons déjà signalé, c'est elle qui reçoit Marie-Louise à la frontière lors de son arrivée en France, alors que Murat prend parti contre le mariage autrichien. Joachim le décevant, Napoléon s'appuie sur Caroline. C'était d'ailleurs la raison pour laquelle il avait choisi sa petite sœur comme marraine du roi de Rome.

La lutte pour le pouvoir ne cesse d'exacerber la vie du couple : chacun intrigue afin de dominer l'autre. Murat noue des relations douteuses avec Fouché et Talleyrand dès 1808, et Caroline avec le ministre de la Guerre de Murat, Monsieur Daure. Mais face aux dangers qui les menacent tous les deux, ils savent parfois se réconcilier – provisoirement – dans l'unique but de sauver leur trône. Napoléon n'est pas dupe de toutes ces manœuvres, mais il a besoin de Murat pour commander la cavalerie de la prochaine campagne de Russie qu'il est en train de préparer. Et lorsque son époux guerroie, c'est Caroline qui gouverne. Le 4 mai 1812, Murat est à Paris ; le 12, il part à la guerre. À Naples, elle est seule à régner, heureuse, et s'acquitte de sa charge avec brio. De Russie, Murat enrage à l'idée que sa femme est seule sur le trône. Il ne cesse de lui écrire qu'il va tenter de rentrer à Naples. Elle est doublement désespérée face à cette initiative : elle est convaincue que Napoléon considérera celle-ci comme une désertion ; et d'autre part, elle pense qu'une fois rentré, son époux nuira au travail qu'elle a accompli durant son absence. « Mon ami, je reçois ta lettre du 20 septembre, qui m'a fait une peine infinie, lui écrit-elle dès

338 *Ibid.*, p. 277.

qu'elle a connaissance de ce projet. J'y vois que tu es mécontent et triste. Je ne puis te dire combien j'en suis peinée. Calme-toi, mon ami, ne va pas en un instant perdre le fruit d'une campagne si périlleuse et si brillante. Je me faisais une fête de te revoir, mais ta lettre me le fait craindre. Espère, mon ami. Au moment où je croyais n'avoir plus qu'à me féliciter et à jouir de ton bonheur, tu parais te plaire à le repousser et à le détruire. Je t'en prie, s'il en est encore temps, viens près de ton amie et de tes enfants, mais ne t'ôte pas les moyens de retourner près de l'empereur quand tu le voudras[339]. » Ainsi leurs différends se manifestent ouvertement jusque dans leur correspondance.

D'ailleurs, l'idée que Murat pourrait le trahir ne cesse d'occuper l'esprit de Napoléon. Lorsqu'il est contraint de quitter la Russie à cause de la conspiration de Malet, le 5 décembre 1812, Napoléon nomme Murat commandant en chef de la Grande Armée. Et, pour l'amadouer, il lui fait encore des dotations pour son royaume de Naples : licences commerciales, suspension des armements maritimes, don de la principauté de Pontecorvo à son fils Lucien. Mais les doutes de l'Empereur sont justifiés. En effet, il quitte la Russie avec le sentiment que Murat ne sera guère à la hauteur de ce qu'il lui a demandé : « Je crains qu'il ne fasse pas tout ce qu'il est nécessaire pour réorganiser l'armée, confie-t-il à Caulaincourt sur le chemin du retour. J'aurais peut-être mieux fait de l'emmener à Paris ou de le laisser retourner à Naples, mais il ne serait peut-être pas revenu pour l'ouverture de la campagne et il me manquerait, avec la jeune cavalerie que j'aurai. Il m'est attaché, mais il a une ambition et une vanité ridicules. Il se croit des talents politiques supérieurs, ce qui lui manque tout à fait. La Reine a plus d'énergie dans son petit doigt que le Roi dans toute sa personne. [...] Si le Roi me survivait, il serait capable de quelque incartade, mais j'y mettrai ordre d'avance. Tous les Français que j'ai faits rois oublient bien vite qu'ils

---

339 Cité par Florence Vidal, *Caroline Bonaparte, sœur de Napoléon Ier*, Paris, Pygmalion, 2006, p. 152.

sont nés dans cette belle France, et que leur beau titre est celui de citoyen français[340]. » Le 16 janvier 1813, Murat renonce en faveur d'Eugène à la charge qui lui fut confiée par son beau-frère sur le front russe. Il brûle de rejoindre son royaume tellement il manque de confiance en Caroline. La réaction de l'Empereur sera implacable : « Je ne veux pas vous parler du mécontentement que j'ai éprouvé de la conduite que vous avez tenue depuis mon départ de l'Armée, parce que cela provient de la faiblesse de votre caractère [...] Toutefois, j'ai cru devoir m'en ouvrir à la reine de Naples, votre femme. Vous êtes un bon soldat sur le champ de bataille, mais hors de là vous n'avez ni vigueur, ni caractère. Je suppose que vous n'êtes pas de ceux qui pensent que le lion est mort. Si vous faisiez ce calcul, il serait faux. Vous m'avez fait tant de mal que vous pouviez depuis mon départ de Vilna. Le titre de roi vous a tourné la tête. Si vous désirez le conserver, ce titre, il faut vous conduire autrement que vous n'avez fait jusqu'à présent[341]. » C'est ce que demandait l'intelligente Caroline, mais en vain, et ses supplications restèrent lettre morte : « Quoi, tu pourrais céder à un autre la gloire d'aider l'Empereur à écraser ses ennemis ? Tu quitterais après avoir supporté six mois de fatigues, et passé la saison la plus rigoureuse ? Non, mon ami, tu ne feras pas cela[342]. » C'est pourtant ce qu'il fait, quittant la Russie sans demander la moindre autorisation. Le 31 janvier 1813, Murat arrive à Naples et se dépêche d'annuler les mesures prises par sa femme. Caroline, furieuse de ce retour intempestif, laisse voir sa colère. Sait-elle à quel point son mari ne supporte pas qu'elle exerce son autorité ? Et, pour sauver sa couronne, Murat est prêt à tout. Il flirte avec les Autrichiens, avec les Anglais et il pense engager la lutte contre Eugène. Il entre de plain-pied dans la trahison ! Début avril 1813, Murat contacte Metternich ; il demande de lui garantir le trône et, en échange, s'engage à combattre avec les troupes autrichiennes contre les Français. La brouille

340 Général de Caulaincourt, *En traîneau avec l'Empereur*, Paris, Arléa, 2002, p. 226.

341 Cité par Gilbert Martineau, *Caroline Bonaparte, Princesse Murat, Reine de Naples*, Paris, Éditions France-Empire, 1991, p. 165.

342 Cité par Florence Vidal, *Caroline*, *op. cit.*, p. 155.

entre Caroline et son mari s'accentue : « Il suffit que la reine désire quelque chose pour que le roi la refuse, qu'elle protège quelqu'un pour que le roi le prenne en grippe », constatait alors le comte Mier, ambassadeur d'Autriche à Naples et amant de Caroline[343].

Néanmoins, durant la période de trouble propre à la campagne d'Allemagne, Murat s'inquiète du silence prolongé de Napoléon à son propos. Il lui écrit plein de doutes et de craintes : « Les circonstances sont trop fortes et trop graves pour que je n'éprouve pas le besoin d'aller au-devant de Votre Majesté et de lui demander comme je dois le servir. » Ce n'est qu'un double jeu et, pour l'heure, Caroline n'est pas concernée. Napoléon ne répondra pas. En juin 1813, Murat, bien qu'empêtré dans de multiples tentatives et manigances antifrançaises, écrit encore à Napoléon : « Revenez donc, Sire, à une confiance fondée sur vingt ans d'épreuves et de fidélité. C'est le plus ancien et le plus dévoué de vos lieutenants, c'est votre sœur, ce sont vos neveux qui sollicitent votre cœur[344]. »

Caroline est-elle aussi prête à changer de camp ? Sa liaison avec le comte Mier semblerait l'indiquer, illustrant cette tendance à la trahison dont de nombreux membres de la famille impériale se rendront coupables. Ne croit-t-elle plus à la bonne étoile de son frère et souhaite-t-elle, à l'instar de Joséphine, Hortense ou Marie-Louise, sauver ce qui peut encore être sauvé ? Enfin, approuve-t-elle les négociations de son mari avec les ennemis de son frère ? Encore une fois Napoléon saisit ce manège ; il écrit à Caroline qu'il est au courant des intrigues fomentées par son mari. Nous sommes en août, moment dramatique qui marque le début de la chute de l'Empire napoléonien. Dans ce contexte, malgré ces trahisons, l'empereur pare au plus pressé : il convoque Murat à Dresde où il se trouvait. Ce dernier s'exécute sur-le-champ et constate sur place le moral catastrophique des troupes. Napoléon confie à son beau-frère

343 Cité par Bernardine Melchior-Bonnet, art. cit.

344 Luisa Rasponi, *Souvenirs d'enfance*, Paris, Librairie académique Perrin, 1929, p. 147.

un commandement et ce dernier combattra encore pour la France. Ambiguïté d'un monde en train de sombrer.

À Naples, Caroline est de nouveau régente. Elle prouve alors, peut-être pour la dernière fois, en dehors de son courage, sa fidélité à son frère. Lorsque les Anglais tentent d'attaquer son royaume, à cheval, entourée de ses généraux, elle guette ses frontières, prête à se battre. De même, elle organise avec faste dans sa capitale l'anniversaire de Napoléon. Mais les doutes commencent à l'envahir. Que faire face à ce désastre presque imminent, surtout après la défaite de la bataille de Leipzig ? Une lettre pleine de menace venue de Vienne, rédigée par Metternich, finit par la décider d'emprunter, elle aussi, la voie de la trahison. Elle fait savoir à l'ambassadeur Mier son ferme désir d'entamer des négociations avec l'Autriche. Elle va jusqu'à critiquer son mari d'être parti pour rejoindre son frère à Dresde. « Il paraît que les Alliés n'ont pas encore ratifié le traité du roi de Naples[345], écrit Napoléon à Joseph le 26 février 1814. Je désire que vous expédiiez quelqu'un des vôtres qui se rende en toute diligence auprès du roi, que vous lui écriviez avec franchise sur l'iniquité de sa conduite, en lui offrant d'être son intermédiaire pour le faire revenir, qu'il n'a que ce parti à prendre, sans quoi il est perdu soit pour la France, soit pour les Alliés. [...] Les Anglais même ne le reconnaissent pas comme roi. [...] Ecrivez aussi à la reine sur son ingratitude que rien ne peut justifier et qui révolte même les Alliés[346]. »

Quant à Murat, qui tente de jouer sur les deux fronts, l'Autriche lui intime l'ordre de quitter l'armée française. Une lettre de Metternich l'informe que l'Autriche et l'Angleterre sont d'accord pour lui laisser le trône de Naples s'il entre dans la coalition contre la France. Il s'exécute et, le 24 octobre 1813, il quitte définitivement la Grande Armée et Napoléon qu'il ne reverra plus jamais.

345 Le traité liant Naples à l'Autriche a été signé le 11 janvier 1814. Joseph enverra une lettre à Murat le 28 février pour le faire revenir à la raison.

346 Napoléon et Joseph, *Correspondance intégrale*, *op. cit.*, p. 823-824.

Les dés sont jetés : le couple, d'une seule voix, pense sauver son trône grâce à Vienne. Tous deux ont confiance en François Ier. Quant à ce frère si longtemps adulé, brusquement il devient pour Caroline l'unique belliciste d'un conflit qui remonte à la Révolution française. Oubliées la dette, la reconnaissance et l'affection qui la liait à son frère. Elle passe sans état d'âme dans le camp des ennemis de la France. Que voulaient-ils alors : conserver le trône de Naples et recevoir les États pontificaux ? Libérer l'Italie et l'unifier sous leur sceptre ?

« Mon parti est pris, dira Murat alors aux Autrichiens, je veux m'unir aux Alliés, défendre leur cause, contribuer à chasser les troupes françaises d'Italie, et j'espère qu'on me fera contribuer aux avantages qui devront en résulter. Je promets de renoncer franchement à mes relations avec la France. Je veux bien me lier avec l'Autriche et agir entièrement dans ses vues, pourvu qu'elle me soutienne en toute occasion et me procure des avantages indispensables[347]. » Face à tant de désertion, forfaiture et félonie, Napoléon joue les candides. Il envoie Fouché chez Murat pour exiger qu'il entre en guerre à ses côtés avec 25 000 hommes et qu'il secoue sa sœur afin qu'elle ne subisse pas l'influence de Metternich. Il pense alors que c'est elle qui joua un rôle décisif dans la défection de Murat. En effet, Caroline ne s'embarrassera guère en répondant à Fouché : « Monsieur le duc, vous venez trop tard ; le cœur du roi est à l'Empereur, mais son imagination est séduite par le royaume d'Italie unifié[348]. »

Les pressions autrichiennes ne lâchent pas Murat. Le 31 décembre 1813 arrive à Naples un messager de Vienne, le comte de Neipperg, porteur d'instructions de Metternich et d'une missive de François Ier. Cette fois-ci le rappel à l'ordre est sans équivoque : Murat doit entrer en guerre aux côtés des Alliés, sinon il perd son trône. Plus de temps à perdre, le traité

347 Cité par Jean Tulard, *Murat, op. cit.*, p. 341-342.
348 Gilbert Martineau, *Caroline Bonaparte, op. cit.*, p. 193.

d'alliance entre Naples et l'Autriche est signé. Murat ose encore écrire à Napoléon : « Sire, je viens de conclure un traité avec l'Autriche. Celui qui a combattu si longtemps près de vous, votre beau-frère, votre ami, a signé un acte qui semble lui donner une attitude hostile contre vous[349]. » Il évoque encore son déchirement, la nécessité qui lui fut imposée et, enfin, le long silence de Napoléon qui l'a dérouté. Au moins Murat a des remords, ce qu'on ne peut guère observer chez Caroline, qui est, en tout, d'accord avec cette traîtrise. La voie est désormais ouverte aux pires accusations contre celui qui fit de Murat et de Caroline des personnalités historiques : « L'Empereur ne veut que la guerre ! » dit Joachim à ses soldats ; « Tant que j'ai pu croire que l'empereur Napoléon combattait pour la gloire et le bonheur de la France, j'ai combattu à ses côtés ; aujourd'hui il m'est impossible de conserver la moindre illusion » ; « Il n'y a plus d'honneur à servir la folle ambition de l'Empereur Napoléon, à lui assujettir le monde ! » Napoléon est en colère, pis encore, fou de rage devant de semblables déclarations. Il aura cette remarque amère, mais juste : « Il n'y a que deux hommes qui ne m'ont jamais pardonné d'être roi de France [...] Bernadotte et Murat ; on dirait que je me suis mis à leur place. [...] La conduite du roi de Naples est infâme et celle de la reine n'a pas de nom. J'espère vivre assez pour venger moi et la France d'une ingratitude aussi affreuse[350]. »

Lors de la campagne de France, Murat, pris de remords, écrit encore à Napoléon, afin de lui exprimer sa souffrance et lui rappeler son amitié. L'heure est grave, rien ne doit être refusé : l'Empereur demande à Eugène de contacter « ce traître extraordinaire ». Caroline, encore plus déchaînée contre son frère, veille. Son amour pour lui est une page de sa vie qu'elle a définitivement tournée. Maintenant, elle invoque son devoir d'épouse et d'obéissance à son époux. En fait, elle est prête à suivre cette

349 *Ibid.*, p. 204.
350 Cité par Jean Tulard, *Murat*, *op. cit.*, p. 350-351.,

voie d'alliance complète avec l'Autriche, au point de penser que c'est elle la première qui a œuvré à ce tournant. « La reine est parfaite, écrivait Mier à Metternich. Elle a déployé dans cette occasion une force de caractère qu'on ne lui supposait pas. C'est elle qui a le plus contribué au renvoi [de l'ambassadeur français] et à la détermination que vient de prendre le roi de ne plus s'obstiner à garder les Français qui veulent s'en aller. Elle saura bien mieux [...] suivre pour satisfaire aux engagements contractés avec l'Autriche[351]. » L'attitude hésitante de Murat fit que Caroline apparaissait plus fiable aux yeux des Alliés. C'est grâce à sa présence vigilante auprès de son mari que Metternich comptait avoir Murat sur le front contre la France. En effet, elle fit savoir à son époux « que s'il osait se déshonorer, en manquant à ses engagements avec l'Autriche, elle reprendrait sa liberté d'action et maintiendrait les liens entre Naples et Vienne grâce aux bons offices de Mier et de Metternich[352]. » En octobre 1814, Caroline écrivit à Madame Récamier pour lui demander de l'aider dans le choix d'un publiciste qu'on chargerait de la rédaction d'un mémoire destiné à éclairer le congrès de Vienne et à disposer les souverains en faveur du roi Joachim. Madame Récamier pensa tout de suite à Benjamin Constant qui accepta cette charge avec plaisir. « Lorsque la rédaction du mémoire fut terminée, le gouvernement napolitain fit offrir à Benjamin Constant vingt mille francs et une décoration ; en même temps on lui proposait de se rendre à Vienne pour y défendre les intérêts et les droits qu'il avait exposés avec tant de talent, mais cette mission devait rester secrète. Benjamin Constant à son tour demandait, par l'entremise de Madame Récamier, à être envoyé avec un caractère ostensible. Cette prétention ne pouvait être admise [par Caroline][353]. »

Mais cette trahison sera inopérante : les Bourbons restaurés à Paris et à Madrid ne veulent pas de Murat sur le trône d'un autre Bourbon.

351 Cité par Gilbert Martineau, *Caroline Bonaparte*, *op. cit.*, p. 211.

352 *Ibid.*, p. 216

353 *Souvenirs et correspondance de Madame Récamier*, *op. cit.*, t. II, p. 272-275.

Et Talleyrand se range à leur avis. Ferdinand IV finira par arriver à Naples. Encore une fois, alors qu'il se trouve dans l'île d'Elbe, Murat fait une tentative pour renouer avec Napoléon, en lui rappelant son sincère attachement. C'est la fidèle Pauline qui assure cette réconciliation. Encore une fois, Caroline s'oppose et va jusqu'à blâmer publiquement cette initiative. Bon stratège, Napoléon fait semblant de tout pardonner. On ne sait jamais : un tel sabreur n'est pas facile à trouver. « Murat est à nous, disait-il à ses proches. J'ai eu beaucoup à m'en plaindre autrefois. Depuis que je suis ici, il a pleuré ses fautes, et réparé autant qu'il a pu ses torts avec moi. Je lui ai rendu mon amitié et ma confiance. Ses secours, si j'avais la guerre, me seraient fort utiles[354]. » Napoléon ira jusqu'à informer Murat de sa résolution de rentrer en France et lui déclarera que la patrie l'appelle lui aussi. Une fois à Paris, l'Empereur lui écrit encore pour lui signifier qu'il compte sur lui. À peu près à la même période, Murat assurait le comte Mier de sa fidélité à Vienne et du fait qu'à tout moment il restait subordonné à la politique des Alliés.

L'effondrement se généralise et le couple se disloque. « Napoléon rendu à la liberté, c'est notre trône menacé », disait Caroline à qui voulait l'entendre. Et elle narguait son mari, allant jusqu'à lui dire que s'il s'engageait avec son frère, elle n'assurerait plus la régence. Pis encore, elle remet à Mier le rapport confidentiel du départ de Napoléon de l'île d'Elbe, qu'elle possédait grâce à sa sœur Pauline. « L'Empereur Napoléon redevenu Empereur des Français, bouleversera de nouveau toute l'Europe. [...] On aurait tort de croire que l'âge et l'expérience l'auraient corrigé[355]. » Et elle ne cessait d'assurer l'Autriche que son mari se battrait à ses côtés contre Napoléon. Par conséquent, Murat demanda à Metternich d'avoir l'honneur de signer la déclaration des Alliés qui considérait Napoléon « hors la loi ».

354 Cité par Gilbert Martineau, *op. cit.*, p. 236-237.

355 Frédéric Masson, *Napoléon et sa famille*, *op. cit.*, t. XI, p. 204.

L'agitation de Caroline ne lui servira à rien. Une fois les Bourbons à Naples, elle prend contact avec les Anglais – suscitant la colère de Murat – et se réfugie à bord du Tremendous en rade de Naples. Elle finit par débarquer à Trieste le 6 juin 1815. Pour Napoléon, Murat n'existe plus autant que sa sœur[356]. Il refusera de revoir Murat lors des Cent-Jours et, par conséquent, celui-ci sera absent à la bataille de Waterloo. Le désastre de la France sera aussi celui de Murat, payant de sa vie ses mauvaises intrigues, ses alliances boiteuses et son goût de l'aventure.

L'Europe post-napoléonienne lui est hostile et la France de Louis XVIII veut sa perte. Murat se cabre : le sud de l'Italie est secoué par les massacres des bonapartistes. Cela n'empêche pas le roi Joachim de débarquer, le 8 octobre 1815, avec ses proches collaborateurs à Pizzo en Calabre. Il est vite repéré, presque lynché et sauvé de justesse de la foule déchaînée. Jugé par une commission militaire, il sera condamné à mort, suivant un ordre de Ferdinand IV. Il n'eut que le temps d'écrire à Caroline et à ses enfants pour leur demander de ne pas maudire sa mémoire. « Ne m'oublie jamais ; ma vie ne fut entachée d'aucune injustice. [...] Je vous laisse sans royaume et sans bien, au milieu de mes nombreux ennemis ; [...] montrez-vous supérieurs à l'infortune, pensez à ce que vous êtes et à ce que vous avez été, et Dieu vous bénira. » Il sera fusillé le 13 octobre 1815. Caroline portera le deuil de son mari, mais elle trouvera assez vite consolation auprès du général Francesco Macdonald, ancien ministre de la Guerre de Murat ; en 1817, elle finira par l'épouser morganatiquement.

L'image de l'élégant et courageux sabreur sera éclipsée par celle du traître vis-à-vis de celui à qui il devait tout. À Sainte-Hélène, Napoléon formula l'essentiel de ce qu'il pensait de Murat, le considérant comme responsable de la chute de 1814 : « Il est une des grandes causes que nous sommes ici. Du reste, la première faute en est à moi. Ils étaient plusieurs

---

356 À Sainte-Hélène, son frère aura pour elle, à plusieurs reprises, des mots plutôt flatteurs. Elle resta à ses yeux une femme habile, belle et capable. *Cf. Le Mémorial de Sainte-Hélène, op. cit.*, t. II, p. 96. Même penchant chaleureux de Las Cases qui relate ses contacts avec la famille impériale, à son retour en Angleterre en 1818 : un proche de Caroline lui avait assuré qu'il était spécialement chargé de témoigner des tendres sollicitudes, du dévouement et des bons vœux de la sœur pour son auguste frère. *Ibid.*, p. 630.

que j'avais faits trop grands ; je les avais élevés au-dessus de leur esprit. Je lisais, il y a peu de jours, sa proclamation en se séparant du vice-roi ; je ne la connaissais pas encore. Il est difficile de concevoir plus de turpitude : il y dit que le temps est venu de choisir entre deux bannières, celle du crime ou de la vertu, or, c'est la mienne qu'il appelle celle du crime. Et c'est Murat, mon ouvrage, le mari de ma sœur, celui qui me doit tout, qui n'eût été rien, qui n'existe, qui n'est connu que par moi, qui écrit cela ! Il est difficile de se séparer du malheur avec plus de brutalité, de courir avec plus d'impudeur au-devant d'une fortune nouvelle. [...] Murat avait un très grand courage et fort peu d'esprit. La trop grande différence entre ces deux qualités l'explique en entier. Il était difficile, impossible même, d'être plus brave que Murat et Lannes. Murat n'était demeuré que brave. L'esprit de Lannes avait grandi au niveau de son courage ; il était devenu un géant[357]. »

Quant à Caroline, devenue comtesse de Lipona (anagramme du nom de la ville sur laquelle elle avait régné, Napoli), elle sera dépouillée de ses biens personnels que l'Angleterre lui avait, néanmoins, garantis. Elle habita plusieurs années le château de Hainbourg en basse Autriche : c'est là qu'elle apprit la mort de Murat. Plus tard, en 1817, elle acheta le château de Frohsdorf. Selon certains historiens, Caroline put et sut emporter dans son exil une fortune immense en bijoux, argenterie, objets d'art et tableaux de maître. Puis elle s'installa à Trieste en 1824. Ce n'est qu'en janvier 1831 que Caroline eut le droit de vivre à Florence, où elle acheta le palazzo Griffoni. En 1838, elle put enfin renter en France. À Paris, elle continua à se battre, comme elle le faisait depuis des années, pour que lui soit rendu son domaine de Neuilly. Mais cela ne devait jamais aboutir et la seule concession du gouvernement de Louis-Philippe fut la donation d'une rente annuelle de 100 000 francs. Et, en reconnaissance de son passé glorieux, elle fut invitée par la famille royale aux Tuileries.

357 *Le Mémorial de Sainte-Hélène, op. cit.*, t. I, p. 881-882.

Caroline mourut le 18 mai 1839 d'un ulcère à l'estomac comme de nombreux Bonaparte. Elle n'avait que 57 ans, mais sa vie fut riche en événements et en retournements, constituée de moments heureux, de périodes pénibles et de singuliers malheurs. Elle sera ensevelie dans une chapelle de l'église des Ognissanti à Florence. Elle ne reste dans l'Histoire qu'au titre de sœur de Napoléon.

Élisa, une « tête de mâle » et une « âme forte »

Cette formule imaginée par Napoléon à Sainte-Hélène à propos d'Élisa synthétise l'essentiel de ce qu'il pensait de sa sœur : elle était la plus compétente à exercer le pouvoir politique. Forte femme au destin exceptionnel, elle fut l'aînée des sœurs de l'Empereur. Elle naquit à Ajaccio le 3 janvier 1777. Prénommée d'abord Maria-Anna, elle fut ensuite appelée Marianne (afin de franciser son nom), avant qu'elle ne choisisse elle-même le prénom d'Élisa. Quittant très tôt, en 1783, la maison paternelle pour la maison royale de Saint-Cyr, grâce à une bourse, Élisa connaîtra la solitude hors de son foyer familial, comme ses frères Joseph et Napoléon. La pauvreté de la famille Bonaparte avait déterminé Marbeuf, le gouverneur de la Corse, à obtenir pour elle cette faveur. Mais, à la Révolution, l'établissement est fermé et Napoléon ramène sa sœur en Corse, le 1er septembre 1792. À peine arrivée, elle doit, le 13 juin 1793, fuir en France avec sa famille, toujours à cause des événements politiques. Élisa frôle alors, avec sa mère et ses sœurs, la misère, heureusement pour peu de temps, grâce à ce frère cadet devenu chef de famille et promis depuis son jeune âge à un avenir glorieux.

Élisa eut d'ailleurs du mal à trouver un époux dans un monde où la dot, l'argent en général et les relations mondaines étaient essentielles. C'est la raison du choix qui fut fait par sa mère, qui accorda la main de sa fille au premier qui la demanda, un médiocre officier corse, Pascal-Félix Bacciochi, alors capitaine d'infanterie légère. Ce mariage sans éclat eut lieu à Marseille le 1er mai 1797.

Malgré ces débuts modestes, Élisa s'installe, sous le Consulat, dans une vie luxueuse et brillante, à l'ombre de son frère Lucien. Dans son hôtel particulier de Brissac, faubourg Saint-Germain, et dans sa résidence de campagne du château de Plessis-Chamant, près de Senlis, Élisa est l'hôtesse des lieux, du fait du veuvage de son frère. Elle crée un salon fréquenté par les célébrités littéraires et artistiques d'alors : on y côtoyait, parmi tant d'autres, Roederer, Volney, David, Gros, Fontanes, Chateaubriand, Barante, La Harpe. Elle apparaît alors comme la protectrice de la culture et comme une sorte de mécène.

À Paris, Élisa finira par habiter chez elle, d'abord rue Sainte-Dominique, puis en 1803, elle achète, au numéro 7 de la rue de la Chaise, l'hôtel Maurepas. Dans le cadre de l'Empire, devenu princesse héréditaire, Altesse Impériale, elle est nommée princesse de Lucques et de Piombino. C'était un lieu hautement stratégique sur le plan géopolitique et Napoléon, la plaçant là, prouva sa confiance dans les capacités d'administratrice de sa sœur. Le 14 juillet 1806, elle fit son entrée solennelle sur ses terres. Mais elle voulait davantage. Napoléon cède et, en 1808, elle devient grande-duchesse de Toscane.

Dans ce contexte, son mari, Bacciochi, est dépassé. Heureusement, son beau-frère parvient à l'occuper : nommé commandant d'une demi-brigade, il est envoyé à Sedan. Ensuite, son épouse le cantonnera à la sphère militaire, lui signifiant de ne jamais se mêler de questions relevant du politique. Il avait au moins la consolation d'être honoré des titres de prince et général de division.

Élisa est seule à tenir les rênes du pouvoir ; ses désirs les plus secrets sont exaucés, elle est souveraine, elle vit dans le luxe au palais Pitti à Florence et elle est reconnue par tous comme une bonne administratrice : lancement de grands travaux, mise en valeur des mines, des salines, des forêts, des carrières. Elle encouragera, à l'instar de son frère, les manufactures de soie et de velours. N'oubliant pas son hobby, elle est avant tout la protectrice des arts et des lettres, créant l'Académie Napoléon. C'est l'heure du bonheur où la sœur est à l'écoute de son auguste frère, suivant à la lettre ses directives. Elle a besoin de sa reconnaissance concernant ses compétences de femme de pouvoir. Elle travaille dur, mais avec intelligence et passion. Elle est aussi une mère attentive et protectrice. Malheureusement, de ses cinq enfants, seuls deux survivront : sa fille Napoléone, future comtesse Camerata, qui aura une vie longue et aventureuse (1806-1869), et son fils Frédéric-Napoléon (1814-1833) qui mourra jeune d'une chute de cheval.

À l'heure de la tourmente, sa première réaction est de sauver avant tout sa position et sa fortune : « Les malheurs de la patrie, ceux de son frère duquel elle tenait tout et auquel elle tenait si peu, la touchaient infiniment moins que l'appréhension d'être dépossédée de ce que ce frère lui avait donné[358]. » Elle se met alors en rapport avec les perfides Fouchet et Murat. Prévenu de la trahison de son beau-frère, Napoléon encourage Élisa à ne pas quitter la Toscane : « Je compte dans cette circonstance sur votre caractère », lui écrit-il. Trop tard ! Le 31 janvier 1814, les Napolitains occupent la province. Élisa se retire à Lucques, qu'elle est obligée de quitter quinze jours plus tard. Commence alors une pénible errance, d'autant plus qu'elle est enceinte de trois mois. Elle tente avec son mari de rejoindre la France ; ils parviennent jusqu'à Montpellier. Là, Élisa apprend la chute de Paris. Refusant

358 Joseph Turquan, *Élisa et Pauline, Sœurs de Napoléon*, Paris, Éditions Jules Tallandier, 1954, p. 88.

de rejoindre son frère sur l'île d'Elbe, elle pense pouvoir s'installer à Rome. Mais c'est impossible et elle se contente de Bologne. Durant ce temps, les Autrichiens ont mis sous séquestre ses propriétés de Lucques et de Piombino. Nouvelle bataille à mener : les récupérer. Mais François Ier ne veut même pas la laisser entrer à Vienne, l'obligeant à se replier sur Gratz. Elle y retrouve son frère Jérôme. Ensuite, elle s'installe un temps à Bologne. Le gouvernement autrichien finira par lui restituer une partie de sa fortune.

Le retour de Napoléon et les Cent-Jours se passent sans elle. Soupçonnée d'avoir été au courant de l'évasion de son frère de l'île d'Elbe, elle est faite prisonnière et exilée à Brünn. À partir de ce moment, elle sera surveillée jusqu'à la fin de sa vie. En mars 1816, grâce à Metternich, elle réussit à se fixer à Trieste, prenant alors le nom de comtesse de Compignano[359]. Avec le reste de son ancienne fortune, elle put s'acheter néanmoins le palais Compignano et une maison de campagne, la villa Vicentina.

Durant les dernières années de sa vie, elle ne manifesta aucun signe de solidarité avec son frère, préférant le critiquer, et elle compta ses erreurs qui la conduisirent à la ruine. Elle commença même à douter de ce frère qui, pourtant, lui avait tout donné ! Mais comme la majorité de ses « proches », elle considérait que Napoléon ne devait pas perdre. On était avec lui tant qu'il avait la gloire, le pouvoir et l'influence sur tout un continent. « Dans une lettre à un ami, le duc de X…, datée du 15 avril 1814, elle écrivit : "Voilà donc cette catastrophe arrivée. Tout est perdu. Je me décide à partir pour Naples. *Je ne résiderai jamais à l'île d'Elbe*. Je veux me fixer à Rome, si le gouvernement français n'y trouve pas d'obstacle et si le Pape le veut. Travaillez pour moi auprès du prince de Bénévent, nous sommes proscrits, tout le monde nous accable[360]". » Au regard de l'histoire, Élisa reste celle qui voulait s'allier à Murat afin de sauver son trône. À n'importe quel prix. Mais Murat la trahit, elle aussi. Elisa pleura sur son

---

359 Tous les Napoléonides changèrent alors de noms : Joseph (comme nous l'avons déjà signalé) devint comte de Survilliers, Jérôme, comte de Montfort, Louis, comte de Saint-Leu, Caroline, comtesse de Lipona et Élisa, comtesse de Compignano.

360 Iung, *Lucien et ses Mémoires*, t. III, p. 183 cité par Joseph Turquan, *Élisa et Pauline*, *op. cit.*, p. 93-94.

sort, causé par la chute de son frère, mais pas sur son frère[361]. Comment vivre en n'étant plus princesse de Lucques et de Piombino, ni grande-duchesse de Toscane ? Il ne lui restait qu'un nom de famille à jamais glorieux : Bonaparte. Mais, pour l'heure, il était difficile à porter. Élisa, comme ceux de sa fratrie, n'imaginait pas sa vie sans la fabuleuse destinée de Napoléon. Jeune fille pauvre et pas particulièrement belle, on peut facilement supposer qu'elle serait probablement restée vieille fille. Mais à cela elle n'a jamais songé. Préférant subir l'humiliation, elle passa son temps à écrire, à supplier ou à solliciter l'aide des pires ennemis de son frère : Fouché, Talleyrand, le tsar Alexandre, Metternich et même aussi les nouveaux maîtres de la France. Mais, personne ne lui vint en aide et elle le ressentit comme une injustice. Pas un moment, elle ne fit le lien entre le sort de Napoléon et le sien. Pourquoi s'en prendre à elle, alors qu'elle n'est que sa sœur ? Son désarroi est tel, que cette femme, pourtant intelligente, ne pense qu'à elle et à ses compétences lorsqu'elle avait à administrer ses États. Elle a une seule hantise et un unique désir : manœuvrer pour récupérer ses biens, bien qu'elle vive dans le confort de ses maisons. Néanmoins, les événements qui avaient frappé toute sa famille et l'instabilité dans laquelle se tenaient tous les Napoléonides ébranlèrent sa santé. Elle finit par attraper une fièvre nerveuse qui lui attaqua les fonctions vitales. Elle meurt le 7 août 1820 à quarante-trois ans dans sa villa Vincentini. Elle sera ensevelie à San Petronio, dans l'une de ses chapelles.

Selon Joseph Turquan, les deux sœurs de Napoléon ont eu une influence néfaste, qui a fait un tort immense à l'Empire. Et il va encore plus loin : « Le régime impérial doit en partie sa chute aux sœurs de Napoléon. [...] C'est l'une d'elle, Caroline, qui est la cause originelle directe des désastres de l'Empire ; c'est elle aussi qui, en 1814, donna le coup de grâce à l'Empire, à la France[362]. »

---

361 Selon Joseph Turquan, Élisa, prise de remord, écrivit à Napoléon en 1816 « qu'elle désirait aller le rejoindre à Sainte-Hélène et lui apporter, par sa présence, des consolations qui pourraient adoucir son sort. Mais cette offre ne put être suivi d'effet. *Ibid.*, p. 95.

362 Joseph Turquan, *Élisa et Pauline, sœurs de Napoléon*, *op. cit.*, p. 5.

Certes, nous ne partageons pas ce constat sévère, sans doute même excessif. Néanmoins, force est de constater que ces deux sœurs allèrent plus loin dans la collaboration avec l'ennemi que ne le firent leurs frères, qui, tout en cherchant à sauver leur fortune, ne trahirent pas pour autant leur pays et Napoléon.

Les maîtresses

Les femmes qui ont croisé la vie de Napoléon bénéficièrent de toute sa reconnaissance, alors même qu'il aurait pu, dans certains cas, se plaindre de leur ingratitude. Ses amours de jeunesse étaient réduites à des liaisons sans lendemain. Sa pensée était ailleurs. « Non seulement il pardonne à la femme, mais, vertu plus rare, il dédaigne les complices qu'elle s'est donnés. [...] Jamais, il ne priva aucune de la vie ni de la liberté[363]. » Notre propos n'est pas d'inventorier toutes les femmes qui, d'une manière ou d'une autre, sont entrées dans la vie de Napoléon. D'autres l'ont déjà fait et cette problématique n'est pas celle de notre ouvrage. Nous évoquerons donc uniquement celles qui ont joué un rôle à un moment donné ; de même, nous avons souhaité connaître la manière dont l'Empereur s'était comporté avec les femmes à qui il devait, ou pensait devoir, un moment de bonheur, fût-il éphémère. Cependant, nous n'essayerons pas d'éclaircir les rumeurs concernant les vraies ou fausses maîtresses, dont l'existence, pour certaines, a été tenue secrète par l'Empereur ; telles les quelques passades qu'il aurait eues dans l'île d'Elbe avec, par exemple, la prétendue comtesse de Rohan qui serait venue lui offrir ses services et qu'il aurait éconduite. Ni de percer le mystère de l'inconnue que Napoléon avait déjà reçue à Paris, dans son appartement de l'Orangerie de Saint-Cloud et qui, de sa propre initiative, l'avait rejoint à Porto-Ferajo. Dévouée, amoureuse, elle était toujours là

363 Frédéric Masson, *Napoléon et les femmes*, *op. cit.*, t. I, p. 75.

pour lui à l'heure du malheur. En 1815, lors de la seconde abdication, elle était à Rambouillet prête à le suivre dans son exil définitif. Même le refus net de l'Empereur ne l'empêcha pas d'espérer le retrouver un jour. Cet amour resta à jamais secret ; mais il prouve qu'il eut aussi des femmes d'une qualité rare, dont le mobile ne fut ni le pouvoir, ni la fortune, mais un amour sincère qu'on a peut-être du mal à saisir, plongé dans le destin tragique et prodigieux de cet homme hors de commun.

Au plus profond de sa captivité, des femmes lui ont-elles apporté un peu de consolation ? Il ne s'agit pas ici de verser dans le romanesque, là où tant d'autres l'ont fait, d'ailleurs davantage pour abaisser l'Empereur que pour trouver la vérité. À Sainte-Hélène, il se peut qu'il ait, un moment, oublié son triste sort, grâce à ses conversations innocentes avec Elizabeth Balcombe (Betsy) lors de son bref séjour à Briars. Enfin, les amours – si amours il y eut ? – avec l'épouse de Montholon, Albine, ont fait couler beaucoup d'encre, car les volontés testamentaires de Napoléon en sa faveur laissent à penser qu'ils avaient eus une liaison. Mais, en réalité, personne n'a encore cerné la vérité ou, plutôt, la nature de cette liaison[364].

Pauline Fourès

Marguerite-Pauline, née Bellisle, fut le premier amour extra-conjugal de Napoléon. La femme de l'Orient, le mythe des charmes inconnus ou le repos du guerrier ? Elle n'était qu'une petite modiste de Carcassonne qui avait épousé le lieutenant Fourès, et s'embarqua avec lui pour l'expédition d'Égypte de Bonaparte. ← *ill. 18*

Anéantis par les infidélités de Joséphine, décidé à divorcer, Napoléon est séduit par cette jeune femme au point de songer à l'épouser. Quant à elle, afin d'être disponible, elle divorce véritablement. Connue

364 Albine-Hélène de Vassal, comtesse de Montholon, quitta Sainte-Hélène avec ses quatre enfants le 2 juillet 1819. *Cf.* l'ouvrage romanesque de René Maury, *Albine, le dernier amour de Napoléon*, Paris, Calmann-Lévy, 1998.

sous le sobriquet de Bellilote, sûre de ses charmes et de l'amour que Napoléon lui portait, elle s'affichait partout en favorite. Avec sa générosité innée, Bonaparte la fit vivre dans le luxe et, parfois, elle jouait le rôle de maîtresse de maison lorsque le général recevait. On l'appelait aussi Clioupâtre. Il semblerait que Napoléon lui ait parlé de ses intentions de faire d'elle sa femme si elle lui donnait un fils. Toujours prêt à se marier lorsqu'il pensait être amoureux… Mais il n'en fit rien : ni divorce, ni second mariage. Au moment où Napoléon prépara son retour en France, il ordonna que Madame Fourès le rejoigne le plus vite possible. Capturée par les Anglais lors de la traversée, elle fut retardée et, lorsqu'elle arriva en France, tout était fini pour elle : Bonaparte se réconcilia avec Joséphine et le 18 Brumaire fit de lui le premier homme de France. Dès lors, Napoléon essaya de lui interdire l'entrée de Paris. Et comme elle n'acceptait aucune restriction, on la voyait partout sans que le Premier consul consente à la recevoir. Cette femme du sud lui en voulut toute sa vie, bien qu'il ait été généreux. Outre l'argent qu'il lui donna, il lui acheta un château proche de Paris et, en 1800, la maria à un ancien émigré, le comte Henry de Ranchoux, qui reçut le consulat de Hambourg.

Selon la duchesse d'Abrantès, Napoléon a beaucoup aimé Madame Fourès. Et elle dressa de cet amour à l'ombre des pyramides un portrait flatteur : « Napoléon trouvait dans Pauline une imagination ardente, active, une âme aimante, de l'esprit naturel au plus haut degré, et cultivé ce qu'il en fallait pour savoir et n'être pas pédante. Nul apprêt, nul calcul, et beaucoup d'abandon et de tendresse ; à cette réunion de choses qui ne se trouvent pas toujours ensemble, Bellilote, qui joignait un physique capable à lui seul de captiver, devait être aimée d'un homme à qui les prétentions, l'apprêt et le calcul étaient odieux dans une femme[365]. »

365 *Mémoires de la duchesse d'Abrantès*, t. II, *Bonaparte intime*, *op. cit.*, p. 43.

Mais la Bellilote continuait à vivre à Paris, à faire beaucoup de bruit autour d'elle, et, mondaine, on l'apercevait partout. Elle s'était lancé dans l'écriture, dans la peinture, non sans un certain talent. Vers 1816, elle finit par divorcer de son mari délaissé et quitta la France pour le Brésil en compagnie d'un certain Bellard. Elle vivra entre ces deux pays jusqu'en 1837. Grâce à ses affaires et à la vente de ses romans, sans oublier ce qu'elle reçut de Napoléon, elle eut une existence confortable, vivant jusqu'à quatre-vingt-douze ans (elle mourut le 18 mars 1869). Pauline conserva son entière intelligence, continuant d'écrire et de peindre, tout en jouant aussi à la harpe[366], jusqu'à la fin de sa vie.

Au moment de la chute de l'Empire, elle n'a pas collaboré avec l'occupant ; mais sa haine de Napoléon, du fait qu'il l'avait abandonnée lors de sa retraite d'Égypte, l'amena à brûler toutes les lettres qu'il lui avait écrites. Si elle a effacé, autant qu'elle a pu, le souvenir de cet amour, Pauline Fourès ne reste pas moins dans l'Histoire grâce à cet épisode de sa jeunesse qu'elle a, par la suite, exécré.

La Grassini

Giuseppina Grassini représente une liaison d'un autre style. ← *ill.* 17
Après la réconciliation avec Joséphine lors de son retour d'Égypte, Bonaparte n'est plus l'amoureux éternellement à la recherche de son épouse et dans l'attente désespérée de ses lettres, mais un homme qui a une femme à la maison et dont l'esprit est libre pour aller voir ailleurs. Comme il apprécie la musique, surtout la musique vocale, et qu'il aime l'opéra, la Grassini est alors un moment de bonheur dans un océan de difficultés. Il consacrait peu de temps à ses liaisons de passage et ses exigences étaient modestes : elles devaient être disponibles, belles et complaisantes. Lorsque la page était tournée, le Premier consul, et par la suite l'Empereur, n'oubliait jamais la

366 Frédéric Masson, *Napoléon et les femmes*, *op. cit.*, t. I, p. 64-65.

femme aimée ou désirée : il l'aidait dans sa carrière et dans sa vie. Il respectait le talent, le professionnalisme et l'amitié.

Napoléon rencontra la Grassini à Milan le 14 juin 1800, lorsque, rentrant triomphalement de la bataille de Marengo, elle chanta pour lui. À cette époque, Giuseppina n'était plus très jeune, elle avait 27 ans. Mais, depuis des années, elle rêvait de Napoléon. Si sa beauté commençait à se faner, sa voix était à son zénith. C'était une star, un contralto unique, une interprète d'opéra sans pareille. C'est donc la cantatrice qui séduisit le Premier consul. Dès le début de leur liaison, Napoléon la fit venir à Paris et il exerça tout son pouvoir pour qu'elle soit engagée au Théâtre de la République et des Arts. Pour l'heure, ce qui comptait à ses yeux, c'était de l'écouter chanter le plus souvent possible. C'est ainsi qu'elle chanta dans l'église des Invalides à l'occasion de la célébration de la victoire de Marengo.

Cette liaison ne sera pas de longue durée, au grand désespoir de la cantatrice. Gardée comme une maîtresse dans la clandestinité, elle finira par s'ennuyer et prendre des amants. Dès que Bonaparte l'apprit, il rompit sans états d'âme et la Grassini reprit sa vie d'étoile faite de voyages, de concerts et de nouvelles amours.

Toujours fidèle, alors que son désir pour elle n'était qu'un vague souvenir, Napoléon appela la Grassini à Paris afin qu'elle soit engagée à la Musique de Chambre qui s'organisait alors. Il lui ouvrit aussi, pour qu'elle puisse se produire sur scène, la salle de l'Opéra et celle des Italiens. Mieux encore, il la nomma première cantatrice de S. M. l'Empereur et Roi.

Avec la chute de l'Empire, la Grassini oublia tout, en particulier cette générosité dont elle profita jusqu'à la fin, et elle prit pour amant, comble de trahison, le duc de Wellington. Encore une preuve de l'ingratitude de la presque totalité des femmes qui ont, un temps, côtoyé Napoléon. Elle mourut en 1850.

Mademoiselle George

Marguerite-Joseph Weimer, dite **Mademoiselle George**, la tragédienne, correspondait au goût de Napoléon pour les tragédies classiques. Fille d'une chanteuse et d'un directeur de théâtre ambulant, elle naquit en 1787 à Bayeux. Elle fit ses débuts à la Comédie-Française à quinze ans. Sa liaison avec le Premier consul dura deux ans et il fit tout pour rendre sa carrière internationale. ← *ill. 19*

Lorsqu'il vit pour la première fois Mademoiselle George en décembre 1802, Napoléon eut pour elle un véritable coup de foudre. Il ne tarda pas à la recevoir dans ses appartements donnant sur l'Orangerie à Saint-Cloud ou aux Tuileries. La jeune femme le charma par sa beauté parfaite et il la revit fréquemment. De même que les autres femmes qui ont vraiment marqué sa vie sentimentale, il la couvrit de cadeaux et elle profita largement de sa grande générosité.

Bien après que l'Empereur l'eut délaissée, en 1808, elle quitta Paris avec un nouvel amant. Elle ira jusqu'à Saint-Pétersbourg où, pense-t-on, elle voulait devenir la maîtresse du tsar Alexandre. En fait, une vie d'aventures l'attendait en Russie, c'était ce qu'il fallait pour oublier ou trahir Napoléon. Il était encore prêt à tout pardonner : lorsque Mademoiselle George rentra en France en 1812, Napoléon la fit réintégrer comme sociétaire à la Comédie-Française et il ordonna qu'on lui compte comme temps de services les années passées en Russie[367].

Elle lui resta à jamais reconnaissante et, lorsqu'elle évoquait Napoléon, c'était pour glorifier l'Empereur. Attitude assez rare pour être soulignée.

---

367 *Ibid.*, p. 105.

Éléonore

Louise-Catherine-Éléonore Denuelle de La Plaigne était lectrice chez Caroline. C'est ainsi que l'Empereur, de retour d'Austerlitz – en janvier 1806 – la rencontra lors d'une visite chez sa sœur. C'était une jeune fille de bonne famille, ancienne élève de Madame Campan. Une liaison se noua ; d'où ses visites aux Tuileries, pour passer de temps en temps un moment avec l'Empereur. Mariée, elle divorce rapidement, comme pour se laisser le champ libre. Le 13 décembre, elle accouche d'un garçon, appelé Léon. Il fut déclaré à la mairie comme fils de demoiselle Éléonore Denuelle, rentière, âgée de vingt ans et de père absent. En effet, le père se trouvait alors à Pulstuck. C'était le premier fils de Napoléon et sa ressemblance avec son auguste père était frappante dès son jeune âge. Cette naissance fut déterminante pour l'Empereur : elle lui révéla qu'il pouvait avoir une postérité directe et marqua un tournant dans sa vie, dont les conséquences se firent réellement sentir en 1809. L'Empereur donna une retraite annuelle de 1 100 napoléons à la mère, tout en cessant ses relations avec elle et en lui retirant l'enfant. « On l'a fait élever secrètement sous le nom du général Macon, tué dans la campagne précédente et qui ne laissait personne pour revendiquer son nom. M. Mathieu, ancien notaire et beau-frère de mon camarade Méneval, a bien voulu être le tuteur », témoigne le baron Fain[368]. Donc c'est en tant que père qu'il veillera, à sa manière, sur sa progéniture et s'occupera d'assurer l'avenir de son enfant : éducation choisie, formation d'un conseil de famille et donation d'une fortune qu'il augmenta au fur et à mesure. C'est ainsi qu'apparaît le comte Léon Macon, noble d'Empire, qui aura l'honneur d'avoir un paragraphe, le 37e, dans les Instructions à ses exécuteurs testamentaires : « Je ne serais pas fâché que le petit Léon entrât dans la magistrature, si cela était dans son goût. » Il prit l'habitude de recevoir cet enfant de temps en temps et

---

368 Baron Fain, *Mémoires*, *op. cit.*, p. 229.

s'y attacha. Il le coucha sur son testament et, au temps du malheur, ne l'oublia pas : il demanda en 1815 à sa mère et à son oncle, le cardinal Fesch, de s'occuper de lui.

Le petit Léon vécut longtemps – il mourut le 15 avril 1881 – et il traversa le siècle sans rien faire d'exemplaire, intentant des procès, se battant en duel, faisant des dettes et montant des « affaires ». Son héritage, il le dilapida et la seule chose qu'il fit en souvenir de son père, c'est de raconter partout de qui il était le fils.

Marie Walewska

Ce ne fut certes pas le grand amour auquel la légende, nourrie par certains historiens, a voulu faire croire. « C'est Monsieur de Talleyrand qui m'a procuré **Madame Walewska** », dit un jour Napoléon à Gourgaud ← *ill. 20* lorsqu'il se trouvait à Sainte-Hélène[369]. Née le 7 décembre 1786 dans une famille anoblie en 1574, les Laczinsky, Marie sera mariée à dix-huit ans, en 1804, à Athanase Walewski, un vieil homme de soixante-huit ans, issu d'une très ancienne noblesse. Le 14 juin 1805, elle accouche de son premier enfant, un fils baptisé Antoine.

La première rencontre entre l'Empereur et la jeune Polonaise eut lieu au relais de Blonie, où il s'arrêta pour changer de chevaux. Elle fut dépêchée par le gouvernement afin de séduire Napoléon pour que celui-ci rétablisse la Pologne comme nation et comme État. C'est dans cet esprit qu'il se rend à Varsovie, le 1er janvier 1807, où la noblesse l'attend comme un sauveur. Napoléon la remarque et l'invite au bal donné en son honneur. Et il lui fixe un rendez-vous : « Je n'ai vu que vous, je n'ai admiré que vous, je ne désire que vous », lui écrit-il alors[370]. Lorsqu'il quitta la Pologne, sa relation avec Walewska ne faisait que commencer. Le 14 janvier l'Empereur lui rappelle ses sentiments : « Marie, ma douce Marie,

369 *Cf.* le *Journal de Gourgaud*, le 8 février 1816, cité par Gérard Walter dans *Le Mémorial de Sainte-Hélène*, *op. cit.*

370 Napoléon Bonaparte, *Lettres d'amour à Désirée, Joséphine, Marie et Marie-Louise*, présentées par Max Gallo, Paris, L'Archipel, 2005, p. 157.

ma première pensée est pour toi, mon premier désir est de te revoir. Tu reviendras, n'est-ce pas ? Tu me l'as promis. Sinon, l'Aigle volerait vers toi[371] ! » Après la bataille d'Eylau, le 8 février 1807, il revient à la charge en l'assurant que son cœur est avec elle. De Finckenstein, le 26 mai de la même année, il lui annonce qu'ils se reverront bientôt. Et, en effet, c'est là qu'auront lieu les temps les plus forts de leur amour.

Ils se retrouvent à Paris en 1808 et leur liaison inquiète Joséphine. Au lendemain de la bataille de Wagram, ils passent un moment ensemble à Vienne où Marie se trouvera enceinte. Le 4 mai 1810 Alexandre-Florian-Joseph Colonna Walewski naît à Walewice, comme nous l'avons déjà mentionné. Lorsque Marie finit par s'établir à Paris en 1810, leur idylle semble terminée. Depuis son divorce, Napoléon est accaparé par son prochain mariage. Ses sentiments pour elle se sont attiédis ; il ne lui reste que son amitié et sa fidélité pour ce qui fut un bref mais profond amour. Et il comblera Marie de sa générosité. Le 16 avril 1810, la lettre qu'il lui écrit, en réponse à un mot d'elle riche en sentiments encore forts, témoigne de sa sincérité : « Marie, j'ai reçu votre lettre du 15. Les sentiments qui vous animent me touchent vivement. Ils sont dignes de votre belle âme et de la bonté de votre cœur. Lorsque vous aurez arrangé vos affaires, si vous allez aux eaux de Lucques ou de Pise, je vous verrai avec un vif plaisir ainsi que votre fils pour qui mes sentiments seront toujours invariables. Portez-vous bien, n'ayez point de chagrin, pensez à moi avec plaisir et ne doutez jamais de moi[372]. »

Nous ne connaissons pas la profondeur des sentiments de Marie pour Napoléon. Sa nature slave, portée par des vécus forts, laisse penser qu'elle fut attachée à cet homme, le père de son fils, mais aussi à l'Empereur qui aida à la création du duché de Varsovie. Même s'il ne correspondait certes pas à ce que les patriotes polonais exigeaient, il

371 *Ibid.*
372 *Ibid.*

avait le mérite d'exister et il put bénéficier de l'influence positive de l'administration française[373].

Plus dévouée que Marie-Louise, après la première abdication, Marie Walewska se précipita à Fontainebleau aux derniers jours, lorsque Napoléon était abandonné de tous. Elle est là, attendant toute une nuit dans une antichambre qu'il la fasse appeler. Plongé dans ses malheurs, vivant une profonde crise de conscience, au point d'envisager le suicide, il ne pense plus à elle. Et lorsqu'il songe à la demander, elle est déjà partie depuis une heure. « La pauvre femme ! dit-il, elle se croira oubliée. »

Elle ira aussi sur l'île d'Elbe. Elle est d'ailleurs la seule femme de sa vie à s'y rendre. Est-ce pour que son fils retrouve, fût-ce un moment, son père, ou peut-être pour que son père ne l'oublie jamais ? Est-ce pour récupérer une somme d'argent que Murat lui devait (elle arriva de Naples) ou, tout simplement, par cette sorte de fidélité dont elle seule était capable de faire preuve ? Elle arriva dans la nuit du 1er septembre accompagnée de son fils, de sa jeune sœur et de son frère, le colonel Leczinski. Napoléon les reçut à l'Ermitage de Marciana de la Madonna. Comme il n'y avait pas assez de chambres, il alla dormir sous une tente qu'on avait dressée dans le bois. Marie et sa famille partirent le lendemain à la tombé de la nuit. Il ne semble pas que Napoléon et elle aient passé un seul instant en tête-à-tête pendant cette brève visite. En fait, espérant encore le retour de Marie-Louise, l'Empereur voulait abréger ce rendez-vous, craignant que celle-ci n'apprenne la visite sur l'île d'une de ses anciennes maîtresses. Au moment de leur séparation, Napoléon lui donna un bon au porteur de 61 000 francs sur le trésor de l'Empire.

C'est le même sens du devoir, ou plutôt celui d'une mère qui souhaitait que son fils voit pour la dernière fois son géniteur, qui l'amène à Malmaison, lorsque l'Empereur déchu fait ses adieux à tous ceux qui

---

373 Les traités de paix signés à Tilsit entre Napoléon et le tsar Alexandre les 7 et 9 juillet 1807 firent apparaître sur la carte de l'Europe un nouvel État : le duché de Varsovie, confié au roi de Saxe, Frédéric-Auguste. Il était en réalité un marché slave de l'Empire napoléonien, dépendant de lui en différents domaines. En effet, Frédéric-Auguste, en tant que roi de Saxe, appartenait à la Confédération du Rhin, qui se trouvait sous le protectorat de Napoléon, protectorat qui s'étendait aussi au duché. Par conséquent, seule la France avait à Varsovie un résident qui n'était pas un simple diplomate, mais avait de larges droits d'ingérence dans les affaires polonaises.

avaient compté pour lui. Les scènes sont déchirantes et les deux fils naturels de Napoléon sont présents, alors que celui-ci vivait ses derniers moments en France. Ce fut pour Marie sa dernière rencontre en présence de leur fils Alexandre.

Devenue veuve en janvier 1815, Walewska épousa le 7 septembre 1816 Philippe-Antoine d'Ornano, comte d'Empire, futur maréchal de France. Sa nouvelle vie sera de courte durée, elle meurt à Paris le 11 décembre 1817 suite à l'accouchement de son troisième enfant. Elle n'avait que trente et un ans. Son cœur fut placé au cimetière du Père-Lachaise à Paris, dans une crypte de la famille d'Ornano, alors que son corps repose en Pologne.

Napoléon ne se montra pas ingrat vis-à-vis de leur fils. Bien qu'il portât le nom du mari légitime de Marie, Walewski, il lui conféra par décret, le 5 mai 1812, le titre de comte d'Empire et lui légua des terres situées dans le royaume de Naples. Toujours soucieux de lui assurer une vie confortable, il pensa, en janvier 1814, à lui octroyer une rente de 50 000 francs et lui acheta un hôtel particulier au 48, rue de la Victoire. Dans ses derniers moments, il le mentionna à deux reprises dans le testament de Sainte-Hélène. Son ultime souhait le concernant, formulé lui aussi dans le testament, fut : « Je désire qu'Alexandre Walewski soit attiré au service de la France dans l'armée[374]. »

Ses liaisons, aventures ou flirts de passage ne troublèrent jamais Napoléon. L'essentiel de ses journées était consacré au travail. Rien ne perturbait ses pensées, ni ne retardait ses projets. La France resta à jamais son unique grand amour. Il a toujours refusé d'avoir une favorite en titre, critiquant à ce sujet Henri IV et Louis XIV. Il ne cessait de répéter que les Français ne lui pardonnerait jamais ce genre de mœurs. Or, comme il ne cessait de le dire, sa vraie maîtresse, c'était le pouvoir.

---

374 Joseph Valynseele, « Walewski » dans Jean Tulard (dir.), *Dictionnaire Napoléon*, *op. cit.*, t. II, p. 960.

On doit à Frédéric Masson la meilleure synthèse à propos de la vie courante, l'emploi du temps et les préférences quotidiennes de Napoléon : « Que, sur les vingt-quatre heures, il en consacrât trois aux repas, à la représentation, aux femmes, aux divertissements, c'est à coup sûr plus que la vérité ; il en reste quinze pour le travail – dix-huit a dit Roederer, qui le connaissait bien –, car il travaillait partout, en dînant, au bal, au théâtre. Napoléon a été l'homme de son temps, et sans doute de tous les temps, qui a le moins donné au corps et le plus à l'esprit. Cela n'explique point la grandeur de son œuvre, mais cela permet d'en comprendre l'immensité[375]. »

---

375 Frédéric Masson, *Napoléon intime, Napoléon chez lui, la journée de l'Empereur aux Tuileries*. Préface de Jean Tulard, Paris, Tallandier, 2004, p. 194.

ÉPILOGUE

Napoléon floué par les femmes

« Je n'ai voulu que la gloire, la force, le lustre de la France : toutes mes facultés, tous mes efforts, tous les moments étaient là », dira Napoléon à Sainte-Hélène.

Il semble qu'il y ait eu peu de place pour les femmes dans sa vie. Et pourtant, à sa manière il a aimé, il a souffert, il a été heureux avec ses épouses, et, comme nous l'avons montré au fil de cet ouvrage, il sut être généreux, tolérant, confiant dans ses relations les plus importantes, comme dans ses liaisons passagères. Il eut la même attitude avec ses sœurs et ne privilégia pas ses frères sous prétexte qu'ils étaient des hommes. Citons, à titre d'exemple, son attitude vis-à-vis des impératrices et son souci de leur envoyer de ses nouvelles par courrier lorsqu'il était sur les routes, parti pour la guerre : « Quand l'Empereur, trop pressé de monter à cheval, ne pouvait pas écrire lui-même à l'Impératrice, il voulait que l'estafette emportât un mot écrit du moins indirectement de sa part ; c'était chose convenue entre l'Impératrice et l'Empereur que, dans ce cas, le secrétaire écrivait. Méneval et moi, nous avons été exacts à remplir ce devoir, et aucun courrier n'arrivait à Paris sans que l'Impératrice eût de nouvelles de l'Empereur », se souvient le baron Fain[376]. Ce rituel concernait de la même façon les deux impératrices que Napoléon, en époux attentionné, voulait assurer de son état dans les moments critiques d'un combat.

Il n'oubliait personne et tenait à montrer sa reconnaissance, ne fût-ce qu'une fois dans sa vie, à tous ceux qui l'avaient aidé. Même chose pour les gens qui furent à son service : « Il n'entend point que, parce qu'il est malade ou blessé, un vieux domestique tombe dans la misère et, pour

376 Baron Fain, *Mémoires*, *op. cit.*, p. 205.

quiconque l'a approché au temps de ses débuts, il garde d'extraordinaires mansuétudes. [...] Qui a été à la peine avec lui, doit être à l'honneur. Au retour de l'île d'Elbe, c'est lui qui règle que ceux qui l'ont accompagné en exil tiendront aux Tuileries les places qu'ils avaient à Porto-Ferajo, et l'on sait ce qu'il a fait à Sainte-Hélène pour ceux qui l'y ont suivi[377]. »

« Aucun service domestique n'a été plus doux et plus facile que le sien, confirme aussi le baron Fain, il gâtait presque tout son monde ; son mamelouk se marie : il veut payer le dîner de la noce et prend dans sa petite cassette de quoi acheter au marié un coupon de cinq cents francs de rente sur le Grand Livre. Tous les ans, il paye de sa poche une gratification de trois mille francs à César, son ancien cocher qui l'a sauvé de la machine infernale. Il faisait une bonne pension à sa nourrice. Il avait donné de bonnes places aux enfants ; il apprend que la petite-fille de sa nourrice vient à Paris, et je le vois prendre dans sa petite cassette dix mille francs en or pour Faustine Poli[378]. »

C'est dans cet esprit, en mémoire de son oncle, et pour respecter au moins symboliquement l'exécution du testament de l'Empereur, que Napoléon III créa la médaille commémorative des grandes guerres de 1792 à 1815. Elle représentait pour les anciens combattants de la Grande Armée un signe fort de reconnaissance, étant donné qu'il ne pouvait pas leur distribuer de rentes[379]. Les femmes furent, elles aussi, honorées : anciennes cantinières, vivandières ou blanchisseuses : « Fille, sœurs ou épouses de militaires, elles ont partagé la vie des troupes qu'elles accompagnaient. Françaises ou étrangères, elles sont allées loin à travers l'Europe[380]. »

« Il faut avoir fait autant que moi pour connaître toute la difficulté de faire le bien. Il fallait parfois toute ma puissance pour pouvoir réussir[381]. » Cette réflexion illustre l'attention qu'il prêtait à son entourage et résume bien tout l'œuvre accompli.

377 Frédéric Masson, *Napoléon intime*, *op. cit.*, p. 150-151.

378 Baron Fain, *op. cit.*, p. 220-221.

379 Napoléon III avait créé pour les plus nécessiteux d'entre eux des secours qu'il avait distribués, alors qu'il était président de la République.

380 Sylvain Métivier, « Les femmes décorées de la médaille de Sainte-Hélène », *Revue du Souvenir napoléonien*, 472, septembre-octobre 2007.

381 *Mémorial de Sainte-Hélène*, *op. cit.*, t. I, p. 967.

Nous avons maintes fois évoqué les fastes de la cour napoléonienne, dont le but était avant tout économique et politique. Nous voulons conclure également sur la portée internationale de ces spectacles d'envergure, représentés par les peintres de l'époque et les témoignages des contemporains. Plus tard, ils seront aussi évoqués dans les œuvres des romantiques qui surent rappeler cette gloire perdue. « Tous les princes de la Confédération du Rhin, tout ce que l'Allemagne, la Russie, l'Autriche, la Pologne, l'Italie, le Danemark et l'Espagne, l'Europe entière enfin, l'Angleterre exceptée, comptaient de plus riche, de plus élégant avait été envoyé à Paris pour admirer l'Empereur et contribuer à la somptueuse magnificence du cortège qui le suivait lorsqu'il se rendait un jour de grand cercle de la salle du Trône à celle du spectacle dans le château même des Tuileries[382]. » Et là, les femmes étaient amenées à jouer un rôle primordial grâce à leur savoir-faire, leur éclat et leur élégance. En certaines occasions, c'est la ville de Paris qui organisait le bal : « On dansait dans la galerie de Diane et dans la salle des Maréchaux. [...] On ne circulait pas, la Cour se transporta successivement d'une pièce dans l'autre. L'Impératrice, les princesses, leurs dames, leurs chambellans, tout cela très paré, entra à la suite de l'Empereur et vint se placer sur une estrade préparée d'avance. Après avoir regardé danser une espèce de ballet, l'Empereur en descendit seul et fit la tournée de la salle, s'adressant exclusivement aux femmes[383]. » Il voulait attirer à la cour les personnalités les plus brillantes, il souhaitait écouter les femmes qui étaient ses invitées, ou celles de la ville de Paris, où se côtoyaient aussi des aristocrates de l'Ancien Régime rentrés d'exil, la nouvelle noblesse créée par Napoléon, sans oublier les personnalités littéraires et artistiques en vogue.

Néanmoins, on peut se demander avec Frédéric Masson, comment il pouvait « concilier l'esprit moderne, l'esprit d'égalité, l'esprit de

382 *Le Mémoires de la duchesse d'Abrantès*, *op. cit.*, t. IV, p. 171.

383 *Mémoires de la comtesse de Boigne, née d'Osmond*, Paris, Libraire Plon, 1907-1908, t. I, p. 273.

la Révolution, dont il était malgré tout le représentant, avec des cérémonies dont il sent l'odieux et le ridicule[384] ? » La réponse, nous semble-t-il, tient avant tout à des raisons économiques, c'est-à-dire, ainsi que nous l'avons déjà souligné, qu'il souhaitait encourager l'industrie nationale, bien plus qu'à un goût pour le faste et les mondanités.

Les bals étaient à la mode et c'était à quelle riche famille rassemblerait le plus de célébrités. On pouvait ainsi y rencontrer des hommes de pouvoir tels Murat, Eugène de Beauharnais, des maréchaux qui s'entretenaient avec des personnes de l'ancienne noblesse, des sommités de la finance et beaucoup d'étrangers. Sur ce décor qui éclaire un climat, un mode de vie et des itinéraires personnels éblouissants – certains avaient acquis fortune, puissance et célébrité –, vont se nouer au fil du temps les perfidies les plus ignobles. Dès le tournant tragique de la campagne de Russie, c'était à se demander qui trahirait le premier afin de sauver ce qu'il avait obtenu à l'époque napoléonienne. Le dialogue rapporté par la comtesse de Boigne dans ses *Mémoires*, et dont elle eut connaissance par quelqu'un qui assistait à la conférence tenue chez Talleyrand au moment de la chute de Paris, donne la mesure de la défection :

« Hé bien ! nous voilà dans ce fameux Paris ! C'est vous qui nous y avez amenés, monsieur de Talleyrand, [lui déclarait le tsar Alexandre]. Maintenant il y a trois partis à prendre : traiter avec l'empereur Napoléon, établir la Régence ou rappeler les Bourbons.

— L'empereur se trompe, répondit Monsieur de Talleyrand, il n'y a pas trois partis à prendre, il n'y en a qu'un à suivre et c'est le dernier qu'il a indiqué. [...]

— Hé bien ! reprit l'empereur, voyons donc ce qu'il y a à faire pour atteindre votre but ; mais je ne veux rien imposer, je ne puis que céder aux vœux exprimés du pays.

384 Frédéric Masson, *Napoléon intime*, *op. cit.*, p. 34.

— Sans doute, Sire ; il ne faut que les mettre dans la possibilité de se faire entendre[385]. »

La comtesse de Boigne, qui fut – rappelons-le – royaliste convaincue[386], se fait aussi l'écho d'un autre pourfendeur de Napoléon : « Nous avions établi que le prince de Suède, Bernadotte, était l'agent le plus actif de la restauration bourbonienne[387]. » Toutefois, les trahisons les plus affligeantes vinrent le plus souvent des femmes proches de Napoléon – épouses, sœurs, maîtresses, amoureuses éconduites.

Ainsi que nous l'avons vu, les traités de 1815, issus du congrès de Vienne, avaient soumis la famille Bonaparte à un exil strict et à une surveillance permanente. Les membres de la famille impériale s'étaient dispersés où ils avaient pu, où ils furent acceptés, ou avaient fui le plus loin possible, comme Joseph qui passa l'essentiel de sa vie de l'après Empire aux États-Unis. Malgré les pires trahisons, au fil du temps, apparaissent des solidarités entre les familles qui n'avaient plus rien en commun, à part leur oubli de Napoléon. La lettre de Joseph à son frère cadet datée du 25 janvier 1818, écrite de Philadelphie, et dont on ne sait si elle parvint à son destinataire, est une sorte de bilan de l'état de la famille ; elle constitue aussi un signe de vie, peut-être le dernier de ce frère tant choyé. En fait, tout porte à croire que l'ultime échange de courrier entre les deux frères date de 1816. Toutefois, cette lettre, envoyée des États-Unis, présente un grand intérêt pour l'historien car elle illustre l'éparpillement géographique de la famille Bonaparte. Et si cette missive n'a pas été remise à Napoléon, c'est qu'elle fut interceptée par les Anglais : « Mon cher frère, [...] Les dernières lettres de maman étaient du mois d'octobre. Elle se portait bien, et est toujours inconsolable de votre éloignement ; Pauline est à Rome, elle s'est arrangée avec son mari ; le cardinal ne jouit pas d'une bonne santé ; Louis voyage en Italie et se porte mieux. [...] Un jeune officier de Parme arrivé ici dernié-

385 *Mémoires de la comtesse de Boigne...*, *op. cit.*, t. I, p. 333.

386 « J'étais de position, de tradition, de souvenir, d'entourage et de conviction royaliste et légitimiste », *ibid.*, p. 325.

387 *Ibid.*, p. 317.

rement m'a assuré avoir vu l'impératrice avant son départ pour ce pays. [...] Elle l'avoit chargé de me dire que son fils se portait bien, qu'elle avoit inutilement fait toutes les démarches possibles pour l'avoir auprès d'elle. [...] Elle étoit fort surveillée, et se portait médiocrement. [...] Eliza est établie à Trieste où elle a acheté une terre au bord de la mer. Elle a de quoi vivre. [...] Jérôme est avec sa femme et son fils dans une terre près de Vienne ; Caroline et ses enfants [y] sont aussi. L'un et l'autre ont aussi acheté des terres dans les États autrichiens. Lucien n'a pu obtenir les passeports pour venir ici avec sa famille ; il espère toujours [sic] les obtenir plus tard. Ma femme et mes enfants sont toujours à Francfort sur le Main. Sa santé l'a empêché[e] jusqu'ici de me rejoindre. Elle espère pouvoir le faire au printemps prochain. [...] Ce pays-ci est bon, le peuple excellent, je ne m'étends pas davantage sur ce sujet pour ne pas augmenter nos regrets de ce que vous n'y êtes pas arrivé comme moi. [...] Je désire bien que vous puissiez me donner des nouvelles de votre santé, et de Votre situation. [...] Je vous prie de ne pas douter de l'inaltérable [sic] et tendre amitié de votre frère et ami, Joseph[388]. » Triste message sur l'état d'une famille qui devait être à l'origine de la quatrième dynastie. Tableau désolant, piètres nouvelles, exigence minime : la survie. On constatera que Joseph ne donne aucun renseignements concernant les Beauharnais, ni ne fait la moindre allusion à ce que sont devenus les plus proches compagnons d'arme de l'Empereur. Enfin, cette lettre évite de mentionner les trahisons dont Napoléon fut victime.

En quête de vérité historique – tout en mesurant la difficulté de cette démarche – nous avons voulu montrer, à travers cet essai, à quel point l'ingratitude, l'égoïsme, l'appât du gain et le souhait ardent de sauvegarder une position dans la société ont pris, chez les proches de Napoléon, le pas sur la reconnaissance, l'affection ou la compassion. De Joséphine à Marie-Louise, en passant par Désirée ou Hortense, les femmes de sa vie n'ont eu

388 Joseph à Napoléon, Philadelphie, 25 janvier 1818, *Correspondance intégrale*..., *op. cit.* p. 864-865.

de cesse d'ouvrir leur porte aux ennemis de leur héros, de les fréquenter, pour certaines de les aimer. Être reçu chez les Bourbons, quelle gageure ! Danser avec l'empereur Alexandre, quelle fierté. Avoir à sa table Blücher, quel honneur ! Le gotha de l'Empire se jeta à cor et à cri sur les Alliés conjurés, les vainqueurs de Waterloo et de Leipzig. L'ancienne administration napoléonienne et les maréchaux se sont précipités en majorité dans les bras des Bourbons[389]. Le miracle du débarquement à Golfe-Juan et l'avance vers Paris « de clocher en clocher, jusqu'aux tours de Notre-Dame, sans tirer un seul coup de fusil », selon les propos de Napoléon à Cambronne, marquent l'épopée et expliquent son impact sur les artistes romantiques.

« Malheur à la réputation du Prince à qui son ennemi survit », a dit Montesquieu avec justesse. La légende noire de Napoléon confirme ce jugement. Mais Chateaubriand, contemporain de Napoléon, royaliste, ayant joué un rôle politique à la Restauration (ambassadeur à Londres en 1822 et ministre des Affaires étrangères de 1822 à 1824), a écrit l'essentiel : « Après Napoléon, néant », tout en dressant un bilan d'une actualité brûlante : « Bonaparte n'est point grand par ses paroles, ses discours, ses écrits, par l'amour des libertés qu'il n'a jamais eu et n'a jamais prétendu établir ; il est grand pour avoir créé un gouvernement régulier et puissant, un code de lois adopté en divers pays, des cours de justice, des écoles, une administration forte, active, intelligente, et sur laquelle nous vivons encore[390]. »

Comment comprendre alors pourquoi cet homme fut autant trahi, en particulier par les femmes – non pas celles du peuple, non pas les mères dont les enfants furent les soldats de la Grande Armée, non plus les ouvrières qui peinaient dans les usines et continuaient de mener une vie rude – mais ses proches, épouses célébrées, enfants adoptés, sœurs comblées et maîtresses dotées ?

389 Faut-il rappeler que le maréchal Ney, bien qu'il ait fini par se rallier à Napoléon durant les Cent-Jours, avait juré à Louis XVIII, lorsqu'il fut envoyé afin de stopper le vol de l'Aigle, de le « ramener dans une cage de fer » ?

390 Chateaubriand, *Vie de Napoléon*, Paris, Éditions de Fallois, 1999, p. 8.

TABLE DES MATIÈRES

Bibliographie

Instruments de travail

Correspondance de Napoléon Ier, publiée par ordre de l'Empereur Napoléon III, Paris, Imprimerie impériale, 1858-1870, 32 volumes.
Napoléon Bonaparte, *Correspondance générale*, publiée par la Fondation Napoléon, Paris, Fayard, 2004-2007, 4 volumes (sur 14 à paraître).
Code civil des Français, 1804-2004, édition présentée par Jean-Denis Bredin, Paris, Dalloz, 2004.
Impératrice Joséphine, *Correspondance, 1782-1814*, Paris, Payot, 1999.
Lettres inédites de Napoléon Ier à Marie-Louise, écrites de 1810 à 1814, introduction et notes de Louis Madelin, Paris, Éditions des Bibliothèques nationales de France, 1935.
Napoléon et Joseph, *Correspondance intégrale, 1784-1818*, édition établie par Vincent Haegele, Paris, Tallandier, 2007.
Tulard, Jean (dir.), *Dictionnaire Napoléon*, Paris, Fayard, 2001, 2 volumes.
Tulard, Jean, Garros, Louis, *Napoléon au jour le jour*, Paris, Tallandier, 2002.

Mémoires

Abrantès, Laure-Adélaïde-Constance Permon, duchesse (d'), *Mémoires de la duchesse d'Abrantès*, Paris, Albert Michel Éditeur, 1928-1932, 4 volumes.
Ali, Louis-Étienne Saint-Denis, *Souvenir du mamelouk Ali sur l'Empereur Napoléon*, Paris, 1926.
Avrillion, Marie-Jeanne, *Mémoires de Mademoiselle Avrillion, première femme de chambre de l'impératrice sur la vie privée de Joséphine*, Paris, 1986.
Beauharnais, Eugène (de), *Mémoires et correspondance politique et militaire du prince Eugène, 1856-1860*, Paris, 10 volumes.
Beauharnais, Hortense (de), *Mémoires de la reine Hortense*, Paris, 1927, 3 volumes.
Bertrand, Henri-Gatien, comte, *Cahiers de Sainte-Hélène, Journal du général Bertrand*, décryptés et annotés par Paul Fleuriot de Langle, Paris, Sulliver, 1949-1959, 3 volumes.
Boigne, Éléonore-Adélaïde d'Osmond, comtesse (de), *Mémoires de la comtesse de Boigne, née d'Osmond*, Paris, Librairie Plon, 1907-1908, 4 volumes.
Bourrienne, Louis-Antoine Fauvelet (de), *Mémoires de M. de Bourrienne sur Napoléon, le Directoire, le Consulat, l'Empire et la Restauration*, Paris, 1829, 10 volumes.
Cambacérès, Jean-Jacques-Régis (de), *Mémoires inédits*, présentation et notes de Laurence Châtel de Brancion, Paris, Perrin, 1999, 2 volumes.
Caulaincourt, Armand-Louis-Augustin, duc (de), *En traîneau avec l'Empereur*, Paris, Arléa, 2002.
Caulaincourt, Armand-Louis-Augustin, duc (de), *Mémoires du général Caulaincourt, duc de Vicence, grand écuyer de l'Empereur*, Paris, 1933, 3 volumes.
Chateaubriand, François-Auguste-René (de), *Mémoires d'outre-tombe*, Paris, Gallimard, 1951, 2 volumes (Bibliothèque de la Pléiade.)
Constant, Louis Constant Wairy, *Mémoires intimes de Napoléon Ier par Constant, son valet de chambre*, Paris. Mercure de France, 1967, 2 volumes.

Ducrest, Georgette, *Mémoires sur l'impératrice Joséphine, ses contemporains, la cour de Navarre et de la Malmaison*, édition présentée et annotée par Christophe Pincemaille, Paris, Mercure de France, 2004.
Fain, Agathon-Jean-François, *Mémoires*, Paris, Arléa, 2001.
La Tour du Pin, Henriette-Lucie Dillon, marquise (de), *Journal d'une femme de cinquante ans, 1778-1815*, Paris, Librairie Chapelot, 1913, 2 volumes.
Las Cases, Emmanuel (de), *Le Mémorial de Sainte-Hélène*, Paris, Gallimard, 1956, 2 volumes (Bibliothèque de la Pléiade).
Le Nabour, Éric, *Letizia Bonaparte*, Paris, Pygmalion, 2003.
Méneval, Claude-François, baron (de), *Marie-Louise et la cour d'Autriche. Entre les deux abdications (1814-1815)*, Paris, Émile-Paul Éditeur, 1909.
Méneval, Claude-François, baron (de), *Mémoires pour servir à l'histoire de Napoléon Ier, depuis 1802 jusqu'à 1815*, Paris, E. Dentu Éditeur, 1894, 2 volumes.
Méneval, Claude-François, baron (de), *Napoléon et Marie-Louise, Souvenirs historiques*, Paris, Libairie d'Amyot, 1844-1845, 3 volumes.
Metternich, Clément-Wenceslas-Lothaire, prince (de), *Mémoires, documents et écrits divers laissés par le prince de Metternich*, Paris, 1880-1884, 8 volumes.
Montholon, Charles-François-Tristan (de), *Récits de la captivité de l'Empereur Napoléon à Sainte-Hélène, par le général de Montholon*, Paris, 1847, 2 volumes.
Rasponi, Luisa, *Souvenirs d'enfance d'une fille de Joachim Murat. La princesse Louise Murat, comtesse Rasponi, 1805-1815*, Paris, Librairie Académique Perrin, 1929.
Récamier, Juliette, *Souvenirs et correspondance tirés des papiers de Madame Récamier*, Paris, Michel Lévy Frères, 1860, 2 volumes.
Rémusat, Claire-Élisabeth-Jeanne Gravier de Vergenne, comtesse (de), *Mémoires de Madame de Rémusat, 1802-1808, publiés par son petit-fils Paul de Rémusat*, Paris, Calmann-Lévy, 1880-1881, 3 volumes.
Staël, Germaine (de), *Dix ans d'exil*, Paris, Plon-Nourrit, 1904.
Talleyrand, Charles-Maurice (de), *Mémoires complets et authentiques de Charles-Maurice de Talleyrand, prince de Bénévent*, Paris, 1989, 6 volumes.

Le Consulat et l'Empire

Lentz, Thierry, *Le Grand Consulat, 1799-1804*, Paris, Fayard, 1999.
Lentz, Thierry, *Nouvelle Histoire du premier Empire*, Paris, Fayard, 2002-2004, 2 volumes.
Lentz, Thierry, *La France et l'Europe de Napoléon, 1804-1814*, Paris, Fayard, 2007.
Rogers, Rebecca, *Les Demoiselles de la Légion d'honneur*, Paris, Perrin, 2005.
Soboul, Albert, *La Civilisation et la Révolution française*, tome 3, *La France napoléonienne*, Paris, PUF, 1983.
Tulard, Jean, *La France de la Révolution et de l'Empire*, Paris, PUF, 1995.
Tulard, Jean, *Les Révolutions de 1789 à 1851*, Paris, Fayard, 1985.
Tulard, Jean, *La Vie quotidienne des Français sous Napoléon*, Paris, Hachette littérature, 1978.

Biographies de Napoléon

Chateaubriand, François-Auguste-René (de), *Vie de Napoléon* [6 chapitres des *Mémoires d'outre-tombe*], Paris, Éditions de Fallois, 1999.
Lévy, Arthur, *Napoléon intime*, Paris, Plon, 1894.
Masson, Frédéric, *Napoléon et les femmes*, tome I, *L'Amour*, Paris, Paul Ollendorff Éditeur, Paris, 1894.
Masson, Frédéric, *Napoléon et sa famille*, Paris, Librairie Paul Ollendorff, 1897-1919, 11 volumes.
Masson, Frédéric, *Napoléon intime. Napoléon chez lui : la journée de l'Empereur aux Tuileries*, préface de Jean Tulard, Paris, Tallandier, 2004.
Stendhal, Henri Beyle, dit, *Vie de Napoléon*, Paris, 2006.
Tulard, Jean, *Napoléon ou le mythe du sauveur*, Paris, Fayard, 1987.
Tulard, Jean, *Napoléon. Les Grands Moments d'un destin*, Paris, Fayard, 2006.

Biographies des principaux acteurs

Chevallier, Bernard, *L'Art de vivre au temps de Joséphine*, Paris, Flammarion, 1998.
Chevallier, Bernard, Pincemaille, Christophe, *L'Impératrice Joséphine*, Paris, Presses de la Renaissance, 1988.
Chevallier, Bernard, en collaboration avec Pincemaille, Christophe, *Douce et Incomparable Joséphine*, préface de son Altesse impériale la Princesse Napoléon, Paris, Éditions Payot et Rivage, 1999.
Dixon, Pierson, Sir, *Pauline Bonaparte*, Paris, Fayard, 1964.
Girod de l'Ain, Gabriel, *Désirée Clary, d'après sa correspondance inédite avec Bonaparte, Bernadotte et sa famille*, 1959.
Höjer, Torvald T., *Bernadotte, maréchal de France, roi de Suède*, Paris, 1971, 2 volumes.
Martineau, Gilbert, *Caroline Bonaparte, princesse Murat, reine de Naples*, Paris, Éditions France-Empire, 1991.
Nabonne, Bernard, *Pauline Bonaparte. La Vénus impériale, 1780-1825*, Paris, Hachette, 1963.
Masson, Frédéric, *Joséphine de Beauharnais, 1763-1796*, Paris, Librairie Albin Michel, 1925.
Masson, Frédéric, *Madame Bonaparte, 1796-1804*, Paris, Librairie Paul Ollendorff, 1920.
Masson, Frédéric, *Joséphine répudiée, 1809-1814*, Paris, Albin Michel Éditeur, [s.d.].
Masson, Frédéric, *L'Impératrice Marie-Louise, 1809-1815*, Paris, Librairie Albin Michel, [1926].
Tulard, Jean, *Joseph Fouché*, Paris, 1998.
Tulard, Jean, *Murat*, Paris, Fayard, 1999.
Turquan, Joseph, *Élisa et Pauline, sœurs de Napoléon*, Paris, Éditions Jules Tallandier, 1954.
Vidal, Florence, *Élisa Bonaparte*, Paris, Pygmalion, 2005.
Vidal, Florence, *Caroline Bonaparte*, Paris, Pygmalion, 2006.
Vivent, Jacques, *Barras, le « roi » de la République, 1755-1829*, Paris, 1938.
Wagener, Françoise, *L'Impératrice Joséphine (1763-1814)*, Paris, Flammarion, 1999.

crédits photographiques

ill. 1 — © Photos12.com – ARJ
ill. 2 — © RMN / Gérard Blot
ill. 3 — © Photos12.com – ARJ
ill. 4 — © RMN / Gérard Blot
ill. 5 — © Photos12.com – ARJ
ill. 6 — © Photos12.com – ARJ
ill. 7 — © Photo12.com – Fondation Napoléon
ill. 8 — © Photo12.com – Fondation Napoléon
ill. 9 — © RMN / Daniel Arnaudet
ill. 10 — © Photos12.com - ARJ
ill. 11 — © Photos12.com – ARJ
ill. 12 — © Photos12.com – ARJ
ill. 13 — © RMN / Gérard Blot
ill. 14 — © Photos12.com – ARJ
ill. 15 — © Photos12.com – ARJ
ill. 16 — © Photos12.com – ARJ
ill. 17 — © Photos12.com – ARJ
ill. 18 — © RMN / Droits réservés
ill. 19 — © RMN / Gérard Blot
ill. 20 — © Photos12.com – ARJ

Conception graphique : Line Célo
Impression : Normandie Roto Impression s.a.s.
à Lonrai
N° d'impression : 082593
Dépôt Légal : Août 2008. N° 98212
ISBN : 978-2-7324-3841-2
Imprimé en France